OEUVRES

COMPLÈTES

DE

J. J. ROUSSEAU

AVEC LES NOTES DE TOUS LES COMMENTATEURS.

NOUVELLE ÉDITION

ORNÉE DE QUARANTE-DEUX VIGNETTES,
GRAVÉES PAR NOS PLUS HABILES ARTISTES,

D'APRÈS LES DESSINS DE DEVÉRIA.

DISCOURS.

A PARIS,

CHEZ DALIBON, LIBRAIRE
DE S. A. R. MONSEIGNEUR LE DUC DE NEMOURS,
RUE HAUTEFEUILLE, N° 10.

M DCCC XXVI.

ŒUVRES
COMPLÈTES
DE
J. J. ROUSSEAU.

TOME I.

PARIS. — IMPRIMERIE DE G. DOYEN,
RUE SAINT JACQUES, N. 33.

DISCOURS

QUI A REMPORTÉ LE PRIX

A L'ACADÉMIE DE DIJON,

EN L'ANNÉE 1750;

Sur cette question proposée par la même Académie :

SI LE RÉTABLISSEMENT DES SCIENCES ET DES ARTS A CONTRIBUÉ
A ÉPURER LES MOEURS.

Barbarus hic ego sum, quia non intelligor illis.
Ovid. Trist. V, eleg. x, v. 37.

AVERTISSEMENT.

Qu'est-ce que la célébrité? Voici le malheureux ouvrage à qui je dois la mienne. Il est certain que cette pièce, qui m'a valu un prix, et qui m'a fait un nom, est tout au plus médiocre, et j'ose ajouter qu'elle est une des moindres de tout ce recueil. Quel gouffre de misères n'eût point évité l'auteur, si ce premier écrit n'eût été reçu que comme il méritoit de l'être! Mais il falloit qu'une faveur d'abord injuste m'attirât par degrés une rigueur qui l'est encore plus.

PRÉFACE.

Voici une des grandes et belles questions qui aient jamais été agitées. Il ne s'agit point dans ce discours de ces subtilités métaphysiques qui ont gagné toutes les parties de la littérature, et dont les programmes d'académie ne sont pas toujours exempts; mais il s'agit d'une de ces vérités qui tiennent au bonheur du genre humain.

Je prévois qu'on me pardonnera difficilement le parti que j'ai osé prendre. Heurtant de front tout ce qui fait aujourd'hui l'admiration des hommes, je ne puis m'attendre qu'à un blâme universel; et ce n'est pas pour avoir été honoré de l'approbation de quelques sages, que je dois compter sur celle du public: aussi mon parti est-il pris; je ne me soucie de plaire ni aux beaux esprits ni aux gens à la mode. Il y aura dans tous les temps des hommes faits pour être subjugués par les opinions de leur siècle, de leur pays, et de leur société. Tel fait aujourd'hui l'esprit fort et le philosophe, qui, par la même raison, n'eût été qu'un fanatique du temps de la ligue. Il ne faut point écrire pour de tels lecteurs, quand on veut vivre au-delà de son siècle.

Un mot encore, et je finis. Comptant peu sur l'honneur que j'ai reçu, j'avois, depuis l'envoi, refondu et augmenté ce discours, au point d'en faire, en quelque manière, un autre ouvrage. Aujourd'hui je me suis cru obligé de le rétablir dans l'état où il a été couronné. J'y ai seulement jeté quelques notes, et laissé deux additions faciles à reconnoître, et que l'Académie n'auroit peut-être pas approuvées. J'ai pensé que l'équité, le respect et la reconnoissance exigeoient de moi cet avertissement.

DISCOURS

SUR CETTE QUESTION :

LE RÉTABLISSEMENT DES SCIENCES ET DES ARTS A-T-IL CONTRIBUÉ
A ÉPURER LES MŒURS?

Decipimur specie recti.[1]

Le rétablissement des sciences et des arts a-t-il contribué à épurer ou à corrompre les mœurs? Voilà ce qu'il s'agit d'examiner. Quel parti dois-je prendre dans cette question? Celui, messieurs, qui convient à un honnête homme qui ne sait rien, et qui ne s'en estime pas moins.

Il sera difficile, je le sens, d'approprier ce que j'ai à dire au tribunal où je comparois. Comment oser blâmer les sciences devant une des plus savantes compagnies de l'Europe, louer l'ignorance dans une célèbre Académie, et concilier le mépris pour l'étude avec le respect pour les vrais savants? J'ai vu ces contrariétés, et elles ne m'ont point rebuté. Ce n'est point la science que je maltraite, me suis-je dit, c'est la vertu que je défends devant des hommes vertueux. La probité est encore plus chère aux gens de bien que l'érudition aux doctes.

---

[1] * Hor., *de Arte poetic.*, v. 25.

Qu'ai-je donc à redouter? Les lumières de l'assemblée qui m'écoute? Je l'avoue; mais c'est pour la constitution du discours, et non pour le sentiment de l'orateur. Les souverains équitables n'ont jamais balancé à se condamner eux-mêmes dans des discussions douteuses; et la position la plus avantageuse au bon droit est d'avoir à se défendre contre une partie intègre et éclairée, juge en sa propre cause.

A ce motif qui m'encourage, il s'en joint un autre qui me détermine : c'est qu'après avoir soutenu, selon ma lumière naturelle, le parti de la vérité, quel que soit mon succès, il est un prix qui ne peut me manquer; je le trouverai dans le fond de mon cœur.

PREMIÈRE PARTIE.

C'est un grand et beau spectacle de voir l'homme sortir en quelque manière du néant par ses propres efforts; dissiper, par les lumières de sa raison, les ténèbres dans lesquelles la nature l'avoit enveloppé; s'élever au-dessus de lui-même; s'élancer par l'esprit jusque dans les régions célestes; parcourir à pas de géant, ainsi que le soleil, la vaste étendue de l'univers; et, ce qui est encore plus grand et plus difficile, rentrer en soi pour y étudier l'homme et connoître sa nature, ses devoirs et sa fin. Toutes ces merveilles se sont renouvelées depuis peu de générations.

L'Europe étoit retombée dans la barbarie des

premiers âges. Les peuples de cette partie du monde aujourd'hui si éclairée vivoient, il y a quelques siècles, dans un état pire que l'ignorance. Je ne sais quel jargon scientifique, encore plus méprisable que l'ignorance, avoit usurpé le nom du savoir, et opposoit à son retour un obstacle presque invincible. Il falloit une révolution pour ramener les hommes au sens commun ; elle vint enfin du côté d'où on l'auroit le moins attendue. Ce fut le stupide musulman, ce fut l'éternel fléau des lettres qui les fit renaître parmi nous. La chute du trône de Constantin porta dans l'Italie les débris de l'ancienne Grèce. La France s'enrichit à son tour de ces précieuses dépouilles. Bientôt les sciences suivirent les lettres : à l'art d'écrire se joignit l'art de penser; gradation qui paroît étrange, et qui n'est peut-être que trop naturelle : et l'on commença à sentir le principal avantage du commerce des muses, celui de rendre les hommes plus sociables en leur inspirant le désir de se plaire les uns aux autres par des ouvrages dignes de leur approbation mutuelle.

L'esprit a ses besoins, ainsi que le corps. Ceux-ci sont les fondements de la société, les autres en font l'agrément. Tandis que le gouvernement et les lois pourvoient à la sûreté et au bien-être des hommes assemblés, les sciences, les lettres et les arts, moins despotiques et plus puissants peut-être, étendent des guirlandes de fleurs sur les chaînes de fer dont ils sont chargés, étouffent en eux le sentiment de cette liberté originelle pour laquelle ils sembloient être nés, leur font aimer leur esclavage, et en forment ce qu'on appelle des peuples policés. Le besoin éleva les trônes; les sciences et les arts les ont affermis. Puissances de la terre, aimez les talents, et protégez ceux qui les cultivent [1]. Peuples policés, cultivez-les : heureux esclaves, vous leur devez ce goût délicat et fin dont vous vous piquez; cette douceur de caractère et cette urbanité de mœurs qui rendent parmi vous le commerce si liant et si facile; en un mot, les apparences de toutes les vertus sans en avoir aucune.

C'est par cette sorte de politesse, d'autant plus aimable qu'elle affecte moins de se montrer, que se distinguèrent autrefois Athènes et Rome dans

[1] Les princes voient toujours avec plaisir le goût des arts agréables et des superfluités, dont l'exportation de l'argent ne résulte pas, s'étendre parmi leurs sujets : car, outre qu'ils les nourrissent ainsi dans cette petitesse d'âme si propre à la servitude, ils savent très-bien que tous les besoins que le peuple se donne sont autant de chaînes dont il se charge. Alexandre, voulant maintenir les Ichtyophages dans sa dépendance, les contraignit de renoncer à la pêche, et de se nourrir des aliments communs aux autres peuples ; et les sauvages de l'Amérique, qui vont tout nus, et qui ne vivent que du produit de leur chasse, n'ont jamais pu être domptés : en effet, quel joug imposeroit-on à des hommes qui n'ont besoin de rien [*] ?

[*] Ce qui est rapporté ici d'Alexandre n'a d'autre fondement qu'un passage de Pline l'ancien, copié depuis par Solin (chap. LIV) : *Ichtyophagos omnes Alexander vetuit piscibus vivere*. (HIST. NAT., lib. VI, cap. XXV.)

les jours si vantés de leur magnificence et de leur éclat; c'est par elle, sans doute, que notre siècle et notre nation l'emporteront sur tous les temps et sur tous les peuples. Un ton philosophe sans pédanterie, des manières naturelles et pourtant prévenantes, également éloignées de la rusticité tudesque et de la pantomime ultramontaine : voilà les fruits du goût acquis par de bonnes études et perfectionné dans le commerce du monde.

Qu'il seroit doux de vivre parmi nous, si la contenance extérieure étoit toujours l'image des dispositions du cœur, si la décence étoit la vertu, si nos maximes nous servoient de règle, si la véritable philosophie étoit inséparable du titre de philosophe ! Mais tant de qualités vont trop rarement ensemble, et la vertu ne marche guère en si grande pompe. La richesse de la parure peut annoncer un homme opulent, et son élégance un homme de goût : l'homme sain et robuste se reconnoît à d'autres marques ; c'est sous l'habit rustique d'un laboureur, et non sous la dorure d'un courtisan, qu'on trouvera la force et la vigueur du corps. La parure n'est pas moins étrangère à la vertu, qui est la force et la vigueur de l'ame. L'homme de bien est un athlète qui se plaît à combattre nu ; il méprise tous ces vils ornements qui gêneroient l'usage de ses forces, et dont la plupart n'ont été inventés que pour cacher quelque difformité.

Avant que l'art eût façonné nos manières et appris à nos passions à parler un langage apprêté, nos mœurs étoient rustiques, mais naturelles; et la différence des procédés annonçoit, au premier coup d'œil, celle des caractères. La nature humaine, au fond, n'étoit pas meilleure; mais les hommes trouvoient leur sécurité dans la facilité de se pénétrer réciproquement; et cet avantage, dont nous ne sentons plus le prix, leur épargnoit bien des vices.

Aujourd'hui que des recherches plus subtiles et un goût plus fin ont réduit l'art de plaire en principes, il règne dans nos mœurs une vile et trompeuse uniformité, et tous les esprits semblent avoir été jetés dans un même moule: sans cesse la politesse exige, la bienséance ordonne; sans cesse on suit des usages, jamais son propre génie. On n'ose plus paroître ce qu'on est; et, dans cette contrainte perpétuelle, les hommes qui forment ce troupeau qu'on appelle société, placés dans les mêmes circonstances, feront tous les mêmes choses si des motifs plus puissants ne les en détournent. On ne saura donc jamais bien à qui l'on a affaire: il faudra donc, pour connoître son ami, attendre les grandes occasions, c'est-à-dire attendre qu'il n'en soit plus temps, puisque c'est pour ces occasions mêmes qu'il eût été essentiel de le connoître.

Quel cortége de vices n'accompagnera point

cette incertitude! Plus d'amitiés sincères; plus d'estime réelle; plus de confiance fondée. Les soupçons, les ombrages, les craintes, la froideur, la réserve, la haine, la trahison, se cacheront sans cesse sous ce voile uniforme et perfide de politesse, sous cette urbanité si vantée que nous devons aux lumières de notre siècle. On ne profanera plus par des juremens le nom du maître de l'univers; mais on l'insultera par des blasphèmes, sans que nos oreilles scrupuleuses en soient offensées. On ne vantera pas son propre mérite, mais on rabaissera celui d'autrui. On n'outragera point grossièrement son ennemi, mais on le calomniera avec adresse. Les haines nationales s'éteindront, mais ce sera avec l'amour de la patrie. A l'ignorance méprisée on substituera un dangereux pyrrhonisme. Il y aura des excès proscrits, des vices déshonorés; mais d'autres seront décorés du nom de vertus; il faudra ou les avoir ou les affecter. Vantera qui voudra la sobriété des sages du temps; je n'y vois, pour moi, qu'un raffinement d'intempérance autant indigne de mon éloge que leur artificieuse simplicité¹.

---

¹ « J'aime, dit Montaigne, à contester et à discourir, mais c'est
« avecques peu d'hommes, et pour moy. Car de servir de spectacle
« aux grands, et faire à l'envy parade de son esprit et de son ca-
« quet, je treuve que c'est un mestier tresmesséant à un homme
« d'honneur. » (Liv. III, chap. VIII.) C'est celui de tous nos beaux
esprits, hors un *.

* Cette exception unique ne peut regarder que Diderot, le seul homme de lettres avec lequel Rousseau étoit alors en étroite liaison.

Telle est la pureté que nos mœurs ont acquise; c'est ainsi que nous sommes devenus gens de bien. C'est aux lettres, aux sciences et aux arts, à revendiquer ce qui leur appartient dans un si salutaire ouvrage. J'ajouterai seulement une réflexion, c'est qu'un habitant de quelques contrées éloignées qui chercheroit à se former une idée des mœurs européennes sur l'état des sciences parmi nous, sur la perfection de nos arts, sur la bienséance de nos spectacles, sur la politesse de nos manières, sur l'affabilité de nos discours, sur nos démonstrations perpétuelles de bienveillance, et sur ce concours tumultueux d'hommes de tout âge et de tout état qui semblent empressés depuis le lever de l'aurore jusqu'au coucher du soleil à s'obliger réciproquement; c'est que cet étranger, dis-je, devineroit exactement de nos mœurs le contraire de ce qu'elles sont.

Où il n'y a nul effet, il n'y a point de cause à chercher : mais ici l'effet est certain, la dépravation réelle; et nos ames se sont corrompues à mesure que nos sciences et nos arts se sont avancés à la perfection. Dira-t-on que c'est un malheur particulier à notre âge? Non, messieurs; les maux causés par notre vaine curiosité sont aussi vieux que le monde. L'élévation et l'abaissement journaliers des eaux de l'océan n'ont pas été plus régulièrement assujettis au cours de l'astre qui nous éclaire durant la nuit, que le sort des mœurs et de la probité au progrès des sciences et des arts. On a vu la vertu s'enfuir à mesure que leur lumière s'élevoit sur notre horizon, et le même phénomène s'est observé dans tous les temps et dans tous les lieux.

Voyez l'Égypte, cette première école de l'univers, ce climat si fertile sous un ciel d'airain, cette contrée célèbre d'où Sésostris partit autrefois pour conquérir le monde. Elle devient la mère de la philosophie et des beaux-arts, et, bientôt après, la conquête de Cambyse, puis celle des Grecs, des Romains, des Arabes, et enfin des Turcs.

Voyez la Grèce, jadis peuplée de héros qui vainquirent deux fois l'Asie, l'une devant Troie, et l'autre dans leurs propres foyers. Les lettres naissantes n'avoient point porté encore la corruption dans les cœurs de ses habitants; mais le progrès des arts, la dissolution des mœurs, et le joug du Macédonien, se suivirent de près; et la Grèce, toujours savante, toujours voluptueuse, et toujours esclave, n'éprouva plus dans ses révolutions que des changements de maîtres. Toute l'éloquence de Démosthène ne put jamais ranimer un corps que le luxe et les arts avoient énervé.

C'est au temps des Ennius et des Térence que Rome, fondée par un pâtre et illustrée par des laboureurs, commence à dégénérer. Mais après les Ovide, les Catulle, les Martial, et cette foule d'auteurs obscènes dont les noms seuls alarment la pudeur, Rome, jadis le temple de la vertu, devient le théâtre du crime, l'opprobre des nations, et le jouet des barbares. Cette capitale du monde tombe enfin sous le joug qu'elle avoit imposé à tant de peuples, et le jour de sa chute fut la veille de celui où l'on donna à l'un de ses citoyens le titre d'arbitre du bon goût [1].

Que dirai-je de cette métropole de l'empire d'Orient, qui par sa position sembloit devoir l'être du monde entier, de cet asile des sciences et des arts proscrits du reste de l'Europe, plus peut-être par sagesse que par barbarie ? Tout ce que la débauche et la corruption ont de plus honteux; les trahisons, les assassinats et les poisons de plus noir; le concours de tous les crimes de plus atroce : voilà ce qui forme le tissu de l'histoire de Constantinople ; voilà la source pure d'où nous sont émanées les lumières dont notre siècle se glorifie.

Mais pourquoi chercher dans des temps reculés des preuves d'une vérité dont nous avons sous nos yeux des témoignages subsistants ? Il est en Asie une contrée immense où les lettres honorées conduisent aux premières dignités de l'état. Si les sciences épuroient les mœurs, si elles apprenoient aux hommes à verser leur sang pour la patrie, si

[1] * Pétrone qui, dans les premiers temps du règne de Néron, posséda toute sa faveur, et dont le goût faisoit loi dans toutes les fêtes et les amusements de sa cour, reçut pour cela le surnom d'*Arbiter elegantiarum*, que la postérité lui a justement conservé.

elles animoient le courage, les peuples de la Chine devroient être sages, libres et invincibles. Mais s'il n'y a point de vice qui ne les domine, point de crime qui ne leur soit familier; si les lumières des ministres, ni la prétendue sagesse des lois, ni la multitude des habitants de ce vaste empire, n'ont pu le garantir du joug du Tartare ignorant et grossier; de quoi lui ont servi tous ses savants? Quel fruit a-t-il retiré des honneurs dont ils sont comblés? seroit-ce d'être peuplé d'esclaves et de méchants?

Opposons à ces tableaux celui des mœurs du petit nombre de peuples qui, préservés de cette contagion des vaines connoissances, ont par leurs vertus fait leur propre bonheur et l'exemple des autres nations. Tels furent les premiers Perses: nation singulière, chez laquelle on apprenoit la vertu comme chez nous on apprend la science; qui subjugua l'Asie avec tant de facilité, et qui seule a eu cette gloire, que l'histoire de ses institutions ait passé pour un roman de philosophie. Tels furent les Scythes, dont on nous a laissé de si magnifiques éloges. Tels les Germains, dont une plume, lasse de tracer les crimes et les noirceurs d'un peuple instruit, opulent et voluptueux, se soulageoit à peindre la simplicité, l'innocence et les vertus. Telle avoit été Rome même, dans les temps de sa pauvreté et de son ignorance. Telle enfin s'est montrée jusqu'à nos jours cette nation rustique si vantée pour son courage que l'adversité n'a pu abattre, et pour sa fidélité que l'exemple n'a pu corrompre¹.

Ce n'est point par stupidité que ceux-ci ont préféré d'autres exercices à ceux de l'esprit. Ils n'ignoroient pas que dans d'autres contrées des hommes oisifs passoient leur vie à disputer sur le souverain bien, sur le vice et sur la vertu, et que d'orgueilleux raisonneurs, se donnant à eux-mêmes les plus grands éloges, confondoient les autres peuples sous le nom méprisant de barbares ; mais ils ont considéré leurs mœurs et appris à dédaigner leur doctrine².

¹ Je n'ose parler de ces nations heureuses qui ne connoissent pas même de nom les vices que nous avons tant de peine à réprimer ; de ces sauvages de l'Amérique dont Montaigne ne balance point à préférer la simple et naturelle police, non seulement aux lois de Platon, mais même à tout ce que la philosophie pourra jamais imaginer de plus parfait pour le gouvernement des peuples. Il en cite quantité d'exemples frappants pour qui les sauroit admirer : « mais quoy ! dit-il, ils ne portent point de hault de « chausses. » (Liv. I, chap. xxx.)

² De bonne foi, qu'on me dise quelle opinion les Athéniens mêmes devoient avoir de l'éloquence, quand ils l'écartèrent avec tant de soin de ce tribunal intègre des jugements duquel les dieux mêmes n'appeloient pas. Que pensoient les Romains de la médecine, quand ils la bannirent de leur république ? Et quand un reste d'humanité porta les Espagnols à interdire à leurs gens de loi l'entrée de l'Amérique, quelle idée falloit-il qu'ils eussent de la jurisprudence ? Ne diroit-on pas qu'ils ont cru réparer par ce seul acte tous les maux qu'ils avoient faits à ces malheureux Indiens * ?

* « Le roy Ferdinand, envoyant des colonies aux Indes, prouveut sagement qu'on n'y menast
« aulcuns escholiers de la iurisprudence... iugeant avecques Platon que c'est une mauvaise
« provision de pais, que iurisconsultes et médecins. » Montaigne, liv. III, chap. xiii.

Oublierois-je que ce fut dans le sein même de la Grèce qu'on vit s'élever cette cité aussi célèbre par son heureuse ignorance que par la sagesse de ses lois, cette république de demi-dieux plutôt que d'hommes, tant leurs vertus sembloient supérieures à l'humanité? O Sparte, opprobre éternel d'une vaine doctrine! tandis que les vices conduits par les beaux-arts s'introduisoient ensemble dans Athènes, tandis qu'un tyran y rassembloit avec tant de soin les ouvrages du prince des poètes, tu chassois de tes murs les arts et les artistes, les sciences et les savants!

L'événement marqua cette différence. Athènes devint le séjour de la politesse et du bon goût, le pays des orateurs et des philosophes : l'élégance des bâtiments y répondoit à celle du langage : on y voyoit de toutes parts le marbre et la toile animés par les mains des maîtres les plus habiles : c'est d'Athènes que sont sortis ces ouvrages surprenants, qui serviront de modèles dans tous les âges corrompus. Le tableau de Lacédémone est moins brillant. *Là, disoient les autres peuples, les hommes naissent vertueux, et l'air même du pays semble inspirer la vertu.* Il ne nous reste de ses habitants que la mémoire de leurs actions héroïques. De tels monuments vaudroient-ils moins pour nous que les marbres curieux qu'Athènes nous a laissés?

Quelques sages, il est vrai, ont résisté au torrent général, et se sont garantis du vice dans le séjour des muses. Mais qu'on écoute le jugement que le premier et le plus malheureux d'entre eux portoit des savants et des artistes de son temps.

« J'ai examiné, dit-il, les poètes, et je les re-
« garde comme des gens dont le talent en impose
« à eux-mêmes et aux autres, qui se donnent pour
« sages, qu'on prend pour tels, et qui ne sont rien
« moins.

« Des poètes, continue Socrate, j'ai passé aux
« artistes. Personne n'ignoroit plus les arts que
« moi; personne n'étoit plus convaincu que les
« artistes possédoient de fort beaux secrets. Ce-
« pendant je me suis aperçu que leur condition
« n'est pas meilleure que celle des poètes, et qu'ils
« sont, les uns et les autres, dans le même préju-
« gé. Parce que les plus habiles d'entre eux excel-
« lent dans leur partie, ils se regardent comme
« les plus sages des hommes. Cette présomption
« a terni tout-à-fait leur savoir à mes yeux : de
« sorte que, me mettant à la place de l'oracle, et
« me demandant ce que j'aimerois le mieux être,
« ce que je suis ou ce qu'ils sont, savoir ce qu'ils
« ont appris ou savoir que je ne sais rien, j'ai ré-
« pondu à moi-même et au dieu : Je veux rester
« ce que je suis.

« Nous ne savons, ni les sophistes, ni les poètes,
« ni les orateurs, ni les artistes, ni moi, ce que
« c'est que le vrai, le bon et le beau. Mais il y a

« entre nous cette différence, que, quoique ces
« gens ne sachent rien, tous croient savoir quel-
« que chose : au lieu que moi, si je ne sais rien,
« au moins je n'en suis pas en doute. De sorte que
« toute cette supériorité de sagesse qui m'est ac-
« cordée par l'oracle se réduit seulement à être
« bien convaincu que j'ignore ce que je ne sais
« pas. »

Voilà donc le plus sage des hommes au jugement des dieux, et le plus savant des Athéniens
au sentiment de la Grèce entière, Socrate, faisant
l'éloge de l'ignorance! Croit-on que, s'il ressusci-
toit parmi nous, nos savants et nos artistes lui feroient changer d'avis? Non, messieurs : cet homme
juste continueroit de mépriser nos vaines sciences;
il n'aideroit point à grossir cette foule de livres
dont on nous inonde de toutes parts, et ne laisse-
roit, comme il a fait, pour tout précepte à ses
disciples et à nos neveux, que l'exemple et la mémoire de sa vertu. C'est ainsi qu'il est beau d'instruire les hommes.

Socrate avoit commencé dans Athènes, le vieux
Caton continua dans Rome, de se déchaîner contre
ces Grecs artificieux et subtils qui séduisoient la
vertu et amollissoient le courage de ses concitoyens. Mais les sciences, les arts et la dialectique
prévalurent encore : Rome se remplit de philosophes et d'orateurs; on négligea la discipline militaire, on méprisa l'agriculture, on embrassa des

sectes, et l'on oublia la patrie. Aux noms sacrés de liberté, de désintéressement, d'obéissance aux lois, succédèrent les noms d'Épicure, de Zénon, d'Arcésilas. *Depuis que les savants ont commencé à paroître parmi nous,* disoient leurs propres philosophes, *les gens de bien se sont éclipsés* [1]. Jusqu'alors les Romains s'étoient contentés de pratiquer la vertu; tout fut perdu quand ils commencèrent à l'étudier.

O Fabricius ! qu'eût pensé votre grande ame, si, pour votre malheur, rappelé à la vie, vous eussiez vu la face pompeuse de cette Rome sauvée par votre bras, et que votre nom respectable avoit plus illustrée que toutes ses conquêtes ? « Dieux ! « eussiez-vous dit, que sont devenus ces toits de « chaume et ces foyers rustiques qu'habitoient jadis la modération et la vertu ? Quelle splendeur « funeste a succédé à la simplicité romaine ? quel « est ce langage étranger ? quelles sont ces mœurs « efféminées ? que signifient ces statues, ces ta« bleaux, ces édifices ? Insensés, qu'avez-vous fait ? « Vous, les maîtres des nations, vous vous êtes « rendus les esclaves des hommes frivoles que « vous avez vaincus ! Ce sont des rhéteurs qui vous « gouvernent ! C'est pour enrichir des architectes, « des peintres, des statuaires et des histrions, que « vous avez arrosé de votre sang la Grèce et l'Asie !

---

[1] *Postquam docti prodierunt, boni desunt.* Senec., ep. xcv. — Le même passage est cité par Montaigne, liv. I, chap. xxiv.

« Les dépouilles de Carthage sont la proie d'un « joueur de flûte! Romains, hâtez-vous de renverser ces amphithéâtres; brisez ces marbres, « brûlez ces tableaux, chassez ces esclaves qui « vous subjuguent, et dont les funestes arts vous « corrompent. Que d'autres mains s'illustrent par « de vains talents; le seul talent digne de Rome « est celui de conquérir le monde, et d'y faire régner la vertu. Quand Cynéas prit notre sénat « pour une assemblée de rois, il ne fut ébloui ni « par une pompe vaine, ni par une élégance recherchée; il n'y entendit point cette éloquence « frivole, l'étude et le charme des hommes futiles. « Que vit donc Cynéas de si majestueux? O citoyens! il vit un spectacle que ne donneront jamais vos richesses ni tous vos arts; le plus beau « spectacle qui ait jamais paru sous le ciel : l'assemblée de deux cents hommes vertueux, dignes de commander à Rome, et de gouverner la « terre. »

Mais franchissons la distance des lieux et des temps, et voyons ce qui s'est passé dans nos contrées et sous nos yeux; ou plutôt, écartons des peintures odieuses qui blesseroient notre délicatesse, et épargnons-nous la peine de répéter les mêmes choses sous d'autres noms. Ce n'est point en vain que j'évoquois les mânes de Fabricius; et qu'ai-je fait dire à ce grand homme, que je n'eusse pu mettre dans la bouche de Louis XII ou de

Henri IV? Parmi nous, il est vrai, Socrate n'eût point bu la ciguë; mais il eût bu dans une coupe encore plus amère la raillerie insultante, et le mépris pire cent fois que la mort.

Voilà comment le luxe, la dissolution et l'esclavage ont été de tout temps le châtiment des efforts orgueilleux que nous avons faits pour sortir de l'heureuse ignorance où la sagesse éternelle nous avoit placés. Le voile épais dont elle a couvert toutes ses opérations sembloit nous avertir assez qu'elle ne nous a point destinés à de vaines recherches. Mais est-il quelqu'une de ses leçons dont nous ayons su profiter, ou que nous ayons négligée impunément? Peuples, sachez donc une fois que la nature a voulu vous préserver de la science, comme une mère arrache une arme dangereuse des mains de son enfant; que tous les secrets qu'elle vous cache sont autant de maux dont elle vous garantit, et que la peine que vous trouvez à vous instruire n'est pas le moindre de ses bienfaits. Les hommes sont pervers; ils seroient pires encore, s'ils avoient eu le malheur de naître savants.

Que ces réflexions sont humiliantes pour l'humanité! que notre orgueil en doit être mortifié! Quoi! la probité seroit fille de l'ignorance? la science et la vertu seroient incompatibles? Quelles conséquences ne tireroit-on point de ces préjugés? Mais, pour concilier ces contrariétés apparentes, il ne faut qu'examiner de près la vanité et le néant de ces titres orgueilleux qui nous éblouissent, et que nous donnons si gratuitement aux connoissances humaines. Considérons donc les sciences et les arts en eux-mêmes : Voyons ce qui doit résulter de leur progrès : et ne balançons plus à convenir de tous les points où nos raisonnemens se trouveront d'accord avec les inductions historiques.

SECONDE PARTIE.

C'étoit une ancienne tradition passée de l'Égypte en Grèce, qu'un dieu ennemi du repos des hommes étoit l'inventeur des sciences[1]. Quelle opinion falloit-il donc qu'eussent d'elles les Égyptiens mêmes, chez qui elles étoient nées ? C'est qu'ils voyoient de près les sources qui les avoient produites. En effet, soit qu'on feuillette les annales du monde, soit qu'on supplée à des chroniques incertaines par des recherches philosophiques, on ne trouvera pas aux connoissances humaines une

[1] On voit aisément l'allégorie de la fable de Prométhée, et il ne paroît pas que les Grecs, qui l'ont cloué sur le Caucase, en pensassent guère plus favorablement que les Égyptiens de leur dieu Teuthus. « Le satyre, dit une ancienne fable, voulut baiser
« et embrasser le feu, la première fois qu'il le vit ; mais Prome-
« theus lui cria : Satyre, tu pleureras la barbe de ton menton,
« car il brûle quand on y touche *. »

* C'étoit le sujet du frontispice mis en tête de la première édition de ce discours. Il représentoit Prométhée tenant à la main un flambeau et prêt à animer sa statue. Un satyre, attiré par l'éclat du feu, s'en approchoit pour le saisir. Prométhée lui crioit : *N'approche pas, satyre ; le feu brûle quand on y touche.*

origine, qui réponde à l'idée qu'on aime à s'en former. L'astronomie est née de la superstition ; l'éloquence, de l'ambition, de la haine, de la flatterie, du mensonge ; la géométrie, de l'avarice ; la physique, d'une vaine curiosité ; toutes, et la morale même, de l'orgueil humain. Les sciences et les arts doivent donc leur naissance à nos vices : nous serions moins en doute sur leurs avantages, s'ils la devoient à nos vertus.

Le défaut de leur origine ne nous est que trop retracé dans leurs objets. Que ferions-nous des arts, sans le luxe qui les nourrit ? Sans les injustices des hommes, à quoi serviroit la jurisprudence ? Que deviendroit l'histoire, s'il n'y avoit ni tyrans, ni guerres, ni conspirateurs ? Qui voudroit, en un mot, passer sa vie à de stériles contemplations, si chacun, ne consultant que les devoirs de l'homme et les besoins de la nature, n'avoit de temps que pour la patrie, pour les malheureux, et pour ses amis ? Sommes-nous donc faits pour mourir attachés sur les bords du puits où la vérité s'est retirée ? Cette seule réflexion devroit rebuter dès les premiers pas tout homme qui chercheroit sérieusement à s'instruire par l'étude de la philosophie.

Que de dangers, que de fausses routes dans l'investigation des sciences ! Par combien d'erreurs, mille fois plus dangereuses que la vérité n'est utile, ne faut-il point passer pour arriver à elle ! Le désavantage est visible : car le faux est susceptible d'une infinité de combinaisons ; mais la vérité n'a qu'une manière d'être[1]. Qui est-ce d'ailleurs qui la cherche bien sincèrement? Même avec la meilleure volonté, à quelles marques est-on sûr de la reconnoître? Dans cette foule de sentiments différents, quel sera notre *criterium* pour en bien juger[2]? Et, ce qui est le plus difficile, si par bonheur nous le trouvons à la fin, qui de nous en saura faire un bon usage?

Si nos sciences sont vaines dans l'objet qu'elles se proposent, elles sont encore plus dangereuses par les effets qu'elles produisent. Nées dans l'oisiveté, elles la nourrissent à leur tour; et la perte irréparable du temps est le premier préjudice qu'elles causent nécessairement à la société. En politique comme en morale, c'est un grand mal que de ne point faire de bien ; et tout citoyen inutile peut être regardé comme un homme per-

---

[1] *« Si, comme la vérité, le mensonge n'avoit qu'un visage, « nous serions en meilleurs termes; car nous prendrions pour « certain l'opposé de ce que diroit le menteur : mais le revers de « la vérité a cent mille figures et un champ indéfini.... Mille « routes desvoyent du blanc; une y va. »* Montaigne, liv. I, chap. IX.

[2] Moins on sait, plus on croit savoir. Les péripatéticiens doutoient-ils de rien? Descartes n'a-t-il pas construit l'univers avec des cubes et des tourbillons? Et y a-t-il aujourd'hui même en Europe si mince physicien qui n'explique hardiment ce profond mystère de l'électricité qui fera peut-être à jamais le désespoir des vrais philosophes?

nicieux. Répondez-moi donc, philosophes illustres, vous par qui nous savons en quelles raisons les corps s'attirent dans le vide ; quels sont, dans les révolutions des planètes, les rapports des aires parcourues en temps égaux ; quelles courbes ont des points conjugués, des points d'inflexion et de rebroussement ; comment l'homme voit tout en Dieu ; comment l'ame et le corps se correspondent sans communication, ainsi que feroient deux horloges ; quels astres peuvent être habités ; quels insectes se reproduisent d'une manière extraordinaire : répondez-moi, dis-je, vous de qui nous avons reçu tant de sublimes connoissances : quand vous ne nous auriez jamais rien appris de ces choses, en serions-nous moins nombreux, moins bien gouvernés, moins redoutables, moins florissants, ou plus pervers ? Revenez donc sur l'importance de vos productions ; et si les travaux des plus éclairés de nos savants et de nos meilleurs citoyens nous procurent si peu d'utilité, dites-nous ce que nous devons penser de cette foule d'écrivains obscurs et de lettrés oisifs qui dévorent en pure perte la substance de l'état.

Que dis-je, oisifs? et plût à Dieu qu'ils le fussent en effet! Les mœurs en seroient plus saines et la société plus paisible. Mais ces vains et futiles déclamateurs vont de tous côtés, armés de leurs funestes paradoxes, sapant les fondements de la foi, et anéantissant la vertu. Ils sourient dédaigneusement à ces vieux mots de patrie et de religion, et consacrent leurs talents et leur philosophie à détruire et avilir tout ce qu'il y a de sacré parmi les hommes. Non qu'au fond ils haïssent ni la vertu ni nos dogmes; c'est de l'opinion publique qu'ils sont ennemis; et, pour les ramener au pied des autels, il suffiroit de les reléguer parmi les athées. O fureur de se distinguer, que ne pouvez-vous point!

C'est un grand mal que l'abus du temps. D'autres maux pires encore suivent les lettres et les arts. Tel est le luxe, né comme eux de l'oisiveté et de la vanité des hommes. Le luxe va rarement sans les sciences et les arts, et jamais ils ne vont sans lui. Je sais que notre philosophie, toujours féconde en maximes singulières, prétend, contre l'expérience de tous les siècles, que le luxe fait la splendeur des états : mais, après avoir oublié la nécessité des lois somptuaires, osera-t-elle nier encore que les bonnes mœurs ne soient essentielles à la durée des empires, et que le luxe ne soit diamétralement opposé aux bonnes mœurs? Que le luxe soit un signe certain des richesses; qu'il serve même si l'on veut à les multiplier: que faudra-t-il conclure de ce paradoxe si digne d'être né de nos jours? et que deviendra la vertu, quand il faudra s'enrichir à quelque prix que ce soit? Les anciens politiques parloient sans cesse de mœurs et de vertu; les nôtres ne parlent que de commerce et d'argent. L'un vous dira qu'un homme vaut en telle contrée la somme qu'on le vendroit à Alger; un autre, en suivant ce calcul, trouvera des pays où un homme ne vaut rien, et d'autres où il vaut moins que rien. Ils évaluent les hommes comme des troupeaux de bétail. Selon eux, un homme ne vaut à l'état que la consommation qu'il y fait; ainsi un Sybarite auroit bien valu trente Lacédémoniens. Qu'on devine donc laquelle de ces deux républiques, de Sparte ou de Sybaris, fut subjuguée par une poignée de paysans, et laquelle fit trembler l'Asie.

La monarchie de Cyrus a été conquise avec trente mille hommes par un prince plus pauvre que le moindre des satrapes de Perse; et les Scythes, le plus misérable de tous les peuples, ont résisté aux plus puissants monarques de l'univers. Deux fameuses républiques se disputèrent l'empire du monde; l'une étoit très-riche, l'autre n'avoit rien; et ce fut celle-ci qui détruisit l'autre. L'empire romain, à son tour, après avoir englouti toutes les richesses de l'univers, fut la proie des gens qui ne savoient pas même ce que c'étoit que richesse. Les Francs conquirent les Gaules, les Saxons l'Angleterre, sans autres trésors que leur bravoure et leur pauvreté. Une troupe de pauvres montagnards dont toute l'avidité se bornoit à quelques peaux de moutons, après avoir dompté la fierté autrichienne, écrasa cette opulente et redoutable maison de Bourgogne qui faisoit trembler les potentats de l'Europe. Enfin, toute la puissance et toute la sagesse de l'héritier de Charles-Quint, soutenues de tous les trésors des Indes, vinrent se briser contre une poignée de pêcheurs de harengs. Que nos politiques daignent suspendre leurs calculs pour réfléchir à ces exemples, et qu'ils apprennent une fois qu'on a de tout avec de l'argent, hormis des mœurs et des citoyens.

De quoi s'agit-il donc précisément dans cette question du luxe? De savoir lequel importe le plus aux empires d'être brillants et momentanés, ou vertueux et durables. Je dis brillants, mais de quel éclat? Le goût du faste ne s'associe guère dans les mêmes ames avec celui de l'honnête. Non, il n'est pas possible que des esprits dégradés par une multitude de soins futiles s'élèvent jamais à rien de grand; et, quand ils en auroient la force, le courage leur manqueroit.

Tout artiste veut être applaudi. Les éloges de ses contemporains sont la partie la plus précieuse de ses récompenses. Que fera-t-il donc pour les obtenir, s'il a le malheur d'être né chez un peuple et dans des temps où les savants devenus à la mode ont mis une jeunesse frivole en état de donner le ton; où les hommes ont sacrifié leur goût aux tyrans de leur liberté [1]; où, l'un des sexes n'osant

---

[1] Je suis bien éloigné de penser que cet ascendant des femmes soit un mal en soi. C'est un présent que leur a fait la nature, pour le bonheur du genre humain; mieux dirigé, il pourroit produire autant de bien qu'il fait de mal aujourd'hui. On ne sent point assez

approuver que ce qui est proportionné à la pusillanimité de l'autre, on laisse tomber des chefs-d'œuvre de poésie dramatique, et des prodiges d'harmonie sont rebutés? Ce qu'il fera, messieurs? Il rabaissera son génie au niveau de son siècle, et aimera mieux composer des ouvrages communs qu'on admire pendant sa vie, que des merveilles qu'on n'admireroit que long-temps après sa mort. Dites-nous, célèbre Arouet, combien vous avez sacrifié de beautés mâles et fortes à notre fausse délicatesse! et combien l'esprit de la galanterie, si fertile en petites choses, vous en a coûté de grandes!

C'est ainsi que la dissolution des mœurs, suite nécessaire du luxe, entraîne à son tour la corruption du goût. Que si par hasard, entre les hommes extraordinaires par leurs talents, il s'en trouve quelqu'un qui ait de la fermeté dans l'ame et qui refuse de se prêter au génie de son siècle et de s'avilir par des productions puériles, malheur à lui! il mourra dans l'indigence et dans l'oubli. Que n'est-ce ici un pronostic que je fais, et non une expérience que je

---

quels avantages naîtroient dans la société d'une meilleure éducation donnée à cette moitié du genre humain qui gouverne l'autre. Les hommes seront toujours ce qu'il plaira aux femmes : si vous voulez donc qu'ils deviennent grands et vertueux, apprenez aux femmes ce que c'est que grandeur d'ame et vertu. Les réflexions que ce sujet fournit, et que Platon a faites autrefois, mériteroient fort d'être mieux développées par une plume digne d'écrire d'après un tel maître, et de défendre une si grande cause.

rapporte! Carle, Pierre¹, le moment est venu où ce pinceau destiné à augmenter la majesté de nos temples par des images sublimes et saintes, tombera de vos mains, ou sera prostitué à orner de peintures lascives les panneaux d'un vis-à-vis. Et toi, rival des Praxitèle et des Phidias ; toi, dont les anciens auroient employé le ciseau à leur faire des dieux capables d'excuser à nos yeux leur idolâtrie ; inimitable Pigal, ta main se résoudra à ravaler le ventre d'un magot, ou il faudra qu'elle demeure oisive.

On ne peut réfléchir sur les mœurs, qu'on ne se plaise à se rappeler l'image de la simplicité des premiers temps. C'est un beau rivage, paré des seules mains de la nature, vers lequel on tourne incessamment les yeux, et dont on se sent éloigner à regret. Quand les hommes innocents et vertueux aimoient à avoir les dieux pour témoins de leurs actions, ils habitoient ensemble sous les mêmes cabanes; mais, bientôt devenus méchants, ils se lassèrent de ces incommodes spectateurs, et les reléguèrent dans des temples magnifiques. Ils les en chassèrent enfin pour s'y établir eux-mêmes, ou du moins les temples des dieux ne se distinguèrent plus des maisons des citoyens. Ce fut alors le comble de la dépravation, et les vices ne furent jamais poussés plus loin que quand on les vit pour ainsi dire soutenus,

---

¹ * CARLE-VANLOO et PIERRE, peintres célèbres dans le dernier siècle, le premier mort en 1765, le second en 1789, ont principalement travaillé à la décoration des églises.

à l'entrée des palais des grands, sur des colonnes de marbre, et gravés sur des chapiteaux corinthiens.

Tandis que les commodités de la vie se multiplient, que les arts se perfectionnent, et que le luxe s'étend, le vrai courage s'énerve, les vertus militaires s'évanouissent; et c'est encore l'ouvrage des sciences et de tous ces arts qui s'exercent dans l'ombre du cabinet. Quand les Goths ravagèrent la Grèce, toutes les bibliothèques ne furent sauvées du feu que par cette opinion semée par l'un d'entre eux, qu'il falloit laisser aux ennemis des meubles si propres à les détourner de l'exercice militaire, et à les amuser à des occupations oisives et sédentaires. Charles VIII se vit maître de la Toscane et du royaume de Naples sans avoir presque tiré l'épée; et toute sa cour attribua cette facilité inespérée à ce que les princes et la noblesse d'Italie s'amusoient plus à se rendre ingénieux et savants, qu'ils ne s'exerçoient à devenir vigoureux et guerriers. En effet, dit l'homme de sens qui rapporte ces deux traits[1], tous les exemples nous apprennent qu'en cette martiale police, et en toutes celles qui lui sont semblables, l'étude des sciences est bien plus propre à amollir et efféminer les courages, qu'à les affermir et les animer.

Les Romains ont avoué que la vertu militaire s'étoit éteinte parmi eux à mesure qu'ils avoient

[1] *Montaigne, liv. I, chap. xxiv.

commencé à se connoître en tableaux, en gravures, en vases d'orfévrerie, et à cultiver les beaux-arts; et comme si cette contrée fameuse étoit destinée à servir sans cesse d'exemple aux autres peuples, l'élévation des Médicis et le rétablissement des lettres ont fait tomber derechef, et peut-être pour toujours, cette réputation guerrière que l'Italie sembloit avoir recouvrée il y a quelques siècles.

Les anciennes républiques de la Grèce, avec cette sagesse qui brilloit dans la plupart de leurs institutions, avoient interdit à leurs citoyens tous ces métiers tranquilles et sédentaires qui, en affaissant et corrompant le corps, énervent si tot la vigueur de l'ame. De quel œil, en effet, pense-t-on que puissent envisager la faim, la soif, les fatigues, les dangers et la mort, des hommes que le moindre besoin accable, et que la moindre peine rebute. Avec quel courage les soldats supporteront-ils des travaux excessifs dont ils n'ont aucune habitude? Avec quelle ardeur feront-ils des marches forcées sous des officiers qui n'ont pas même la force de voyager à cheval? Qu'on ne m'objecte point la valeur renommée de tous ces modernes guerriers si savamment disciplinés. On me vante bien leur bravoure en un jour de bataille; mais on ne me dit point comment ils supportent l'excès du travail, comment ils résistent à la rigueur des saisons et aux intempéries de l'air. Il ne faut qu'un peu de soleil ou de neige, il ne faut que la privation de quelques superfluités, pour fondre et détruire en peu de jours la meilleure de nos armées. Guerriers intrépides, souffrez une fois la vérité qu'il vous est si rare d'entendre. Vous êtes braves, je le sais ; vous eussiez triomphé avec Annibal à Cannes et à Trasymène ; César avec vous eût passé le Rubicon et asservi son pays : mais ce n'est point avec vous que le premier eût traversé les Alpes, et que l'autre eût vaincu vos aïeux.

Les combats ne font pas toujours le succès de la guerre, et il est pour les généraux un art supérieur à celui de gagner des batailles. Tel court au feu avec intrépidité, qui ne laisse pas d'être un très-mauvais officier : dans le soldat même, un peu plus de force et de vigueur seroit peut-être plus nécessaire que tant de bravoure, qui ne le garantit pas de la mort. Et qu'importe à l'état que ses troupes périssent par la fièvre et le froid, ou par le fer de l'ennemi ?

Si la culture des sciences est nuisible aux qualités guerrières, elle l'est encore plus aux qualités morales. C'est dès nos premières années qu'une éducation insensée orne notre esprit et corrompt notre jugement. Je vois de toutes parts des établissements immenses, où l'on élève à grands frais la jeunesse pour lui apprendre toutes choses, excepté ses devoirs. Vos enfants ignoreront leur propre langue, mais ils en parleront d'autres qui ne sont en usage nulle part ; ils sauront composer des vers qu'à peine ils pourront comprendre; sans savoir démêler l'erreur de la vérité, ils posséderont l'art de les rendre méconnoissables aux autres par des arguments spécieux : mais ces mots de magnanimité, d'équité, de tempérance, d'humanité, de courage, ils ne sauront ce que c'est; ce doux nom de patrie ne frappera jamais leur oreille; et s'ils entendent parler de Dieu, ce sera moins pour le craindre que pour en avoir peur [1]. J'aimerois autant, disoit un sage, que mon écolier eût passé le temps dans un jeu de paume, au moins le corps en seroit plus dispos. Je sais qu'il faut occuper les enfants, et que l'oisiveté est pour eux le danger le plus à craindre. Que faut-il donc qu'ils apprennent? Voilà certes une belle question! Qu'ils apprennent ce qu'ils doivent faire étant hommes [2], et non ce qu'ils doivent oublier.

[1] Pensées philosophiques*.
[2] Telle étoit l'éducation des Spartiates, au rapport du plus grand de leurs rois. « C'est, dit Montaigne, chose digne de très-« grande considération, qu'en cette excellente police de Lycurgus, « et à la vérité monstrueuse par sa perfection, si soingneuse pour-« tant de la nourriture des enfants, comme de sa principale charge, « et au giste même des muses, il s'y face si peu mention de la

* C'est le titre d'un ouvrage de Diderot, contenant soixante-deux pensées, publié en 1746, et réimprimé depuis sous le titre d'*Étrennes aux esprits forts*. La pensée dont Rousseau s'appuie dans cette citation est celle qui porte le numéro xxv. — Il est difficile de croire que, dans le manuscrit du discours envoyé à l'Académie, il ait osé citer un ouvrage qu'un arrêt du Parlement avoit condamné au feu peu de temps après sa publication. C'étoit même encore une hardiesse assez grande de le rappeler et de s'en faire un appui dans le discours imprimé. Il est donc bien présumable que cette citation ainsi que le passage du Discours auquel elle se rapporte, forment une des *additions* que Rousseau, dans l'avertissement qui précède, déclare avoir faites postérieurement.

Nos jardins sont ornés de statues et nos galeries de tableaux. Que penseriez-vous que représen-

« doctrine : comme si cette généreuse jeunesse, desdaignant tout
« aultre joug, on luy ayt deu fournir, au lieu de nos maistres de
« science, seulement des maistres de vaillance, prudence et jus-
« tice. »

Voyons maintenant comment le même auteur parle des anciens Perses : Platon, dit-il, raconte « que le fils aisné de leur succes-
« sion royale estoit ainsi nourry. Aprez sa naissance, on le don-
« noit, non à des femmes, mais à des eunuches de la premiere
« auctorité autour des roys à cause de leur vertu. Ceulx-cy pre-
« noient charge de lui rendre le corps beau et sain, et aprez sept
« ans, le duisoient à monter à cheval et aller à la chasse. Quand
« il estoit arrivé au quatorsiesme, ils le déposoient entre les mains
« de quatre : le plus sage, le plus juste, le plus témpérant, le plus
« vaillant de la nation. Le premier lui apprenoit la religion ; le se-
« cond, à estre toujours véritable ; le tiers, à se rendre maistre
« des cupiditez ; le quart, à ne rien craindre ; » tous, ajouterois-
je, à le rendre bon, aucun à le rendre savant.

« Astyagès, en Xénophon, demande à Cyrus compte de sa der-
« niere leçon : C'est, dict-il, qu'en nostre eschole un grand gar-
« çon ayant un petit saye le donna à l'un de ses compaignons de
« plus petite taille, et lui osta son saye qui estoit plus grand.
« Nostre précepteur m'ayant faict juge de ce différend, je jugeay
« qu'il falloit laisser les choses en cet estat, et que l'un et l'aultre
« sembloit estre mieulx accommodé en ce poinct. Sur quoy il me
« remontra que j'avois mal faict ; car je m'estois arresté à consi-
« dérer la bienseance, et il falloit premierement avoir prouveu à
« la justice, qui vouloit que nul ne feust forcé en ce qui luy ap-
« partenoit ; et dict qu'il en fut fouété, tout ainsi que nous som-
« mes en nos villages pour avoir oublié le premier aoriste de Τύπτω.
« Mon regent me feroit une belle harangue, *in genere demonstra-
« tivo*, avant qu'il me persuadast que son eschole vault cette-là. »
(Liv. I, chap. XXIV.) *

* Dans ce même chapitre, Montaigne rapporte, d'après Plutarque, ce mot d'Agésilas que notre auteur a incorporé ici dans son discours. « On demandoit à Agésilaus ce qu'il falloit que les enfants apprinsent : *ce qu'ils doivent faire estant hommes*, respondit-il. »

tent ces chefs-d'œuvre de l'art exposés à l'admiration publique? les défenseurs de la patrie? ou ces hommes plus grands encore qui l'ont enrichie par leurs vertus? Non. Ce sont des images de tous les égaremens du cœur et de la raison, tirées soigneusement de l'ancienne mythologie, et présentées de bonne heure à la curiosité de nos enfants; sans doute afin qu'ils aient sous leurs yeux des modèles de mauvaises actions, avant même que de savoir lire.

D'où naissent tous ces abus, si ce n'est de l'inégalité funeste introduite entre les hommes par la distinction des talents et par l'avilissement des vertus? Voilà l'effet le plus évident de toutes nos études, et la plus dangereuse de toutes leurs conséquences. On ne demande plus d'un homme s'il a de la probité, mais s'il a des talents; ni d'un livre s'il est utile, mais s'il est bien écrit. Les récompenses sont prodiguées au bel esprit, et la vertu reste sans honneurs. Il y a mille prix pour les beaux discours, aucun pour les belles actions. Qu'on me dise cependant si la gloire attachée au meilleur des discours qui seront couronnés dans cette académie est comparable au mérite d'en avoir fondé le prix.

Le sage ne court point après la fortune; mais il n'est pas insensible à la gloire; et quand il la voit si mal distribuée, sa vertu, qu'un peu d'émulation auroit animée et rendue avantageuse à la société, tombe en langueur, et s'éteint dans la misère et dans l'oubli. Voilà ce qu'à la longue doit produire partout la préférence des talents agréables sur les talents utiles, et ce que l'expérience n'a que trop confirmé depuis le renouvellement des sciences et des arts. Nous avons des physiciens, des géomètres, des chimistes, des astronomes, des poètes, des musiciens, des peintres : nous n'avons plus de citoyens; ou, s'il nous en reste encore, dispersés dans nos campagnes abandonnées, ils y périssent indigents et méprisés. Tel est l'état où sont réduits, tels sont les sentiments qu'obtiennent de nous, ceux qui nous donnent du pain, et qui donnent du lait à nos enfants.

Je l'avoue cependant, le mal n'est pas aussi grand qu'il auroit pu le devenir. La prévoyance éternelle, en plaçant à côté de diverses plantes nuisibles des simples salutaires, et dans la substance de plusieurs animaux malfaisants le remède à leurs blessures, a enseigné aux souverains, qui sont ses ministres, à imiter sa sagesse. C'est à son exemple que du sein même des sciences et des arts, sources de mille déréglements, ce grand monarque, dont la gloire ne fera qu'acquérir d'âge en âge un nouvel éclat, tira ces sociétés célèbres chargées à la fois du dangereux dépôt des connoissances humaines et du dépôt sacré des mœurs, par l'attention qu'elles ont d'en maintenir chez elles toute la pureté, et de l'exiger dans les membres qu'elles reçoivent.

Ces sages institutions, affermies par son auguste successeur, et imitées par tous les rois de l'Europe, serviront du moins de frein aux gens de lettres, qui, tous, aspirant à l'honneur d'être admis dans les académies, veilleront sur eux-mêmes, et tâcheront de s'en rendre dignes par des ouvrages utiles et des mœurs irréprochables. Celles de ces compagnies qui pour les prix dont elles honorent le mérite littéraire feront un choix de sujets propres à ranimer l'amour de la vertu dans les cœurs des citoyens, montreront que cet amour règne parmi elles, et donneront aux peuples ce plaisir si rare et si doux de voir des sociétés savantes se dévouer à verser sur le genre humain non seulement des lumières agréables, mais aussi des instructions salutaires.

Qu'on ne m'oppose donc point une objection qui n'est pour moi qu'une nouvelle preuve. Tant de soins ne montrent que trop la nécessité de les prendre; et l'on ne cherche point des remèdes à des maux qui n'existent pas. Pourquoi faut-il que ceux-ci portent encore par leur insuffisance le caractère des remèdes ordinaires? Tant d'établissements faits à l'avantage des savants n'en sont que plus capables d'en imposer sur les objets des sciences, et de tourner les esprits à leur culture. Il semble, aux précautions qu'on prend, qu'on ait trop de laboureurs et qu'on craigne de manquer de philosophes. Je ne veux point hasarder ici une comparaison de l'agriculture et de la philosophie : on ne la supporteroit pas. Je demanderai seulement : Qu'est-ce que la philosophie ? que contiennent les écrits des philosophes les plus connus ? quelles sont les leçons de ces amis de la sagesse ? A les entendre, ne les prendroit-on pas pour une troupe de charlatans criant chacun de son côté sur une place publique : Venez à moi, c'est moi seul qui ne trompe point ? L'un prétend qu'il n'y a point de corps, et que tout est en représentation; l'autre, qu'il n'y a d'autre substance que la matière, ni d'autre dieu que le monde. Celui-ci avance qu'il n'y a ni vertus, ni vices, et que le bien et le mal moral sont des chimères; celui-là, que les hommes sont des loups et peuvent se dévorer en sûreté de conscience. O grands philosophes ! que ne réservez-vous pour vos amis et pour vos enfants ces leçons profitables ? vous en recevriez bientôt le prix, et nous ne craindrions pas de trouver dans les nôtres quelqu'un de vos sectateurs.

Voilà donc les hommes merveilleux à qui l'estime de leurs contemporains a été prodiguée pendant leur vie, et l'immortalité réservée après leur trépas ! Voilà les sages maximes que nous avons reçues d'eux et que nous transmettons d'âge en âge à nos descendants ! Le paganisme, livré à tous les égarements de la raison humaine, a-t-il laissé à la postérité rien qu'on puisse comparer aux monuments honteux que lui a préparés l'imprimerie, sous le règne de l'Évangile? Les écrits impies des Leucippe et des Diagoras sont péris avec eux; on n'avoit point encore inventé l'art d'éterniser les extravagances de l'esprit humain; mais, grâce aux caractères typographiques [1] et à l'usage que nous en faisons, les dangereuses rêveries des Hobbes et des Spinosa resteront à jamais. Allez, écrits célèbres dont l'ignorance et la rusticité de nos pères n'auroient point été capables; accompagnez chez nos descendants ces ouvrages plus dangereux encore d'où s'exhale la corruption des mœurs de notre siècle, et portez ensemble aux siècles à venir une histoire fidèle du progrès et des

[1] A considérer les désordres affreux que l'imprimerie a déjà causés en Europe, à juger de l'avenir par le progrès que le mal fait d'un jour à l'autre, on peut prévoir aisément que les souverains ne tarderont pas à se donner autant de soins pour bannir cet art terrible de leurs états, qu'ils en ont pris pour l'y introduire. Le sultan Achmet, cédant aux importunités de quelques prétendus gens de goût, avoit consenti d'établir une imprimerie à Constantinople; mais à peine la presse fut-elle en train, qu'on fut contraint de la détruire, et d'en jeter les instruments dans un puits. On dit que le calife Omar, consulté sur ce qu'il falloit faire de la bibliothèque d'Alexandrie, répondit en ces termes : Si les livres de cette bibliothèque contiennent des choses opposées à l'Alcoran, ils sont mauvais, et il faut les brûler; s'ils ne contiennent que la doctrine de l'Alcoran, brûlez-les encore, ils sont superflus. Nos savants ont cité ce raisonnement comme le comble de l'absurdité. Cependant, supposez Grégoire-le-Grand à la place d'Omar, et l'Évangile à la place de l'Alcoran, la bibliothèque auroit encore été brûlée, et ce seroit peut-être le plus beau trait de la vie de cet illustre pontife.

avantages de nos sciences et de nos arts. S'ils vous lisent, vous ne leur laisserez aucune perplexité sur la question que nous agitons aujourd'hui; et, à moins qu'ils ne soient plus insensés que nous, ils lèveront leurs mains au ciel, et diront dans l'amertume de leur cœur : « Dieu tout-puissant, toi
« qui tiens dans tes mains les esprits, délivre-nous
« des lumières et des funestes arts de nos pères,
« et rends-nous l'ignorance, l'innocence et la pau-
« vreté, les seuls biens qui puissent faire notre
« bonheur et qui soient précieux devant toi. »

Mais si le progrès des sciences et des arts n'a rien ajouté à notre véritable félicité; s'il a corrompu nos mœurs, et si la corruption des mœurs a porté atteinte à la pureté du goût, que penserons-nous de cette foule d'auteurs élémentaires qui ont écarté du temple des muses les difficultés qui défendoient son abord, et que la nature y avoit répandues comme une épreuve des forces de ceux qui seroient tentés de savoir? Que penserons-nous de ces compilateurs d'ouvrages qui ont indiscrètement brisé la porte des sciences et introduit dans leur sanctuaire une populace indigne d'en approcher, tandis qu'il seroit à souhaiter que tous ceux qui ne pouvoient avancer loin dans la carrière des lettres eussent été rebutés dès l'entrée, et se fussent jetés dans des arts utiles à la société? Tel qui sera toute sa vie un mauvais versificateur, un géomètre subalterne, seroit peut-être devenu un grand fabricateur d'étoffes. Il n'a point fallu de maîtres à ceux que la nature destinoit à faire des disciples. Les Verulam, les Descartes et les Newton, ces précepteurs du genre humain, n'en ont point eu eux-mêmes ; et quels guides les eussent conduits jusqu'où leur vaste génie les a portés ? Des maîtres ordinaires n'auroient pu que rétrécir leur entendement en le resserrant dans l'étroite capacité du leur. C'est par les premiers obstacles qu'ils ont appris à faire des efforts, et qu'ils se sont exercés à franchir l'espace immense qu'ils ont parcouru. S'il faut permettre à quelques hommes de se livrer à l'étude des sciences et des arts, ce n'est qu'à ceux qui se sentiront la force de marcher seuls sur leurs traces, et de les devancer ; c'est à ce petit nombre qu'il appartient d'élever des monuments à la gloire de l'esprit humain. Mais si l'on veut que rien ne soit au-dessus de leur génie, il faut que rien ne soit au-dessus de leurs espérances ; voilà l'unique encouragement dont ils ont besoin. L'ame se proportionne insensiblement aux objets qui l'occupent, et ce sont les grandes occasions qui font les grands hommes. Le prince de l'éloquence fut consul de Rome, et le plus grand peut-être des philosophes, chancelier d'Angleterre. Croit-on que si l'un n'eût occupé qu'une chaire dans quelque université, et que l'autre n'eût obtenu qu'une modique pension d'académie ; croit-on, dis-je, que leurs ouvrages ne se sentiroient pas de leur état? Que les rois ne dédaignent donc pas d'admettre dans leurs conseils les gens les plus capables de les bien conseiller; qu'ils renoncent à ce vieux préjugé inventé par l'orgueil des grands, que l'art de conduire les peuples est plus difficile que celui de les éclairer; comme s'il étoit plus aisé d'engager les hommes à bien faire de leur bon gré, que de les y contraindre par la force : que les savants du premier ordre trouvent dans leurs cours d'honorables asiles; qu'ils y obtiennent la seule récompense digne d'eux, celle de contribuer par leur crédit au bonheur des peuples à qui ils auront enseigné la sagesse : c'est alors seulement qu'on verra ce que peuvent la vertu, la science et l'autorité animées d'une noble émulation, et travaillant de concert à la félicité du genre humain. Mais tant que la puissance sera seule d'un côté, les lumières et la sagesse seules d'un autre, les savants penseront rarement de grandes choses, les princes en feront plus rarement de belles, et les peuples continueront d'être vils, corrompus et malheureux.

Pour nous, hommes vulgaires, à qui le ciel n'a point départi de si grands talents et qu'il ne destine pas à tant de gloire, restons dans notre obscurité. Ne courons point après une réputation qui nous échapperoit, et qui, dans l'état présent des choses, ne nous rendroit jamais ce qu'elle nous auroit coûté, quand nous aurions tous les titres pour l'obtenir. A quoi bon chercher notre bonheur dans l'opinion d'autrui, si nous pouvons le trouver en nous-mêmes ? Laissons à d'autres le soin d'instruire les peuples de leurs devoirs, et bornons-nous à bien remplir les nôtres ; nous n'avons pas besoin d'en savoir davantage.

O vertu ! science sublime des ames simples, faut-il donc tant de peines et d'appareil pour te connoître ? Tes principes ne sont-ils pas gravés dans tous les cœurs ? et ne suffit-il pas pour apprendre tes lois de rentrer en soi-même et d'écouter la voix de sa conscience dans le silence des passions ? Voilà la véritable philosophie, sachons nous en contenter ; et, sans envier la gloire de ces hommes célèbres qui s'immortalisent dans la république des lettres, tâchons de mettre entre eux et nous cette distinction glorieuse qu'on remarquoit jadis entre deux grands peuples ; que l'un savoit bien dire, et l'autre bien faire.

LETTRE

A M. L'ABBÉ RAYNAL,

AUTEUR DU MERCURE DE FRANCE,

Tirée du Mercure de juin 1751, second volume.

Je dois, monsieur, des remercîments à ceux qui vous ont fait passer les observations que vous avez la bonté de me communiquer, et je tâcherai d'en faire mon profit : je vous avouerai pourtant que je trouve mes censeurs un peu sévères sur ma logique ; et je soupçonne qu'ils se seroient montrés moins scrupuleux, si j'avois été de leur avis. Il me semble au moins que s'ils avoient eux-mêmes un peu de cette exactitude rigoureuse qu'ils exigent de moi, je n'aurois aucun besoin des éclaircissements que je leur vais demander.

L'auteur semble, disent-ils, *préférer la situation où étoit l'Europe avant le renouvellement des sciences ; état pire que l'ignorance par le faux savoir ou le jargon qui étoit en règne.*

L'auteur de cette observation semble me faire dire que le faux savoir, ou le jargon scolastique, soit préférable à la science ; et c'est moi-même qui ai dit qu'il étoit pire que l'ignorance. Mais qu'entend-il par ce mot de *situation* ? l'applique-t-il aux lumières ou aux mœurs, où s'il confond ces choses que j'ai tant pris de peine à distinguer ? Au reste, comme c'est ici le fond de la question, j'avoue qu'il est très-maladroit à moi de n'avoir fait que sembler prendre parti là-dessus.

Ils ajoutent que *l'auteur préfère la rusticité à la politesse.*

Il est vrai que l'auteur préfère la rusticité à l'orgueilleuse et fausse politesse de notre siècle, et il en dit la raison. *Et qu'il fait main basse sur tous les savants et les artistes.* Soit, puisqu'on le veut ainsi ; je consens de supprimer toutes les distinctions que j'y avois mises.

Il auroit dû, disent-ils encore, *marquer le point d'où il part, pour désigner l'époque de la décadence.* J'ai fait plus : j'ai rendu ma proposition générale : j'ai assigné ce premier degré de la décadence des mœurs au premier moment de la culture des lettres dans tous les pays du monde, et j'ai trouvé le progrès de ces deux choses toujours en proportion. *Et, en remontant à cette première époque, faire comparaison des mœurs de ce temps-là avec les nôtres.* C'est ce que j'aurois fait encore plus au long dans un volume in-4°. *Sans cela nous ne voyons point jusqu'où il faudroit remonter, à moins que ce ne soit au temps des apôtres.* Je ne vois pas, moi, l'inconvénient qu'il y auroit à cela, si le fait étoit vrai. Mais je demande justice au censeur : voudroit-il que j'eusse dit que le temps de la plus profonde ignorance étoit celui des apôtres ?

Ils disent de plus, par rapport au luxe, qu'*en bonne politique on sait qu'il doit être interdit dans les petits états, mais que le cas d'un royaume tel que la France, par exemple, est tout différent ; les raisons en sont connues.*

N'ai-je pas ici encore quelque sujet de me plaindre ? ces raisons sont celles auxquelles j'ai tâché de répondre. Bien ou mal, j'ai répondu. Or, on ne sauroit guère donner à un auteur une plus grande marque de mépris qu'en ne lui répliquant que par les mêmes arguments qu'il a réfutés. Mais faut-il leur indiquer la difficulté qu'ils ont à résoudre ? la voici : Que deviendra la vertu quand il faudra s'enrichir à quelque prix que ce soit ? Voilà ce que je leur ai demandé, et ce que je leur demande encore.

Quant aux deux observations suivantes, dont la première commence par ces mots, *enfin voici ce qu'on objecte, etc.* ; et l'autre par ceux-ci, *mais ce qui touche de plus près, etc.* ; je supplie le lecteur de m'épargner la peine de les transcrire. L'Académie m'avoit demandé si le rétablissement des sciences et des arts avoit contribué à épurer les mœurs. Telle étoit la question que j'avois à résoudre : cependant voici qu'on me fait un crime de n'en avoir pas résolu une autre. Certainement cette critique est tout au moins fort singulière. Cependant j'ai presque à demander pardon au lecteur de l'avoir prévue, car c'est ce qu'il pourroit croire en lisant les cinq ou six dernières pages de mon discours.

Au reste, si mes censeurs s'obstinent à désirer encore des conclusions pratiques, je leur en promets de très-clairement énoncées dans ma première réponse.

Sur l'inutilité des lois somptuaires pour déraciner le luxe une fois établi, on dit que *l'auteur n'ignore pas ce qu'il y a à dire là-dessus.* Vraiment non, je n'ignore pas que quand un homme est mort il ne faut point appeler le médecin.

On ne sauroit mettre dans un trop grand jour des vérités qui heurtent autant de front le goût général, et il importe d'ôter toute prise à la chicane. Je ne suis pas tout-à-fait de cet avis, et je crois qu'il faut laisser des osselets aux enfants.

Il est aussi bien des lecteurs qui les goûteront mieux dans un style tout uni, que sous cet habit de cérémonie qu'exigent les discours académiques. Je suis fort du goût de ces lecteurs-là. Voici donc un point dans lequel je puis me conformer au sentiment de mes censeurs, comme je fais dès aujourd'hui.

J'ignore quel est l'adversaire dont on me menace dans le *post-scriptum* ; tel qu'il puisse être, je ne saurois me résoudre à répondre à un ouvrage avant que de l'avoir lu, ni à me tenir pour battu avant que d'avoir été attaqué.

Au surplus, soit que je réponde aux critiques qui me sont annoncées, soit que je me contente de publier l'ouvrage augmenté qu'on me demande, j'avertis mes censeurs qu'ils pourroient bien n'y pas trouver les modifications qu'ils espèrent ; je prévois que, quand il sera question de me défendre, je suivrai sans scrupule toutes les conséquences de mes principes.

Je sais d'avance avec quels grands mots on m'attaquera : lumières, connoissances, lois, morale, raison, bienséance, égards, douceur, aménité, politesse, éducation, etc. A tout cela je ne répondrai que par deux autres mots, qui sonnent encore plus fort à mon oreille : *Vertu ! vérité !* m'écrierai-je sans cesse, *vérité ! vertu !* Si quelqu'un n'aperçoit là que des mots, je n'ai plus rien à lui dire.

LETTRE

DE J. J. ROUSSEAU

A M. GRIMM,

Sur la réfutation de son Discours par M. Gautier, professeur de mathématiques et d'histoire, et membre de l'Académie royale des Belles-Lettres de Nanci.

Je vous renvoie, monsieur, le Mercure d'octobre que vous avez eu la bonté de me prêter. J'y ai lu avec beaucoup de plaisir la réfutation que M. Gautier a pris la peine de faire de mon Discours : mais je ne crois pas être, comme vous le prétendez, dans la nécessité d'y répondre ; et voici mes objections :

1° Je ne puis me persuader que, pour avoir raison, on soit indispensablement obligé de parler le dernier.

2° Plus je relis la réfutation, et plus je suis convaincu que je n'ai pas besoin de donner à M. Gautier d'autre réplique que le discours même auquel il a répondu. Lisez, je vous prie, dans l'un et l'autre écrit, les articles du luxe, de la guerre, des académies, de l'éducation ; lisez la prosopopée de Louis-le-Grand et celle de Fabricius ; enfin lisez la conclusion de M. Gautier et la mienne, et vous comprendrez ce que je veux dire.

3° Je pense en tout si différemment de M. Gautier, que, s'il me falloit relever tous les endroits où nous ne sommes pas de même avis, je serois obligé de le combattre, même dans les choses que j'aurois dites comme lui, et cela me donneroit un air contrariant que je voudrois bien pouvoir éviter. Par exemple, en parlant de la politesse, il fait entendre très-clairement que, pour devenir homme de bien, il est bon de commencer par être hypocrite, et que la fausseté est un chemin sûr pour arriver à la vertu. Il dit encore que les vices ornés par la politesse ne sont pas contagieux, comme ils le seroient s'ils se présentoient de front avec rusticité ; que l'art de pénétrer les hommes a fait le même progrès que celui de se déguiser ; qu'on est convaincu qu'il ne faut pas compter sur eux, à moins qu'on ne leur plaise ou qu'on ne leur soit utile ; qu'on sait évaluer les offres spécieuses de la politesse ; c'est-à-dire, sans doute, que quand deux hommes se font des compliments, et que l'un dit à l'autre dans le fond de son cœur, *je vous traite comme un sot, et je me moque de vous ;* l'autre lui répond dans le fond du sien, *je sais que vous mentez impudemment, mais je vous le rends de mon mieux.* Si j'avois voulu employer la plus amère ironie, j'en aurois pu dire à peu près autant.

4° On voit, à chaque page de la réfutation, que l'auteur n'entend point ou ne veut point entendre l'ouvrage qu'il réfute; ce qui lui est assurément fort commode, parce que, répondant sans cesse à sa pensée, et jamais à la mienne, il a la plus belle occasion du monde de dire tout ce qu'il lui plaît. D'un autre côté, si ma réplique en devient plus difficile, elle en devient aussi moins nécessaire; car on n'a jamais ouï dire qu'un peintre qui expose en public un tableau soit obligé de visiter les yeux des spectateurs, et de fournir des lunettes à tous ceux qui en ont besoin.

D'ailleurs il n'est pas bien sûr que je me fisse entendre, même en répliquant. Par exemple, je sais, dirois-je à M. Gautier, que nos soldats ne sont point des Réaumurs et des Fontenelles; et c'est tant pis pour eux, pour nous, et surtout pour les ennemis. Je sais qu'ils ne savent rien, qu'ils sont brutaux et grossiers; et toutefois j'ai dit, et je dis encore, qu'ils sont énervés par les sciences qu'ils méprisent, et par les beaux-arts qu'ils ignorent. C'est un des grands inconvénients de la culture des lettres, que, pour quelques hommes qu'elles éclairent, elles corrompent à pure perte toute une nation. Or, vous voyez bien, monsieur, que ceci ne seroit qu'un autre paradoxe inexplicable pour M. Gautier; pour ce M. Gautier qui me demande fièrement ce que les troupes ont de commun avec les académies; si les soldats en auront plus de bravoure pour être mal vêtus et mal nourris; ce que je veux dire en avançant qu'à force d'honorer les talents on néglige les vertus; et d'autres questions semblables, qui toutes montrent qu'il est impossible d'y répondre intelligiblement au gré de celui qui les fait. Je crois que vous conviendrez que ce n'est pas la peine de m'expliquer une seconde fois pour n'être pas mieux entendu que la première.

5° Si je voulois répondre à la première partie de la réfutation, ce seroit le moyen de ne jamais finir. M. Gautier juge à propos de me prescrire les auteurs que je puis citer, et ceux qu'il faut que je rejette. Son choix est tout-à-fait naturel; il récuse l'autorité de ceux qui déposent pour moi, et veut que je m'en rapporte à ceux qu'il croit m'être contraires. En vain voudrois-je lui faire entendre qu'un seul témoignage en ma faveur est décisif, tandis que cent témoignages ne prouvent rien contre mon sentiment, parce que les témoins sont parties dans le procès; en vain le prierois-je de distinguer dans les exemples qu'il allègue; en vain lui représenterois-je qu'être barbare ou criminel sont deux choses tout-à-fait différentes, et que les peuples véritablement corrompus sont moins ceux qui ont de mauvaises lois que ceux qui méprisent les lois. Sa réplique est aisée à prévoir : Le moyen qu'on puisse ajouter foi à des écrivains scandaleux, qui osent louer des barbares qui ne savent ni lire ni écrire? Le moyen qu'on puisse jamais supposer de la pudeur à des gens qui vont tout nus, et de la vertu à ceux qui mangent de la chair crue? Il faudra donc disputer. Voilà donc Hérodote, Strabon, Pomponius-Méla aux prises avec Xénophon, Justin, Quinte-Curce, Tacite; nous voilà dans les recherches des critiques, dans les antiquités, dans l'érudition. Les brochures se transforment en volumes, les livres se multiplient, et la question s'oublie. C'est le sort des disputes de littérature, qu'après des in-folio d'éclaircissements on finit toujours par ne savoir plus où l'on en est; ce n'est pas la peine de commencer.

Si je voulois répliquer à la seconde partie, cela seroit bientôt fait; mais je n'apprendrois rien à personne. M. Gautier se contente, pour m'y réfuter, de dire oui partout où j'ai dit non, et non partout où j'ai dit oui; je n'ai donc qu'à dire encore non partout où j'avois dit non, oui partout où j'avois dit oui, et supprimer les preuves, j'aurai très-exactement répondu! En suivant la méthode de M. Gautier, je ne puis donc répondre aux deux parties de la réfutation sans en dire trop et trop peu : or, je voudrois bien ne faire ni l'un ni l'autre.

6.° Je pourrois suivre une autre méthode, et examiner séparément les raisonnements de M. Gautier, et le style de la réfutation.

Si j'examinois ses raisonnements, il me seroit aisé de montrer qu'ils portent tous à faux, que l'auteur n'a point saisi l'état de la question, et qu'il ne m'a point entendu.

Par exemple, M. Gautier prend la peine de m'apprendre qu'il y a des peuples vicieux qui ne sont pas savants; et je m'étois déjà bien douté que les Calmoucks, les Bédouins, les Cafres, n'étoient pas des prodiges de vertu ni d'érudition. Si M. Gautier avoit donné les mêmes soins à me montrer quelque peuple savant qui ne fût pas vicieux, il m'auroit surpris davantage. Partout il me fait raisonner comme si j'avois dit que la science est la seule source de corruption parmi les hommes; s'il a cru cela de bonne foi, j'admire la bonté qu'il a de me répondre.

Il dit que le commerce du monde suffit pour acquérir cette politesse dont se pique un galant homme; d'où il conclut qu'on n'est pas fondé à en faire honneur aux sciences. Mais à quoi donc nous permettra-t-il d'en faire honneur? Depuis que les hommes vivent en société, il y a eu des peuples polis, et d'autres qui ne l'étoient pas. M. Gautier a oublié de nous rendre raison de cette différence.

M. Gautier est partout en admiration de la pureté de nos mœurs actuelles. Cette bonne opinion qu'il en a fait assurément beaucoup d'honneur aux siennes; mais elle n'annonce pas une grande expérience. On diroit, au ton dont il en parle, qu'il a étudié les hommes comme les péripatéticiens étudioient la physique, sans sortir de son cabinet.

Quant à moi, j'ai fermé mes livres; et, après avoir écouté parler les hommes, je les ai regardés agir. Ce n'est pas une merveille qu'ayant suivi des méthodes si différentes nous nous rencontrions si peu dans nos jugements. Je vois qu'on ne sauroit employer un langage plus honnête que celui de notre siècle; et voilà ce qui frappe M. Gautier : mais je vois aussi qu'on ne sauroit avoir des mœurs plus corrompues; et voilà ce qui me scandalise. Pensons-nous donc être devenus gens de bien parce qu'à force de donner des noms décents à nos vices, nous avons appris à n'en plus rougir?

Il dit encore que, quand même on pourroit prouver par des faits que la dissolution des mœurs a toujours régné avec les sciences, il ne s'ensuivroit pas que le sort de la probité dépendît de leur progrès. Après avoir employé la première partie de mon discours à prouver que ces choses avoient toujours marché ensemble, j'ai destiné la seconde à montrer qu'en effet l'une tenoit à l'autre. A qui donc puis-je imaginer que M. Gautier veut répondre ici?

Il me paroît surtout très-scandalisé de la manière dont j'ai parlé de l'éducation des colléges. Il m'apprend qu'on y enseigne aux jeunes gens je ne sais combien de belles choses qui peuvent être d'une bonne ressource pour leur amusement quand ils seront grands, mais dont j'avoue que ne vois point le rapport avec les devoirs des citoyens, dont il

faut commencer par les instruire. « Nous nous en-
« quérons volontiers : Scait-il du grec ou du latin?
« escrit-il en vers ou en prose? Mais s'il est devenu
« meilleur ou plus advisé, c'estoit le principal; et
« c'est ce qui demeure derrière. Criez d'un passant
« à nostre peuple, *O le scavant homme!* et d'un
« aultre, *O le bon homme!* il ne fauldra pas de
« tourner ses yeulx et son respect vers le premier.
« Il y fauldroit un tiers crieur, *O les lourdes tes-*
« *tes*[1]! »

J'ai dit que la nature a voulu nous préserver de la science comme une mère arrache une arme dangereuse des mains de son enfant, et que la peine que nous trouvons à nous instruire n'est pas le moindre de ses bienfaits. M. Gautier aimeroit autant que j'eusse dit : Peuples, sachez donc une fois que la nature ne veut pas que vous vous nourrissiez des productions de la terre; la peine qu'elle a attachée à sa culture est un avertissement pour vous de la laisser en friche. M. Gautier n'a pas songé qu'avec un peu de travail on est sûr de faire du pain, mais qu'avec beaucoup d'étude il est très-douteux qu'on parvienne à faire un homme raisonnable. Il n'a pas songé que ceci n'est précisément qu'une observation de plus en ma faveur; car pourquoi la nature nous a-t-elle imposé des travaux nécessaires, si ce n'est pour nous détourner des

---

[1] * Montaigne, liv. I, chap. xxiv.

occupations oiseuses? Mais, au mépris qu'il montre pour l'agriculture, on voit aisément que, s'il ne tenoit qu'à lui, tous les laboureurs déserteroient bientôt les campagnes pour aller argumenter dans les écoles; occupation, selon M. Gautier, et je crois, selon bien des professeurs, fort importante pour le bonheur de l'état.

En raisonnant sur un passage de Platon, j'avois présumé que peut-être les anciens Égyptiens ne faisoient-ils pas des sciences tout le cas qu'on auroit pu croire. L'auteur de la réfutation me demande comment on peut faire accorder cette opinion avec l'inscription qu'Osymandias avoit mise à sa bibliothèque. Cette difficulté eût pu être bonne du vivant de ce prince. A présent qu'il est mort, je demande à mon tour où est la nécessité de faire accorder le sentiment du roi Osymandias avec celui des sages d'Égypte. S'il eût compté et surtout pesé les voix, qui me répondra que le mot de *poisons* n'eût pas été substitué à celui de *remèdes?* Mais passons cette fastueuse inscription. Ces remèdes sont excellents, j'en conviens, et je l'ai déjà répété bien des fois; mais est-ce une raison pour les administrer inconsidérément, et sans égard aux tempéraments des malades? Tel aliment est très-bon en soi, qui, dans un estomac infirme, ne produit qu'indigestions et mauvaises humeurs. Que diroit-on d'un médecin qui, après avoir fait l'éloge de quelques viandes succulentes, concluroit que tous les malades s'en doivent rassasier ?

J'ai fait voir que les sciences et les arts énervent le courage. M. Gautier appelle cela une façon singulière de raisonner, et il ne voit point la liaison qui se trouve entre le courage et la vertu. Ce n'est pourtant pas, ce me semble, une chose si difficile à comprendre. Celui qui s'est une fois accoutumé à préférer sa vie à son devoir ne tardera guère à lui préférer encore les choses qui rendent la vie facile et agréable.

J'ai dit que la science convient à quelques grands génies, mais qu'elle est toujours nuisible aux peuples qui la cultivent. M. Gautier dit que Socrate et Caton, qui blâmoient les sciences, étoient pourtant eux-mêmes de fort savants hommes, et il appelle cela m'avoir réfuté.

J'ai dit que Socrate étoit le plus savant des Athéniens, et c'est de là que je tire l'autorité de son témoignage : tout cela n'empêche point M. Gautier de m'apprendre que Socrate étoit savant.

Il me blâme d'avoir avancé que Caton méprisoit les philosophes grecs; et il se fonde sur ce que Carnéade se faisoit un jeu d'établir et de renverser les mêmes propositions, ce qui prévint mal à propos Caton contre la littérature des Grecs. M. Gautier devroit bien nous dire quel étoit le pays et le métier de ce Carnéade.

Sans doute que Carnéade est le seul philosophe ou le seul savant qui se soit piqué de soutenir le pour et le contre : autrement tout ce que dit ici M. Gautier ne signifieroit rien du tout. Je m'en rapporte sur ce point à son érudition.

Si la réfutation n'est pas abondante en bons raisonnements, en revanche elle l'est fort en belles déclamations. L'auteur substitue partout les ornements de l'art à la solidité des preuves qu'il promettoit en commençant; et c'est en prodiguant la pompe oratoire dans une réfutation qu'il me reproche à moi de l'avoir employée dans un discours académique.

A quoi tendent donc, dit M. Gautier, *les éloquentes déclamations de M. Rousseau?* A abolir, s'il étoit possible, les vaines déclamations des colléges. *Qui ne seroit pas indigné de l'entendre assurer que nous avons les apparences de toutes les vertus sans en avoir aucune?* J'avoue qu'il y a un peu de flatterie à dire que nous en avons les apparences; mais M. Gautier auroit dû mieux que personne me pardonner celle-là. *Eh! pourquoi n'a-t-on plus de vertu? c'est qu'on cultive les belles-lettres, les sciences et les arts.* Pour cela, précisément. *Si l'on étoit impolis, rustiques, ignorants, Goths, Huns, ou Vandales, on seroit dignes des éloges de M. Rousseau.* Pourquoi non? Y a-t-il quelqu'un de ces noms-là qui donne l'exclusion à la vertu? *Ne se lassera-t-on point d'invectiver les hommes?* ne se lasseront-ils point d'être méchants? *Croira-t-on toujours les rendre plus vertueux en leur disant qu'ils n'ont point de vertu? Croira-t-on les rendre meilleurs en leur persuadant qu'ils sont assez bons? Sous prétexte d'épurer les mœurs, est-il permis d'en renverser les appuis? Sous prétexte d'éclairer les esprits, faudra-t-il pervertir les ames? O doux nœuds de la société, charme des vrais philosophes, aimables vertus, c'est par vos propres attraits que vous régnez dans les cœurs : vous ne devez votre empire ni à l'âpreté stoïque, ni à des clameurs barbares, ni aux conseils d'une orgueilleuse rusticité.*

Je remarquerai d'abord une chose assez plaisante; c'est que, de toutes les sectes des anciens philosophes que j'ai attaquées comme inutiles à la vertu, les stoïciens sont les seuls que M. Gautier m'abandonne, et qu'il semble même vouloir mettre de mon côté. Il a raison : je n'en serai guère plus fier.

Mais voyons un peu si je pourrois rendre exactement en d'autres termes le sens de cette exclamation : *O aimables vertus, c'est par vos propres attraits que vous régnez dans les ames. Vous n'avez pas besoin de tout ce grand appareil d'ignorance et de rusticité : vous savez aller au cœur par des routes plus simples et plus naturelles. Il suffit de savoir la rhétorique, la logique, la physique, la métaphysique et les mathématiques, pour acquérir le droit de vous posséder.*

Autre exemple du style de M. Gautier.

Vous savez que les sciences dont on occupe les jeunes philosophes dans les universités sont la logique, la métaphysique, la morale, la physique, les mathématiques élémentaires. Si je l'ai su, je l'avois oublié, comme nous faisons tous en devenant raisonnables. *Ce sont donc là, selon vous de stériles spéculations ?* Stériles, selon l'opinion commune ; mais, selon moi, très-fertiles en mauvaises choses. *Les universités vous ont une grande obligation de leur avoir appris que la vérité de ces sciences s'est retirée au fond d'un puits.* Je ne crois pas avoir appris cela à personne : cette sentence n'est point de mon invention ; elle est aussi ancienne que la philosophie. Au reste, je sais que les universités ne me doivent aucune reconnoissance ; et je n'ignorois pas, en prenant la plume, que je ne pouvois à la fois faire ma cour aux hommes, et rendre hommage à la vérité. *Les grands philosophes qui les possèdent dans un degré éminent sont sans doute bien surpris d'apprendre qu'ils ne savent rien.* Je crois qu'en effet ces grands philosophes qui possèdent toutes ces grandes sciences dans un degré éminent seroient très-surpris d'apprendre qu'ils ne savent rien : mais je serois bien plus surpris moi-même si ces hommes qui savent tant de choses savoient jamais celle-là.

Je remarque que M. Gautier, qui me traite partout avec la plus grande politesse, n'épargne aucune occasion de me susciter des ennemis : il étend ses soins à cet égard depuis les régents de collége jusqu'à la souveraine puissance. M. Gautier fait fort bien de justifier les usages du monde : on voit qu'ils ne lui sont point étrangers. Mais revenons à la réfutation.

Toutes ces manières d'écrire et de raisonner, qui ne vont point à un homme d'autant d'esprit que M. Gautier me paroît en avoir, m'ont fait faire une conjecture que vous trouverez hardie, et que je crois raisonnable. Il m'accuse, très-sûrement sans en rien croire, de n'être point persuadé du sentiment que je soutiens. Moi, je le soupçonne, avec plus de fondement, d'être en secret de mon avis : les places qu'il occupe, les circonstances où il se trouve, l'auront mis dans une espèce de nécessité de prendre parti contre moi. La bienséance de notre siècle est bonne à bien des choses : il m'aura donc réfuté par bienséance ; mais il aura pris toutes sortes de précautions et employé tout l'art possible pour le faire de manière à ne persuader personne.

C'est dans cette vue qu'il commence par déclarer très-mal à propos que la cause qu'il défend intéresse le bonheur de l'assemblée devant laquelle il parle, et la gloire du grand prince sous les lois duquel il a la douceur de vivre. C'est précisément comme s'il disoit : Vous ne pouvez, messieurs, sans ingratitude envers votre respectable protecteur, vous dispenser de me donner raison ; et, de plus, c'est votre propre cause que je plaide aujourd'hui devant vous. Ainsi, de quelque côté que vous envisagiez mes preuves, j'ai droit de compter que vous ne vous rendrez pas difficiles sur leur solidité. Je dis que tout homme qui parle ainsi a plus d'attention à fermer la bouche aux gens, que d'envie de les convaincre.

Si vous lisez attentivement la réfutation, vous n'y trouverez presque pas une ligne qui ne semble être là pour attendre et indiquer sa réponse. Un seul exemple suffira pour me faire entendre.

Les victoires que les Athéniens remportèrent sur les Perses et sur les Lacédémoniens mêmes font voir que les arts peuvent s'associer avec la vertu militaire. Je demande si ce n'est pas là une adresse pour rappeler ce que j'ai dit de la défaite de Xerxès, et pour me faire songer au dénouement de la guerre du Péloponèse. *Leur gouvernement, devenu vénal sous Périclès, prend une nouvelle face : l'amour du plaisir étouffe leur bravoure, les fonctions les plus honorables sont avilies, l'impunité multiplie les mauvais citoyens, les fonds destinés à la guerre sont destinés à nourrir la mollesse et l'oisiveté : toutes ces causes de corruption, quel rapport ont-elles aux sciences ?*

Que fait ici M. Gautier, sinon de rappeler toute la seconde partie de mon Discours où j'ai montré ce rapport ? Remarquez l'art avec lequel il nous donne pour causes les effets de la corruption, afin d'engager tout homme de bon sens à remonter de lui-même à la première cause de ces causes prétendues. Remarquez encore comment, pour en laisser faire la réflexion au lecteur, il feint d'ignorer ce qu'on ne peut supposer qu'il ignore en effet, et ce que tous les historiens disent unanimement, que la dépravation des mœurs et du gouvernement des Athéniens fut l'ouvrage des orateurs. Il est donc certain que m'attaquer de cette manière, c'est bien clairement m'indiquer les réponses que je dois faire.

Ceci n'est pourtant qu'une conjecture que je ne prétends point garantir. M. Gautier n'approuveroit peut-être pas que je voulusse justifier son savoir aux dépens de sa bonne foi : mais si en effet il a parlé sincèrement en réfutant mon Discours, comment M. Gauthier, professeur en histoire, professeur en mathématiques, membre de l'Académie de Nanci, ne s'est-il pas un peu défié de tous les titres qu'il porte ?

Je ne répliquerai donc pas à M. Gautier : c'est un point résolu. Je ne pourrois jamais répondre sérieusement, et suivre la réfutation pied à pied : vous en voyez la raison ; et ce seroit mal reconnoître les éloges dont M. Gautier m'honore, que d'employer le *ridiculum acri*, l'ironie et l'amère plaisanterie. Je crains bien déjà qu'il n'ait que trop à se plaindre du ton de cette lettre : au moins n'ignoroit-il pas, en écrivant sa réfutation, qu'il attaquoit un homme qui ne fait pas assez de cas de la politesse pour vouloir apprendre d'elle à déguiser son sentiment.

Au reste, je suis prêt à rendre à M. Gautier toute la justice qui lui est due. Son ouvrage me paroît celui d'un homme d'esprit qui a bien des connoissances : d'autres y trouveront peut-être de la philosophie ; quant à moi, j'y trouve beaucoup d'érudition.

Je suis de tout mon cœur, monsieur, etc.

P. S. Je viens de lire, dans la Gazette d'Utrecht du 22 octobre, une pompeuse exposition de l'ouvrage de M. Gautier, et cette exposition semble faite exprès pour confirmer mes soupçons. Un auteur qui a quelque confiance en son ouvrage laisse aux autres le soin d'en faire l'éloge, et se borne à en faire un bon extrait : celui de la réfutation est tourné avec tant d'adresse que, quoiqu'il tombe uniquement sur des bagatelles que je n'avois employées que pour servir de transitions, il n'y en a pas une seule sur laquelle un lecteur judicieux puisse être de l'avis de M. Gautier.

Il n'est pas vrai, selon lui, que ce soit des vices des hommes que l'histoire tire son principal intérêt.

Je pourrois laisser les preuves de raisonnement; et, pour mettre M. Gautier sur son terrain, je lui citerois des autorités.

Heureux les peuples dont les rois ont fait peu de bruit dans l'histoire!

Si jamais les hommes deviennent sages, leur histoire n'amusera guère.

M. Gautier dit avec raison qu'une société, fût-elle toute composée d'hommes justes, ne sauroit subsister sans lois; et il conclut de là qu'il n'est pas vrai que, sans les injustices des hommes, la jurisprudence seroit inutile. Un si savant auteur confondroit-il la jurisprudence et les lois?

Je pourrois encore laisser les preuves de raisonnement; et, pour mettre M. Gautier sur son terrain, je lui citerois des faits.

Les Lacédémoniens n'avoient ni jurisconsultes ni avocats; leurs lois n'étoient pas même écrites : cependant ils avoient des lois. Je m'en rapporte à l'érudition de M. Gautier pour savoir si les lois étoient plus mal observées à Lacédémone que dans les pays où fourmillent les gens de loi.

Je ne m'arrêterai point à toutes les minuties qui servent de texte à M. Gautier, et qu'il étale dans la Gazette; mais je finirai par cette observation, que je soumets à votre examen.

Donnons partout raison à M. Gautier, et retranchons de mon Discours toutes les choses qu'il attaque; mes preuves n'auront presque rien perdu de leur force. Otons de l'écrit de M. Gautier tout ce qui ne touche pas le fond de la question, il n'y restera rien du tout.

Je conclus toujours qu'il ne faut point répondre à M. Gautier.

A Paris, ce 1er novembre 1751.

RÉPONSE
DE JEAN-JACQUES ROUSSEAU
AU ROI DE POLOGNE,
DUC DE LORRAINE,
Sur la RÉFUTATION faite par ce prince de son DISCOURS.

Je devrois plutôt un remercîment qu'une réplique à l'auteur anonyme[1] qui vient d'honorer mon Discours d'une réponse : mais ce que je dois à la reconnoissance ne me fera point oublier ce que je dois à la vérité ; et je n'oublierai pas non plus que, toutes les fois qu'il est question de raison, les hommes rentrent dans le droit de la nature, et reprennent leur première égalité.

Le discours auquel j'ai à répliquer est plein de choses très-vraies et très-bien prouvées auxquelles je ne dois aucune réponse : car, quoique j'y sois qualifié de docteur, je serois bien fâché d'être au nombre de ceux qui savent répondre à tout.

Ma défense n'en sera pas moins facile : elle se

___
[1] L'ouvrage du roi de Pologne étant d'abord anonyme, et non avoué par l'auteur, m'obligeoit à lui laisser l'*incognito* qu'il avoit pris; mais ce prince, ayant depuis reconnu publiquement ce même ouvrage, m'a dispensé de taire plus long-temps l'honneur qu'il m'a fait.

bornera à comparer avec mon sentiment les vérités qu'on m'objecte; car si je prouve qu'elles ne l'attaquent point, ce sera, je crois, l'avoir assez bien défendu.

Je puis réduire à deux points principaux toutes les propositions établies par mon adversaire : l'un renferme l'éloge des sciences, l'autre traite de leur abus. Je les examinerai séparément.

Il semble, au ton de la réponse, qu'on seroit bien aise que j'eusse dit des sciences beaucoup plus de mal que je n'en ai dit en effet. On y suppose que leur éloge, qui se trouve à la tête de mon Discours, a dû me coûter beaucoup : c'est, selon l'auteur, un aveu arraché à la vérité et que je n'ai pas tardé à rétracter.

Si cet aveu est un éloge arraché par la vérité, il faut donc croire que je pensois des sciences le bien que j'en ai dit : le bien que l'auteur en dit lui-même n'est donc point contraire à mon sentiment. Cet aveu, dit-on, est arraché par force : tant mieux pour ma cause; car cela montre que la vérité est chez moi plus forte que le penchant. Mais sur quoi peut-on juger que cet éloge est forcé ? Seroit-ce pour être mal fait ? Ce seroit intenter un procès bien terrible à la sincérité des auteurs, que d'en juger sur ce nouveau principe. Seroit-ce pour être trop court ? Il me semble que j'aurois pu facilement dire moins de choses en plus de pages. C'est, dit-on, que je me suis rétracté. J'ignore en quel endroit j'ai fait cette faute; et tout ce que je puis répondre c'est que ce n'a pas été mon intention.

La science est très-bonne en soi : cela est évident; et il faudroit avoir renoncé au bon sens pour dire le contraire. L'auteur de toutes choses est la source de la vérité ; tout connoître est un de ses divins attributs : c'est donc participer en quelque sorte à la suprême intelligence que d'acquérir des connoissances et d'étendre ses lumières. En ce sens j'ai loué le savoir, et c'est en ce sens que je loue mon adversaire. Il s'étend encore sur les divers genres d'utilité que l'homme peut retirer des arts et des sciences; et j'en aurois volontiers dit autant si cela eût été de mon sujet. Ainsi nous sommes parfaitement d'accord en ce point.

Mais comment se peut-il faire que les sciences, dont la source est si pure et la fin si louable, engendrent tant d'impiétés, tant d'hérésies, tant d'erreurs, tant de systèmes absurdes, tant de contrariétés, tant d'inepties, tant de satires amères, tant de misérables romans, tant de vers licencieux, tant de livres obscènes; et, dans ceux qui les cultivent, tant d'orgueil, tant d'avarice, tant de malignité, tant de cabales, tant de jalousies, tant de mensonges, tant de noirceurs, tant de calomnies, tant de lâches et honteuses flatteries ? Je disois que c'est parce que la science, toute belle, toute sublime qu'elle est, n'est point faite pour l'homme; qu'il a l'esprit trop borné pour y faire de grands progrès, et trop de passion dans le cœur pour n'en pas faire un mauvais usage; que c'est assez pour lui de bien étudier ses devoirs; et que chacun a reçu toutes les lumières dont il a besoin pour cette étude. Mon adversaire avoue, de son côté, que les sciences deviennent nuisibles quand on en abuse, et que plusieurs en abusent en effet. En cela nous ne disons pas, je crois, des choses fort différentes: j'ajoute, il est vrai, qu'on en abuse beaucoup, et qu'on en abuse toujours; et il ne me semble pas que dans la réponse on ait soutenu le contraire.

Je peux donc assurer que nos principes, et, par conséquent, toutes les propositions qu'on en peut déduire, n'ont rien d'opposé; et c'est ce que j'avois à prouver: cependant, quand nous venons à conclure, nos deux conclusions se trouvent contraires. La mienne étoit que, puisque les sciences font plus de mal aux mœurs que de bien à la société, il eût été à désirer que les hommes s'y fussent livrés avec moins d'ardeur: celle de mon adversaire est que, quoique les sciences fassent beaucoup de mal, il ne faut pas laisser de les cultiver à cause du bien qu'elles font. Je m'en rapporte, non au public, mais au petit nombre des vrais philosophes, sur celle qu'il faut préférer de ces deux conclusions.

Il me reste de légères observations à faire sur

quelques endroits de cette réponse, qui m'ont paru manquer un peu de la justesse que j'admire volontiers dans les autres, et qui ont pu contribuer par là à l'erreur de la conséquence que l'auteur en tire.

L'ouvrage commence par quelques personnalités que je ne relèverai qu'autant qu'elles feront à la question. L'auteur m'honore de plusieurs éloges ; et c'est assurément m'ouvrir une belle carrière. Mais il y a trop peu de proportion entre ces choses : un silence respectueux sur les objets de notre admiration est souvent plus convenable que des louanges indiscrètes [1].

Mon Discours, dit-on, a de quoi surprendre [2].

---

[1] Tous les princes, bons et mauvais, seront toujours bassement et indifféremment loués, tant qu'il y aura des courtisans et des gens de lettres. Quant aux princes qui sont de grands hommes, il leur faut des éloges plus modérés et mieux choisis. La flatterie offense leur vertu, et la louange même peut faire tort à leur gloire. Je sais bien du moins que Trajan seroit beaucoup plus grand à mes yeux, si Pline n'eût jamais écrit. Si Alexandre cût été en effet ce qu'il affectoit de paroître, il n'eût point songé à son portrait ni à sa statue ; mais, pour son panégyrique, il n'eût permis qu'à un Lacédémonien de le faire, au risque de n'en point avoir. Le seul éloge digne d'un roi est celui qui se fait entendre, non par la bouche mercenaire d'un orateur, mais par la voix d'un peuple libre. *Pour que je prisse plaisir à vos louanges*, disoit l'empereur Julien à des courtisans qui vantoient sa justice ; *il faudroit que vous osassiez dire le contraire, s'il étoit vrai* [*].

[2] C'est de la question même qu'on pourroit être surpris : grande et belle question, s'il en fut jamais, et qui pourra bien

---

[*] Ce trait est rapporté par Montaigne, liv. I, chap. XLII.

Il me semble que ceci demanderoit quelque éclaircissement. On est encore surpris de le voir couronné : ce n'est pourtant pas un prodige de voir couronner de médiocres écrits. Dans tout autre sens cette surprise seroit aussi honorable à l'Académie de Dijon qu'injurieuse à l'intégrité des académies en général; et il est aisé de sentir combien j'en ferois le profit de ma cause.

On me taxe par des phrases fort agréablement arrangées de contradiction entre ma conduite et ma doctrine : on me reproche d'avoir cultivé moi-même les études que je condamne [1]. Puisque la science et la vertu sont incompatibles, comme on prétend que je m'efforce de le prouver, on me demande d'un ton assez pressant comment j'ose employer l'une en me déclarant pour l'autre.

Il y a beaucoup d'adresse à m'impliquer ainsi

---

n'être pas sitôt renouvelée. L'Académie Françoise vient de proposer, pour le prix d'éloquence de l'année 1752, un sujet fort semblable à celui-là. Il s'agit de soutenir que *l'amour des lettres inspire l'amour de la vertu*. L'Académie n'a pas jugé à propos de laisser un tel sujet en problème, et cette sage compagnie a doublé dans cette occasion le temps qu'elle accordoit ci-devant aux auteurs, même pour les sujets les plus difficiles.

[1] Je ne saurois me justifier, comme bien d'autres, sur ce que notre éducation ne dépend point de nous, et qu'on ne nous consulte pas pour nous empoisonner. C'est de très-bon gré que je me suis jeté dans l'étude; et c'est de meilleur cœur encore que je l'ai abandonnée, en m'apercevant du trouble qu'elle jetoit dans mon ame sans aucun profit pour ma raison. Je ne veux plus d'un métier trompeur, où l'on croit beaucoup faire pour la sagesse, en faisant tout pour la vanité.

moi-même dans la question : cette personnalité ne peut manquer de jeter de l'embarras dans ma réponse, ou plutôt dans mes réponses ; car malheureusement j'en ai plus d'une à faire. Tâchons du moins que la justesse y supplée à l'agrément.

1°. Que la culture des sciences corrompe les mœurs d'une nation, c'est ce que j'ai osé soutenir, c'est ce que j'ose croire avoir prouvé. Mais comment aurois-je pu dire que dans chaque homme en particulier la science et la vertu sont incompatibles, moi qui ai exhorté les princes à appeler les vrais savants à leur cour et à leur donner leur confiance, afin qu'on voie une fois ce que peuvent la science et la vertu réunies pour le bonheur du genre humain ? Ces vrais savants sont en petit nombre, je l'avoue; car, pour bien user de la science, il faut réunir de grands talents et de grandes vertus; or c'est ce qu'on peut à peine espérer de quelques ames privilégiées, mais qu'on ne doit point attendre de tout un peuple. On ne sauroit donc conclure de mes principes qu'un homme ne puisse être savant et vertueux tout à la fois.

2°. On pourroit encore moins me presser personnellement par cette prétendue contradiction, quand même elle existeroit réellement. J'adore la vertu : mon cœur me rend ce témoignage; il me dit trop aussi combien il y a loin de cet amour à la pratique qui fait l'homme vertueux. D'ailleurs je suis fort éloigné d'avoir de la science, et plus encore d'en affecter. J'aurois cru que l'aveu ingénu que j'ai fait au commencement de mon Discours me garantiroit de cette imputation : je craignois bien plutôt qu'on ne m'accusât de juger des choses que je ne connoissois pas. On sent assez combien il m'étoit impossible d'éviter à la fois ces deux reproches. Que sais-je même si l'on n'en viendroit point à les réunir, si je ne me hâtois de passer condamnation sur celui-ci, quelque peu mérité qu'il puisse être ?

3°. Je pourrois rapporter à ce sujet ce que disoient les pères de l'Église des sciences mondaines qu'ils méprisoient, et dont pourtant ils se servoient pour combattre les philosophes païens : je pourrois citer la comparaison qu'ils en faisoient avec les vases des Égyptiens volés par les Israélites. Mais je me contenterai, pour dernière réponse, de proposer cette question : Si quelqu'un venoit pour me tuer, et que j'eusse le bonheur de me saisir de son arme, me seroit-il défendu, avant que de la jeter, de m'en servir pour le chasser de chez moi ?

Si la contradiction qu'on me reproche n'existe pas, il n'est donc pas nécessaire de supposer que je n'ai voulu que m'égayer sur un frivole paradoxe; et cela me paroît d'autant moins nécessaire, que le ton que j'ai pris, quelque mauvais qu'il puisse être, n'est pas du moins celui qu'on emploie dans les jeux d'esprit.

Il est temps de finir sur ce qui me regarde : on ne gagne jamais rien à parler de soi; et c'est une indiscrétion que le public pardonne difficilement, même quand on y est forcé. La vérité est si indépendante de ceux qui l'attaquent et de ceux qui la défendent, que les auteurs qui en disputent devroient bien s'oublier réciproquement : cela épargneroit beaucoup de papier et d'encre. Mais cette règle si aisée à pratiquer avec moi ne l'est point du tout vis-à-vis de mon adversaire; et c'est une différence qui n'est pas à l'avantage de ma réplique.

L'auteur, observant que j'attaque les sciences et les arts par leurs effets sur les mœurs, emploie pour me répondre le dénombrement des utilités qu'on en retire dans tous les états : c'est comme si, pour justifier un accusé, on se contentoit de prouver qu'il se porte fort bien, qu'il a beaucoup d'habileté, ou qu'il est fort riche. Pourvu qu'on m'accorde que les arts et les sciences nous rendent malhonnêtes gens, je ne disconviendrai pas qu'ils ne nous soient d'ailleurs très-commodes : c'est une conformité de plus qu'ils auront avec la plupart des vices.

L'auteur va plus loin, et prétend encore que l'étude nous est nécessaire pour admirer les beautés de l'univers, et que le spectacle de la nature, exposé, ce semble, aux yeux de tous pour l'instruction des simples, exige lui-même beaucoup d'instruction dans les observateurs pour en être aperçu. J'avoue que cette proposition me surprend : seroit-ce qu'il est ordonné à tous les hommes d'être philosophes, ou qu'il n'est ordonné qu'aux seuls philosophes de croire en Dieu ? L'Écriture nous exhorte en mille endroits d'adorer la grandeur et la bonté de Dieu dans les merveilles de ses œuvres : je ne pense pas qu'elle nous ait prescrit nulle part d'étudier la physique, ni que l'auteur de la nature soit moins bien adoré par moi qui ne sais rien, que par celui qui connoît et le cèdre, et l'hysope, et la trompe de la mouche, et celle de l'éléphant : *Non enim nos Deus ista scire, sed tantummodo uti voluit* [1].

On croit toujours avoir dit ce que font les sciences, quand on a dit ce qu'elles devroient faire. Cela me paroît pourtant fort différent. L'étude de l'univers devroit élever l'homme à son créateur, je le sais ; mais elle n'élève que la vanité humaine. Le philosophe, qui se flatte de pénétrer dans les secrets de Dieu, ose associer sa prétendue sagesse à la sagesse éternelle : il approuve, il blâme, il corrige, il prescrit des lois à la nature, et des bornes à la divinité ; et, tandis qu'occupé de ses vains systèmes il se donne mille peines pour arranger la machine du monde, le laboureur, qui voit la pluie et le soleil tour à tour fertiliser son champ, admire,

---

[1] * Cic. Ce passage est cité par Montaigne. Liv. II, chap. XII.

loue et bénit la main dont il reçoit ces grâces, sans se mêler de la manière dont elles lui parviennent. Il ne cherche point à justifier son ignorance ou ses vices par son incrédulité. Il ne censure point les œuvres de Dieu, et ne s'attaque point à son maître pour faire briller sa suffisance. Jamais le mot impie d'Alphonse X ne tombera dans l'esprit d'un homme vulgaire : c'est à une bouche savante que ce blasphème étoit réservé[1]. Tandis que la savante Grèce étoit pleine d'athées, Élien remarquoit[2] que jamais barbare n'avoit mis en doute l'existence de la divinité. Nous pouvons remarquer de même aujourd'hui qu'il n'y a dans toute l'Asie qu'un seul peuple lettré, que plus de la moitié de ce peuple est athée, et que c'est la seule nation de l'Asie où l'athéisme soit connu.

La curiosité naturelle à l'homme, continue-t-on, *lui inspire l'envie d'apprendre.* Il devroit donc travailler à la contenir, comme tous ses penchants naturels. *Ses besoins lui en font sentir la*

---

[1] * Alphonse X, roi de Léon et de Castille, surnommé l'*Astronome*, et qui, avant de monter au trône en 1252, avoit déjà le surnom de *sabio* (savant), avoit coutume de dire : « Si Dieu m'a- « voit appelé à son conseil au moment de la création, le monde « auroit été plus simple et mieux ordonné. » Ces paroles hardies l'ont fait soupçonner d'athéisme ; mais plusieurs écrivains les ont regardées comme une raillerie, dirigée plutôt contre l'incohérence et la contradiction des divers systèmes d'astronomie alors en crédit, que contre l'auteur de l'univers.

[2] Var. Hist., lib. II, cap. xxxi.

nécessité. A bien des égards les connoissances sont utiles; cependant les sauvages sont des hommes, et ne sentent point cette nécessité-là. *Ses emplois lui en imposent l'obligation.* Ils lui imposent bien plus souvent celle de renoncer à l'étude pour vaquer à ses devoirs [1]. *Ses progrès lui en font goûter le plaisir.* C'est pour cela même qu'il devroit s'en méfier. *Ses premières découvertes augmentent l'avidité qu'il a de savoir.* Cela arrive en effet à ceux qui ont du talent. *Plus il connoît, plus il sent qu'il a de connoissances à acquérir.* C'est-à-dire que l'usage de tout le temps qu'il perd est de l'exciter à en perdre encore davantage. Mais il n'y a guère qu'un petit nombre d'hommes de génie en qui la vue de leur ignorance se développe en apprenant, et c'est pour eux seulement que l'étude peut être bonne. A peine les petits esprits ont-ils appris quelque chose, qu'ils croient tout savoir; et il n'y a sorte de sottise que cette persuasion ne leur fasse

---

[1] C'est une mauvaise marque pour une société, qu'il faille tant de science dans ceux qui la conduisent; si les hommes étoient ce qu'ils doivent être, ils n'auroient guère besoin d'étudier pour apprendre les choses qu'ils ont à faire. Au reste, Cicéron lui-même, qui, dit Montaigne, « debvoit au sçavoir tout son vaillant.... re- « prend aulcuns de ses amis d'avoir accoustumé de mettre à l'as- « trologie, au droict, à la dialectique et à la géométrie, plus de « temps que ne méritoient ces arts, et que cela les divertissoit des « debvoirs de la vie, plus utiles et honnéstes. » (Liv. II, chapitre XII.) Il me semble que dans cette cause commune, les savants devroient mieux s'entendre entre eux, et donner au moins des raisons sur lesquelles eux-mêmes fussent d'accord.

dire et faire: *Plus il a de connoissances acquises, plus il a de facilité à bien faire.* On voit qu'en parlant ainsi l'auteur a bien plus consulté son cœur qu'il n'a observé les hommes.

Il avance encore qu'il est bon de connoître le mal, pour apprendre à le fuir; et il fait entendre qu'on ne peut s'assurer de sa vertu qu'après l'avoir mise à l'épreuve. Ces maximes sont au moins douteuses et sujettes à bien des discussions. Il n'est pas certain que, pour apprendre à bien faire, on soit obligé de savoir en combien de manières on peut faire le mal. Nous avons un guide intérieur, bien plus infaillible que tous les livres, et qui ne nous abandonne jamais dans le besoin. C'en seroit assez pour nous conduire innocemment, si nous voulions l'écouter toujours. Et comment seroit-on obligé d'éprouver ses forces pour s'assurer de sa vertu, si c'est un des exercices de la vertu de fuir les occasions du vice?

L'homme sage est continuellement sur ses gardes, et se défie toujours de ses propres forces : il réserve tout son courage pour le besoin, et ne s'expose jamais mal à propos. Le fanfaron est celui qui se vante sans cesse de plus qu'il ne peut faire, et qui, après avoir bravé et insulté tout le monde, se laisse battre à la première rencontre. Je demande lequel de ces deux portraits ressemble le mieux à un philosophe aux prises avec ses passions.

On me reproche d'avoir affecté de prendre chez les anciens mes exemples de vertu. Il y a bien de l'apparence que j'en aurois trouvé encore davantage, si j'avois pu remonter plus haut. J'ai cité aussi un peuple moderne, et ce n'est pas ma faute si je n'en ai trouvé qu'un. On me reproche encore, dans une maxime générale, des parallèles odieux, où il entre, dit-on, moins de zèle et d'équité que d'envie contre mes compatriotes et d'humeur contre mes contemporains. Cependant personne peut-être n'aime autant que moi son pays et ses compatriotes. Au surplus, je n'ai qu'un mot à répondre. J'ai dit mes raisons, et ce sont elles qu'il faut peser : quant à mes intentions, il en faut laisser le jugement à celui-là seul auquel il appartient.

Je ne dois point passer ici sous silence une objection considérable qui m'a déjà été faite par un philosophe [1]. *N'est-ce point, me dit-on ici, au climat, au tempérament, au manque d'occasion, au défaut d'objet, à l'économie du gouvernement, aux coutumes, aux lois, à toute autre cause qu'aux sciences, qu'on doit attribuer cette différence qu'on remarque quelquefois dans les mœurs en différents pays et en différents temps?*

Cette question renferme de grandes vues et demanderoit des éclaircissements trop étendus pour

---

[1] Préface de l'Encyclopédie.

convenir à cet écrit. D'ailleurs il s'agiroit d'examiner les relations très-cachées, mais très-réelles, qui se trouvent entre la nature du gouvernement et le génie, les mœurs et les connoissances des citoyens; et ceci me jetteroit dans des discussions délicates, qui me pourroient mener trop loin. De plus, il me seroit bien difficile de parler de gouvernement, sans donner trop beau jeu à mon adversaire ; et, tout bien pesé, ce sont des recherches bonnes à faire à Genève, et dans d'autres circonstances.

Je passe à une accusation bien plus grave que l'objection précédente. Je la transcrirai dans ses propres termes; car il est important de la mettre fidèlement sous les yeux du lecteur.

Plus le chrétien examine l'authenticité de ses titres, plus il se rassure dans la possession de sa croyance; plus il étudie la révélation, plus il se fortifie dans la foi. C'est dans les divines Écritures qu'il en découvre l'origine et l'excellence; c'est dans les doctes écrits des pères de l'Église qu'il en suit de siècle en siècle le développement; c'est dans les livres de morale et les annales saintes qu'il en voit les exemples et qu'il s'en fait l'application.

Quoi! l'ignorance enlèvera à la religion et à la vertu des lumières si pures, des appuis si puissants! et ce sera à elles qu'un docteur de Genève enseignera hautement qu'on doit l'irrégu-

6.

larité des mœurs! On s'étonneroit davantage d'entendre un si étrange paradoxe, si on ne savoit que la singularité d'un système, quelque dangereux qu'il soit, n'est qu'une raison de plus pour qui n'a pour règle que l'esprit particulier.

J'ose le demander à l'auteur : Comment a-t-il pu jamais donner une pareille interprétation aux principes que j'ai établis ? Comment a-t-il pu m'accuser de blâmer l'étude de la religion, moi qui blâme surtout l'étude de nos vaines sciences, parce qu'elle nous détourne de celle de nos devoirs ? Et qu'est-ce que l'étude des devoirs du chrétien, sinon celle de sa religion même ?

Sans doute j'aurois dû blâmer expressément toutes ces puériles subtilités de la scolastique avec lesquelles, sous prétexte d'éclaircir les principes de la religion, on en anéantit l'esprit en substituant l'orgueil scientifique à l'humilité chrétienne. J'aurois dû m'élever avec plus de force contre ces ministres indiscrets qui, les premiers, ont osé porter les mains à l'arche pour étayer avec leur foible savoir un édifice soutenu par la main de Dieu. J'aurois dû m'indigner contre ces hommes frivoles qui, par leurs misérables pointilleries, ont avili la sublime simplicité de l'Évangile, et réduit en syllogismes la doctrine de Jésus-Christ. Mais il s'agit aujourd'hui de me défendre, et non d'attaquer.

Je vois que c'est par l'histoire et les faits qu'il faudroit terminer cette dispute. Si je savois exposer en peu de mots ce que les sciences et la religion ont eu de commun dès le commencement, peut-être cela serviroit-il à décider la question sur ce point.

Le peuple que Dieu s'étoit choisi n'a jamais cultivé les sciences, et on ne lui en a jamais conseillé l'étude; cependant, si cette étude étoit bonne à quelque chose, il en auroit eu plus besoin qu'un autre. Au contraire, ses chefs firent toujours leurs efforts pour le tenir séparé, autant qu'il étoit possible, des nations idolâtres et savantes qui l'environnoient : précaution moins nécessaire pour lui d'un côté que de l'autre ; car ce peuple foible et grossier étoit bien plus aisé à séduire par les fourberies des prêtres de Baal, que par les sophismes des philosophes.

Après des dispersions fréquentes parmi les Égyptiens et les Grecs, la science eut encore mille peines à germer dans les têtes des Hébreux. Josèphe et Philon, qui partout ailleurs n'auroient été que deux hommes médiocres, furent des prodiges parmi eux. Les saducéens, reconnoissables à leur irréligion, furent les philosophes de Jérusalem; les pharisiens, grands hypocrites, en furent les docteurs[1]. Ceux-ci, quoiqu'ils bornassent à peu

---

[1] On voyoit régner entre ces deux partis cette haine et ce mépris réciproques qui régnèrent de tout temps entre les docteurs

près leur science à l'étude de la loi, faisoient cette étude avec tout le faste et toute la suffisance dogmatiques. Ils observoient aussi, avec un très-grand soin, toutes les pratiques de la religion; mais l'Évangile nous apprend l'esprit de cette exactitude, et le cas qu'il en falloit faire. Au surplus, ils avoient tous très-peu de science et beaucoup d'orgueil; et ce n'est pas en cela qu'ils différoient le plus de nos docteurs d'aujourd'hui.

Dans l'établissement de la nouvelle loi, ce ne fut point à des savants que Jésus-Christ voulut confier sa doctrine et son ministère. Il suivit dans son choix la prédilection qu'il a montrée en toute occasion pour les petits et les simples; et dans les instructions qu'il donnoit à ses disciples, on ne voit pas un mot d'étude ni de science, si ce n'est pour marquer le mépris qu'il faisoit de tout cela.

Après la mort de Jésus-Christ, douze pauvres pêcheurs et artisans entreprirent d'instruire et de convertir le monde. Leur méthode étoit simple; ils prêchoient sans art, mais avec un cœur péné-

---

et les philosophes; c'est-à-dire entre ceux qui font de leur tête un répertoire de la science d'autrui, et ceux qui se piquent d'en avoir une à eux. Mettez aux prises le maître de musique et le maître à danser du Bourgeois gentilhomme, vous aurez l'antiquaire et le bel esprit, le chimiste et l'homme de lettres, le jurisconsulte et le médecin, le géomètre et le versificateur, le théologien et le philosophe. Pour bien juger de tous ces gens-là, il suffit de s'en rapporter à eux-mêmes, et d'écouter ce que chacun vous dit, non de soi, mais des autres.

tré; et de tous les miracles dont Dieu honoroit leur foi, le plus frappant étoit la sainteté de leur vie : leurs disciples suivirent cet exemple, et le succès fut prodigieux. Les prêtres païens alarmés firent entendre aux princes que l'état étoit perdu, parce que les offrandes diminuoient. Les persécutions s'élevèrent, et les persécuteurs ne firent qu'accélérer les progrès de cette religion qu'ils vouloient étouffer. Tous les chrétiens couroient au martyre, tous les peuples couroient au baptême; l'histoire de ces premiers temps est un prodige continuel.

Cependant les prêtres des idoles, non contents de persécuter les chrétiens, se mirent à les calomnier. Les philosophes, qui ne trouvoient pas leur compte dans une religion qui prêche l'humilité, se joignirent à leurs prêtres. Les simples se faisoient chrétiens, il est vrai; mais les savants se moquoient d'eux, et l'on sait avec quel mépris saint Paul lui-même fut reçu des Athéniens. Les railleries et les injures pleuvoient de toutes parts sur la nouvelle secte. Il fallut prendre la plume pour se défendre. Saint Justin martyr [1] écrivit le premier l'apologie

[1] Ces premiers écrivains, qui scelloient de leur sang le témoignage de leur plume, seroient aujourd'hui des auteurs bien scandaleux, car ils soutenoient précisément le même sentiment que moi. Saint Justin, dans son entretien avec Triphon, passe en revue les diverses sectes de philosophie dont il avoit autrefois essayé, et les rend si ridicules qu'on croiroit lire un dialogue de Lucien : aussi voit-on, dans l'Apologie de Tertullien, combien les premiers

de sa foi. On attaqua les païens à leur tour; les attaquer c'étoit les vaincre. Les premiers succès

chrétiens se tenoient offensés d'être pris pour des philosophes.

Ce seroit en effet un détail bien flétrissant pour la philosophie, que l'exposition des maximes pernicieuses et des dogmes impies de ces diverses sectes. Les épicuriens nioient toute providence, les académiciens doutoient de l'existence de la Divinité, et les stoïciens de l'immortalité de l'ame. Les sectes moins célèbres n'avoient pas de meilleurs sentiments; en voici un échantillon dans ceux de Théodore, chef d'une des deux branches de cyrénaïques, rapporté par Diogène Laërce. *Sustulit amicitiam, quod ea neque insipientibus neque sapientibus adsit..... Probabile dicebat prudentem virum non seipsum pro patria periculis exponere, neque enim pro insipientium commodis amittendam esse prudentiam. Furto quoque et adulterio et sacrilegio, cùm tempestivum erit, daturum operam, sapientem. Nihil quippe horum turpe natura esse. Sed auferatur de hisce vulgaris opinio, quæ e stultorum imperitorumque plebecula conflata est..... sapientem publice absque ullo pudore ac suspicione scortis congressurum.* (Diog. Laert. *in Aristippo*, § 98, 99.)

Ces opinions sont particulières, je le sais: mais y a-t-il une seule de toutes les sectes qui ne soit tombée dans quelque erreur dangereuse? Et que dirons-nous de la distinction des deux doctrines, si avidement reçue de tous les philosophes, et par laquelle ils professoient en secret des sentiments contraires à ceux qu'ils enseignoient publiquement? Pythagore fut le premier qui fit usage de la doctrine intérieure; il ne la découvroit à ses disciples qu'après de longues épreuves et avec le plus grand mystère. Il leur donnoit en secret des leçons d'athéisme, et offroit solennellement des hécatombes à Jupiter. Les philosophes se trouvèrent si bien de cette méthode, qu'elle se répandit rapidement dans la Grèce, et de là dans Rome, comme on le voit par les ouvrages de Cicéron, qui se moquoit avec ses amis des dieux immortels, qu'il attestoit avec tant d'emphase sur la tribune aux harangues.

La doctrine intérieure n'a point été portée d'Europe à la Chine; mais elle y est née aussi avec la philosophie; et c'est à elle que les encouragèrent d'autres écrivains. Sous prétexte d'exposer la turpitude du paganisme, on se jeta dans la mythologie et dans l'érudition [1]; on voulut montrer de la science et du bel esprit; les livres parurent en foule, et les mœurs commencèrent à se relâcher.

Bientôt on ne se contenta plus de la simplicité de l'Évangile et de la foi des apôtres, il fallut toujours avoir plus d'esprit que ses prédécesseurs. On subtilisa sur tous les dogmes; chacun voulut soutenir son opinion, personne ne voulut céder. L'ambition d'être chef de secte se fit entendre, les hérésies pullulèrent de toutes parts.

L'emportement et la violence ne tardèrent pas à se joindre à la dispute. Ces chrétiens si doux, qui ne savoient que tendre la gorge aux couteaux, devinrent entre eux des persécuteurs furieux, pires que les idolâtres : tous trempèrent dans les

---

Chinois sont redevables de cette foule d'athées ou de philosophes qu'ils ont parmi eux. L'histoire de cette fatale doctrine, faite par un homme instruit et sincère, seroit un terrible coup porté à la philosophie ancienne et moderne. Mais la philosophie bravera toujours la raison, la vérité, et le temps même, parce qu'elle a sa source dans l'orgueil humain, plus fort que toutes ces choses.

[1] On a fait de justes reproches à Clément d'Alexandrie d'avoir affecté, dans ses écrits, une érudition profane peu convenable à un chrétien. Cependant il semble qu'on étoit excusable alors de s'instruire de la doctrine contre laquelle on avoit à se défendre. Mais qui pourroit voir sans rire toutes les peines que se donnent aujourd'hui nos savants pour éclaircir les rêveries de la mythologie?

mêmes excès, et le parti de la vérité ne fut pas soutenu avec plus de modération que celui de l'erreur. Un autre mal encore plus dangereux naquit de la même source; c'est l'introduction de l'ancienne philosophie dans la doctrine chrétienne. A force d'étudier les philosophes grecs, on crut y voir des rapports avec le christianisme. On osa croire que la religion en deviendroit plus respectable, revêtue de l'autorité de la philosophie. Il fut un temps où il falloit être platonicien pour être orthodoxe; et peu s'en fallut que Platon d'abord, et ensuite Aristote, ne fût placé sur l'autel à côté de Jésus-Christ.

L'Eglise s'éleva plus d'une fois contre ces abus. Ses plus illustres défenseurs les déplorèrent souvent en termes pleins de force et d'énergie; souvent ils tentèrent d'en bannir toute cette science mondaine qui en souilloit la pureté. Un des plus illustres papes en vint même jusqu'à cet excès de zèle de soutenir que c'étoit une chose honteuse d'asservir la parole de Dieu aux règles de la grammaire.

Mais ils eurent beau crier; entraînés par le torrent, ils furent contraints de se conformer eux-mêmes à l'usage qu'ils condamnoient; et ce fut d'une manière très-savante que la plupart d'entre eux déclamèrent contre le progrès des sciences.

Après de longues agitations, les choses prirent enfin une assiette plus fixe. Vers le dixième siècle, le flambeau des sciences cessa d'éclairer la terre; le clergé demeura plongé dans une ignorance que je ne veux pas justifier, puisqu'elle ne tomboit pas moins sur les choses qu'il doit savoir que sur celles qui lui sont inutiles, mais à laquelle l'Église gagna du moins un peu plus de repos qu'elle n'en avoit éprouvé jusque-là.

Après la renaissance des lettres, les divisions ne tardèrent pas à recommencer plus terribles que jamais. De savants hommes émurent la querelle, de savants hommes la soutinrent, et les plus capables se montrèrent toujours les plus obstinés. C'est en vain qu'on établit des conférences entre les docteurs des différents partis : aucun n'y portoit l'amour de la réconciliation, ni peut-être celui de la vérité; tous n'y portoient que le désir de briller aux dépens de leur adversaire; chacun vouloit vaincre, nul ne vouloit s'instruire; le plus fort imposoit silence au plus foible; la dispute se terminoit toujours par des injures, et la persécution en a toujours été le fruit. Dieu seul sait quand tous ces maux finiront.

Les sciences sont florissantes aujourd'hui ; la littérature et les arts brillent parmi nous : quel profit en a tiré la religion ? Demandons-le à cette multitude de philosophes qui se piquent de n'en point avoir. Nos bibliothèques regorgent de livres de théologie, et les casuistes fourmillent parmi nous. Autrefois nous avions des saints, et point de casuistes. La science s'étend, et la foi s'anéantit; tout le monde veut enseigner à bien faire, et personne ne veut l'apprendre; nous sommes tous devenus docteurs, et nous avons cessé d'être chrétiens.

Non, ce n'est point avec tant d'art et d'appareil que l'Évangile s'est étendu par tout l'univers, et que sa beauté ravissante a pénétré les cœurs. Ce divin livre, le seul nécessaire à un chrétien, et le plus utile de tous à quiconque même ne le seroit pas, n'a besoin que d'être médité pour porter dans l'âme l'amour de son auteur, et la volonté d'accomplir ses préceptes. Jamais la vertu n'a parlé un si doux langage; jamais la plus profonde sagesse ne s'est exprimée avec tant d'énergie et de simplicité. On n'en quitte point la lecture sans se sentir meilleur qu'auparavant. O vous! ministres de la loi qui m'y est annoncée, donnez-vous moins de peine pour m'instruire de tant de choses inutiles. Laissez là tous ces livres savants qui ne savent ni me convaincre ni me toucher. Prosternez-vous aux pieds de ce Dieu de miséricorde que vous vous chargez de me faire connoître et aimer; demandez-lui pour vous cette humilité profonde que vous devez me prêcher. N'étalez point à mes yeux cette science orgueilleuse ni ce faste indécent qui vous déshonorent et qui me révoltent; soyez touchés vous-mêmes, si vous voulez que je le sois; et surtout montrez-moi dans votre conduite la pratique de cette loi dont vous prétendez m'instruire. Vous n'avez pas besoin d'en savoir ni de m'en enseigner davantage, et votre ministère est accompli. Il n'est point en tout cela question de belles-lettres, ni de philosophie. C'est ainsi qu'il convient de suivre et de prêcher l'Évangile, et c'est ainsi que ses premiers défenseurs l'ont fait triompher de toutes les nations, *non aristotelico more*, disoient les pères de l'Église, *sed piscatorio* [1].

Je sens que je deviens long; mais j'ai cru ne pouvoir me dispenser de m'étendre un peu sur un point de l'importance de celui-ci. De plus, les lecteurs impatients doivent faire réflexion que c'est une chose bien commode que la critique; car où l'on attaque avec un mot, il faut des pages pour se défendre.

Je passe à la deuxième partie de la réponse, sur

---

[1] « Nostre foy, dit Montaigne, ce n'est pas nostre acquest, c'est
« un pur présent de la libéralité d'aultruy. Ce n'est pas par dis-
« cours ou par nostre entendement que nous avons reçeu nostre
« religion, c'est par authorité et par commandement estranger. La
« foiblesse de nostre jugement nous y ayde plus que la force, et
« nostre aveuglement plus que nostre clairvoyance. C'est par l'en-
« tremise de nostre ignorance plus que de nostre science, que
« nous sommes sçavants de divin sçavoir. Ce n'est pas merveille si
« nos moyens naturels et terrestres ne peuvent concevoir cette co-
« gnoissance supernaturelle et celeste : apportons-y seulement du
« nostre l'obéissance et la subjection; car, comme il est escrit : *Je
« destruiray la sapience des sages, et abattray la prudence des
« prudents.* ». (Liv. II, chap. xii.)

laquelle je tâcherai d'être plus court, quoique je n'y trouve guère moins d'observations à faire.

Ce n'est pas des sciences, me dit-on, *c'est du sein des richesses que sont nés de tout temps la mollesse et le luxe.* Je n'avois pas dit non plus que le luxe fût né des sciences, mais qu'ils étoient nés ensemble, et que l'un n'alloit guère sans l'autre. Voici comment j'arrangerois cette généalogie. La première source du mal est l'inégalité : de l'inégalité sont venues les richesses ; car ces mots de pauvre et de riche sont relatifs, et partout où les hommes seront égaux il n'y aura ni riches ni pauvres. Des richesses sont nés le luxe et l'oisiveté ; du luxe sont venus les beaux-arts, et de l'oisiveté les sciences. *Dans aucun temps les richesses n'ont été l'apanage des savants.* C'est en cela même que le mal est plus grand : les riches et les savants ne servent qu'à se corrompre mutuellement. Si les riches étoient plus savants, ou que les savants fussent plus riches, les uns seroient de moins lâches flatteurs, les autres aimeroient moins la basse flatterie, et tous en vaudroient mieux. C'est ce qui peut se voir par le petit nombre de ceux qui ont le bonheur d'être savants et riches tout à la fois. *Pour un Platon dans l'opulence, pour un Aristippe accrédité à la cour, combien de philosophes réduits au manteau et à la besace, enveloppés dans leur propre vertu et ignorés dans leur solitude !* Je ne disconviens pas qu'il n'y ait un grand nombre de philosophes très-pauvres, et sûrement très-fâchés de l'être ; je ne doute pas non plus que ce ne soit à leur seule pauvreté que la plupart d'entre eux doivent leur philosophie ; mais quand je voudrois bien les supposer vertueux, seroit-ce sur leurs mœurs, que le peuple ne voit point, qu'il apprendroit à réformer les siennes? *Les savants n'ont ni le goût ni le loisir d'amasser de grands biens.* Je consens à croire qu'ils n'en ont pas le loisir. *Ils aiment l'étude.* Celui qui n'aimeroit pas son métier seroit un homme bien fou ou bien misérable. *Ils vivent dans la médiocrité.* Il faut être extrêmement disposé en leur faveur pour leur en faire un mérite. *Une vie laborieuse et modérée, passée dans le silence de la retraite, occupée de la lecture et du travail, n'est pas assurément une vie voluptueuse et criminelle.* Non pas du moins aux yeux des hommes : tout dépend de l'intérieur. Un homme peut être contraint à mener une telle vie, et avoir pourtant l'âme très-corrompue ; d'ailleurs qu'importe qu'il soit lui-même vertueux et modeste, si les travaux dont il s'occupe nourrissent l'oisiveté et gâtent l'esprit de ses concitoyens? *Les commodités de la vie, pour être souvent le fruit des arts, n'en sont pas davantage le partage des artistes.* Il ne me paroît guère qu'ils soient gens à se les refuser, surtout ceux qui, s'occupant d'arts tout-à-fait inutiles et par conséquent très-lucratifs, sont plus en état de se procurer tout ce qu'ils désirent. *Ils ne travaillent que pour les riches.* Au train que prennent les choses, je ne serois pas étonné de voir quelque jour des riches travailler pour eux. *Et ce sont les riches oisifs qui profitent et abusent des fruits de leur industrie.* Encore une fois, je ne vois point que nos artistes soient des gens si simples et si modestes. Le luxe ne sauroit régner dans un ordre de citoyens, qu'il ne se glisse bientôt parmi tous les autres sous différentes modifications, et partout il fait le même ravage.

Le luxe corrompt tout, et le riche qui en jouit, et le misérable qui le convoite. On ne sauroit dire que ce soit un mal en soi de porter des manchettes de point, un habit brodé et une boîte émaillée; mais c'en est un très-grand de faire quelque cas de ces colifichets, d'estimer heureux le peuple qui les porte, et de consacrer à se mettre en état d'en acquérir de semblables un temps et des soins que tout homme doit à de plus nobles objets. Je n'ai pas besoin d'apprendre quel est le métier de celui qui s'occupe de telles vues, pour savoir le jugement que je dois porter de lui.

J'ai passé le beau portrait qu'on nous fait ici des savants, et je crois pouvoir me faire un mérite de cette complaisance. Mon adversaire est moins indulgent : non seulement il ne m'accorde rien qu'il puisse me refuser, mais, plutôt que de passer condamnation sur le mal que je pense de notre vaine et fausse politesse, il aime mieux excuser l'hypocrisie. Il me demande si je voudrois que le vice se montrât à découvert. Assurément je le voudrois : la confiance et l'estime renaîtroient entre les bons, on apprendroit à se défier des méchants, et la société en seroit plus sûre. J'aime mieux que mon ennemi m'attaque à force ouverte, que de venir en trahison me frapper par-derrière. Quoi donc! faudra-t-il joindre le scandale au crime? Je ne sais, mais je voudrois bien qu'on n'y joignît pas la fourberie. C'est une chose très-commode pour les vicieux que toutes les maximes qu'on nous débite depuis long-temps sur le scandale. Si on les vouloit suivre à la rigueur, il faudroit se laisser piller, trahir, tuer impunément, et ne jamais punir personne : car c'est un objet très-scandaleux qu'un scélérat sur la roue. Mais l'hypocrisie est un hommage que le vice rend à la vertu. Oui, comme celui des assassins de César, qui se prosternoient à ses pieds pour l'égorger plus sûrement. Cette pensée a beau être brillante, elle a beau être autorisée du nom célèbre de son auteur [1], elle n'en est pas plus juste. Dira-t-on jamais d'un filou qui prend la livrée d'une maison pour faire son coup plus commodément, qu'il rend hommage au maître de la maison qu'il vole? Non : couvrir sa méchanceté du dangereux manteau de l'hypocrisie, ce n'est point honorer la vertu, c'est l'outra-

---

[1] Le duc de La Rochefoucauld. *Maximes*, 223.

ger en profanant ses enseignes; c'est ajouter la lâcheté et la fourberie à tous les autres vices; c'est se fermer pour jamais tout retour vers la probité. Il y a des caractères élevés qui portent jusque dans le crime je ne sais quoi de fier et de généreux qui laisse voir au-dedans encore quelque étincelle de ce feu céleste fait pour animer les belles ames. Mais l'ame vile et rampante de l'hypocrite est semblable à un cadavre où l'on ne trouve plus ni feu, ni chaleur, ni ressource à la vie. J'en appelle à l'expérience. On a vu de grands scélérats rentrer en eux-mêmes, achever saintement leur carrière et mourir en prédestinés; mais ce que personne n'a jamais vu c'est un hypocrite devenir homme de bien : on auroit pu raisonnablement tenter la conversion de Cartouche, jamais un homme sage n'eût entrepris celle de Cromwell.

J'ai attribué au rétablissement des lettres et des arts l'élégance et la politesse qui règnent dans nos manières. L'auteur de la réponse me le dispute, et j'en suis étonné; car, puisqu'il fait tant de cas de la politesse, et qu'il fait tant de cas des sciences, je n'aperçois pas l'avantage qui lui reviendra d'ôter à l'une de ces choses l'honneur d'avoir produit l'autre. Mais examinons ses preuves : elles se réduisent à ceci. *On ne voit point que les savants soient plus polis que les autres hommes; au contraire, ils le sont souvent beaucoup moins : donc notre politesse n'est pas l'ouvrage des sciences.*

Je remarquerai d'abord qu'il s'agit moins ici de sciences que de littérature, de beaux-arts et d'ouvrages de goût ; et nos beaux esprits, aussi peu savants qu'on voudra, mais si polis, si répandus, si brillants, si petits-maîtres, se reconnoîtront difficilement à l'air maussade et pédantesque que l'auteur de la réponse leur veut donner. Mais passons-lui cet antécédent ; accordons, s'il le faut, que les savants, les poètes et les beaux esprits, sont tous également ridicules ; que messieurs de l'Académie des Belles-Lettres, messieurs de l'Académie des Sciences, messieurs de l'Académie françoise, sont des gens grossiers, qui ne connoissent ni le ton, ni les usages du monde, et exclus par état de la bonne compagnie ; l'auteur gagnera peu de chose à cela, et n'en sera pas plus en droit de nier que la politesse et l'urbanité qui règnent parmi nous soient l'effet du bon goût, puisé d'abord chez les anciens, et répandu parmi les peuples de l'Europe par les livres agréables qu'on y publie de toutes parts [1]. Comme les meilleurs maîtres à danser ne

---

[1] Quand il est question d'objets aussi généraux que les mœurs et les manières d'un peuple, il faut prendre garde de ne pas toujours rétrécir ses vues sur des exemples particuliers. Ce seroit le moyen de ne jamais apercevoir les sources des choses. Pour savoir si j'ai raison d'attribuer la politesse à la culture des lettres, il ne faut pas chercher si un savant ou un autre sont des gens polis, mais il faut examiner les rapports qui peuvent être entre la littérature et la politesse, et voir ensuite quels sont les peuples chez lesquels ces choses se sont trouvées réunies ou séparées. J'en dis

sont pas toujours les gens qui se présentent le mieux, on peut donner de très-bonnes leçons de politesse sans vouloir ou pouvoir être fort poli soi-même. Ces pesants commentateurs, qu'on nous dit qui connoissoient tout dans les anciens hors la grâce et la finesse, n'ont pas laissé, par leurs ouvrages utiles, quoique méprisés, de nous apprendre à sentir ces beautés qu'ils ne sentoient point. Il en est de même de cet agrément du commerce et de cette élégance de mœurs qu'on substitue à leur pureté, et qui s'est fait remarquer chez tous les peuples où les lettres ont été en honneur; à Athènes, à Rome, à la Chine, partout on a vu la politesse et du langage et des manières accompagner toujours, non les savants et les artistes, mais les sciences et les beaux-arts.

L'auteur attaque ensuite les louanges que j'ai données à l'ignorance; et, me taxant d'avoir parlé plus en orateur qu'en philosophe, il peint l'ignorance à son tour; et l'on peut bien se douter qu'il ne lui prête pas de belles couleurs.

Je ne nie point qu'il ait raison, mais je ne crois

---

autant du luxe, de la liberté, et de toutes les autres choses qui influent sur les mœurs d'une nation, et sur lesquelles j'entends faire chaque jour tant de pitoyables raisonnements. Examiner tout cela en petit, et sur quelques individus, ce n'est pas philosopher, c'est perdre son temps et ses réflexions, car on peut connoître à fond Pierre ou Jacques, et avoir fait très-peu de progrès dans la connoissance des hommes.

pas avoir tort. Il ne faut qu'une distinction très-juste et très-vraie pour nous concilier.

Il y a une ignorance féroce [1] et brutale qui naît d'un mauvais cœur et d'un esprit faux ; une ignorance criminelle qui s'étend jusqu'aux devoirs de l'humanité, qui multiplie les vices, qui dégrade la raison, avilit l'ame, et rend les hommes semblables aux bêtes ; cette ignorance est celle que l'auteur attaque, et dont il fait un portrait fort odieux et fort ressemblant. Il y a une autre sorte d'ignorance raisonnable qui consiste à borner sa curiosité à l'étendue des facultés qu'on a reçues ; une ignorance modeste, qui naît d'un vif amour pour la vertu et n'inspire qu'indifférence sur toutes les choses qui ne sont point dignes de remplir le cœur de l'homme, et qui ne contribuent point à le rendre meilleur ; une douce et précieuse ignorance,

---

[1] Je serai fort étonné si quelqu'un de mes critiques ne part de l'éloge que j'ai fait de plusieurs peuples ignorants et vertueux, pour m'opposer la liste de toutes les troupes de brigands qui ont infecté la terre, et qui, pour l'ordinaire, n'étoient pas de fort savants hommes. Je les exhorte d'avance à ne pas se fatiguer à cette recherche, à moins qu'ils ne l'estiment nécessaire pour montrer de l'érudition. Si j'avois dit qu'il suffit d'être ignorant pour être vertueux, ce ne seroit pas la peine de me répondre, et, par la même raison, je me croirai très-dispensé de répondre moi-même à ceux qui perdront leur temps à me soutenir le contraire. Voyez le *Timon* de M. de Voltaire[*].

[*] Pamphlet de quatre pages d'impression, imprimé d'abord sous ce titre : *Sur le Paradoxe que les sciences ont nui aux mœurs*, et inséré dans les Œuvres de Voltaire, tom. XXX, p 14. édition de Kehl, in-8°.

trésor d'une ame pure et contente de soi, qui met toute sa félicité à se replier sur elle-même, à se rendre témoignage de son innocence, et n'a pas besoin de chercher un faux et vain bonheur dans l'opinion que les autres pourroient avoir de ses lumières : voilà l'ignorance que j'ai louée, et celle que je demande au ciel en punition du scandale que j'ai causé aux doctes par mon mépris déclaré pour les sciences humaines.

Que l'on compare, dit l'auteur, *à ces temps d'ignorance et de barbarie ces siècles heureux où les sciences ont répandu partout l'esprit d'ordre et de justice.* Ces siècles heureux seront difficiles à trouver; mais on en trouvera plus aisément où, grâce aux sciences, *ordre* et *justice* ne seront plus que de vains noms faits pour en imposer au peuple, et où l'apparence en aura été conservée avec soin pour les détruire en effet plus impunément. *On voit de nos jours des guerres moins fréquentes, mais plus justes.* En quelque temps que ce soit, comment la guerre pourra-t-elle être plus juste dans l'un des partis sans être plus injuste dans l'autre ? Je ne saurois concevoir cela. *Des actions moins étonnantes, mais plus héroïques.* Personne assurément ne disputera à mon adversaire le droit de juger de l'héroïsme; mais pense-t-il que ce qui n'est point étonnant pour lui ne le soit pas pour nous? *Des victoires moins sanglantes, mais glorieuses; des conquêtes moins rapides,*

mais plus assurées ; des guerriers moins violents, mais plus redoutés, sachant vaincre avec modération, traitant les vaincus avec humanité; l'honneur est leur guide, la gloire est leur récompense.
Je ne nie pas à l'auteur qu'il n'y ait de grands hommes parmi nous, il lui seroit trop aisé d'en fournir la preuve; ce qui n'empêche point que les peuples ne soient très-corrompus. Au reste, ces choses sont si vagues qu'on pourroit presque les dire de tous les âges; et il est impossible d'y répondre, parce qu'il faudroit feuilleter des bibliothèques et faire des in-folio pour établir des preuves pour ou contre.

Quand Socrate a maltraité les sciences, il n'a pu, ce me semble, avoir en vue ni l'orgueil des stoïciens, ni la mollesse des épicuriens, ni l'absurde jargon des pyrrhoniens, parce qu'aucun de tous ces gens-là n'existoit de son temps. Mais ce léger anachronisme n'est point messéant à mon adversaire : il a mieux employé sa vie qu'à vérifier des dates, et n'est pas plus obligé de savoir par cœur son Diogène-Laërce que moi d'avoir vu de près ce qui se passe dans les combats.

Je conviens donc que Socrate n'a songé qu'à relever les vices des philosophes de son temps; mais je ne sais qu'en conclure, sinon que dès ce temps-là les vices pulluloient avec les philosophes. A cela on me répond que c'est l'abus de la philosophie, et je ne pense pas avoir dit le contraire.

Quoi! faut-il donc supprimer toutes les choses dont on abuse? Oui, sans doute, répondrai-je sans balancer, toutes celles qui sont inutiles, toutes celles dont l'abus fait plus de mal que leur usage ne fait de bien.

Arrêtons-nous un instant sur cette dernière conséquence, et gardons-nous d'en conclure qu'il faille aujourd'hui brûler toutes les bibliothèques et détruire les universités et les académies. Nous ne ferions que replonger l'Europe dans la barbarie; et les mœurs n'y gagneroient rien [1]. C'est avec douleur que je vais prononcer une grande et fatale vérité. Il n'y a qu'un pas du savoir à l'ignorance; et l'alternative de l'un à l'autre est fréquente chez les nations; mais on n'a jamais vu de peuple une fois corrompu revenir à la vertu. En vain vous prétendriez détruire les sources du mal; en vain vous ôteriez les aliments de la vanité, de l'oisiveté et du luxe; en vain même vous rameneriez les hommes à cette première égalité conservatrice de l'innocence et source de toute vertu : leurs cœurs une fois gâtés le seront toujours; il n'y a plus de remède, à moins de quelque grande révolution presque aussi à craindre que le mal qu'elle pourroit guérir, et qu'il est blâmable de désirer et impossible de prévoir.

---

[1] *Les vices nous resteroient*, dit le philosophe que j'ai déjà cité, *et nous aurions l'ignorance de plus*. Dans le peu de lignes que cet auteur a écrites sur ce grand sujet, on voit qu'il a tourné les yeux de ce côté, et qu'il a vu loin.

Laissons donc les sciences et les arts adoucir en quelque sorte la férocité des hommes qu'ils ont corrompus; cherchons à faire une diversion sage, et tâchons de donner le change à leurs passions. Offrons quelques aliments à ces tigres, afin qu'ils ne dévorent pas nos enfants. Les lumières du méchant sont encore moins à craindre que sa brutale stupidité : elles le rendent au moins plus circonspect sur le mal qu'il pourroit faire, par la connoissance de celui qu'il en recevroit lui-même.

J'ai loué les académies et leurs illustres fondateurs, et j'en répéterai volontiers l'éloge. Quand le mal est incurable, le médecin applique des palliatifs, et proportionne les remèdes moins aux besoins qu'au tempérament du malade. C'est aux sages législateurs d'imiter sa prudence, et, ne pouvant plus approprier aux peuples malades la plus excellente police, de leur donner du moins, comme Solon, la meilleure qu'ils puissent comporter.

Il y a en Europe un grand prince, et, ce qui est bien plus, un vertueux citoyen, qui, dans la patrie qu'il a adoptée et qu'il rend heureuse, vient de former plusieurs institutions en faveur des lettres[1]. Il a fait en cela une chose très-digne de sa sagesse et de sa vertu. Quand il est question d'établissements politiques, c'est le temps et le lieu qui décident de tout. Il faut, pour leurs propres intérêts, que les

[1] Il est aisé de voir qu'il s'agit ici du roi Stanislas lui-même, fondateur de l'Académie de Nanci.

princes favorisent toujours les sciences et les arts ; j'en ai dit la raison : et, dans l'état présent des choses, il faut encore qu'ils les favorisent aujourd'hui pour l'intérêt même des peuples. S'il y avoit actuellement parmi nous quelque monarque assez borné pour penser et agir différemment, ses sujets resteroient pauvres et ignorants, et n'en seroient pas moins vicieux. Mon adversaire a négligé de tirer avantage d'un exemple si frappant et si favorable en apparence à sa cause ; peut-être est-il le seul qui l'ignore ou qui n'y ait pas songé. Qu'il souffre donc qu'on le lui rappelle ; qu'il ne refuse point à de grandes choses les éloges qui leur sont dus ; qu'il les admire ainsi que nous, et ne s'en tienne pas plus fort contre les vérités qu'il attaque.

DERNIÈRE RÉPONSE.

A M. BORDES[1].

> *Ne, dum tacemus, non verecundiæ sed diffidentiæ causa tacere videamur.*
> CYPRIAN. contra Demet.

C'est avec une extrême répugnance que j'amuse de mes disputes des lecteurs oisifs qui se soucient très-peu de la vérité : mais la manière dont on vient de l'attaquer me force à prendre sa défense encore une fois, afin que mon silence ne soit pas pris par la multitude pour un aveu, ni pour un dédain par les philosophes.

---

[1] * Ce titre *Dernière Réponse* que porte en effet l'édition originale ne doit pas faire supposer une réponse précédente faite au même écrivain, mais la dernière des réponses que l'auteur entendoit faire à ses adversaires. Ayant en effet déjà répondu indirectement à M. Gautier, et directement au roi de Pologne, il étoit naturel qu'il ne voulût pas prolonger plus loin cette discussion. A la vérité, au livre VIII de ses *Confessions*, Rousseau dit positivement qu'après qu'il eut répondu à M. Bordes, celui-ci fit une réplique *sur un ton plus décidé*, ce qui donna lieu à sa *Dernière Réponse*; mais il est évident qu'il a confondu les faits, et qu'en cela sa mémoire l'a mal servi. Cette *Dernière Réponse* s'applique, comme il est bien aisé de s'en convaincre, au premier Discours que Bordes prononça en 1751 à l'Académie de Lyon, et qui fut imprimé en 1752 (in-8° de 60 pages). L'année suivante, Bordes, excité par cette *Dernière Réponse*, fit imprimer un *Second Discours* (in-8° de 126 pages), auquel il est certain que Rousseau n'a pas répondu même indirectement,

Il faut me répéter, je le sens bien ; et le public ne me le pardonnera pas. Mais les sages diront : Cet homme n'a pas besoin de chercher sans cesse de nouvelles raisons ; c'est une preuve de la solidité des siennes [1].

puisque la préface de *Narcisse* précéda, dans sa publication, celle du second Discours dont on vient de parler. Cette marque apparente de dédain de la part de Rousseau fut sans doute, comme nous l'avons déjà fait observer, la principale cause de l'inimitié que l'académicien lyonnois conçut contre lui. Au reste, ce premier Discours de Bordes eut alors du succès, et passa pour le meilleur des ouvrages publiés en réfutation de celui de Rousseau ; mais Grimm le juge avec raison *foiblement écrit, foiblement pensé, et ne faisant rien du tout à la question.* (Corresp. littéraire, année 1753.) Quant au second Discours, il n'offre que les mêmes idées délayées en plus de paroles ; il est si vrai d'ailleurs que ce Discours ne parut qu'après la préface de *Narcisse*, que l'auteur en consacre les trois dernières pages à la réfutation de cette préface.

Malgré l'intention manifestée par Rousseau dans ce titre de *Dernière Réponse* donné à son ouvrage, nous le verrons tout à l'heure, par une circonstance nouvelle, et qu'il ne pouvoit prévoir, forcé de reprendre encore la plume sur le même sujet.

[1] Il y a des vérités très-certaines, qui au premier coup d'œil paroissent des absurdités, et qui passeront toujours pour telles auprès de la plupart des gens. Allez dire à un homme du peuple que le soleil est plus près de nous en hiver qu'en été, ou qu'il est couché avant que nous cessions de le voir, il se moquera de vous. Il en est ainsi du sentiment que je soutiens. Les hommes les plus superficiels ont toujours été les plus prompts à prendre parti contre moi. Les vrais philosophes se hâtent moins ; et si j'ai la gloire d'avoir fait quelques prosélytes, ce n'est que parmi ces derniers. Avant que de m'expliquer, j'ai long-temps et profondément médité mon sujet, et j'ai tâché de le considérer par toutes ses faces ; je doute qu'aucun de mes adversaires en puisse dire autant ; au moins n'aperçois-je point dans leurs écrits de ces vérités lumineuses qui ne frappent

Comme ceux qui m'attaquent ne manquent jamais de s'écarter de la question et de supprimer les distinctions essentielles que j'y ai mises, il faut toujours commencer par les y ramener. Voici donc un sommaire des propositions que j'ai soutenues et que je soutiendrai aussi long-temps que je ne consulterai d'autre intérêt que celui de la vérité.

Les sciences sont le chef-d'œuvre du génie et de la raison. L'esprit d'imitation a produit les beaux-arts, et l'expérience les a perfectionnés. Nous sommes redevables aux arts mécaniques d'un grand nombre d'inventions utiles qui ont ajouté aux charmes et aux commodités de la vie. Voilà des vérités dont je conviens de très-bon cœur assurément. Mais considérons maintenant toutes ces connoissances par rapport aux mœurs[1].

Si des intelligences célestes cultivoient les sciences, il n'en résulteroit que du bien : j'en dis autant des grands hommes qui sont faits pour gui-

---

pas moins par leur évidence que par leur nouveauté, et qui sont toujours le fruit et la preuve d'une suffisante méditation. J'ose dire qu'ils ne m'ont jamais fait une objection raisonnable que je n'eusse prévue, et à laquelle je n'aie répondu d'avance; voilà pourquoi je suis réduit à redire toujours les mêmes choses.

[1] *Les connoissances rendent les hommes doux*, dit ce philosophe illustre dont l'ouvrage, toujours profond et quelquefois sublime, respire partout l'amour de l'humanité. Il a écrit en ce peu de mots, et, ce qui est rare, sans déclamation, ce qu'on a jamais écrit de plus solide à l'avantage des lettres. Il est vrai, les connoissances rendent les hommes doux; mais la douceur, qui est la plus aimable des vertus, est aussi quelquefois une foiblesse de l'ame.

der les autres. Socrate savant et vertueux fut l'honneur de l'humanité : mais les vices des hommes vulgaires empoisonnent les plus sublimes connoissances et les rendent pernicieuses aux nations ; les méchants en tirent beaucoup de choses nuisibles ; les bons en tirent peu d'avantage. Si nul autre que Socrate ne se fût piqué de philosophie à Athènes, le sang d'un juste n'eût point crié vengeance contre la patrie des sciences et des arts '.

C'est une question à examiner, s'il seroit avantageux aux hommes d'avoir de la science, en sup-

---

La vertu n'est pas toujours douce ; elle sait s'armer à propos de sévérité contre le vice, elle s'enflamme d'indignation contre le crime.
Et le juste au méchant ne sait point pardonner.

Ce fut une réponse très-sage que celle d'un roi de Lacédémone à ceux qui louoient en sa présence l'extrême bonté de son collègue Charillus. « Et comment seroit-il bon, leur dit-il, s'il ne sait pas « être terrible aux méchants ? » * *Quòd malos boni oderint, bonos oportet esse.* Brutus n'étoit point un homme doux ; qui auroit le front de dire qu'il n'étoit point vertueux ? Au contraire, il y a des ames lâches et pusillanimes qui n'ont ni feu ni chaleur, et qui ne sont douces que par indifférence pour le bien et pour le mal. Telle est la douceur qu'inspire aux peuples le goût des lettres.

¹ Il en a coûté la vie à Socrate pour avoir dit précisément les mêmes choses que moi. Dans le procès qui lui fut intenté, l'un de ses accusateurs plaidoit pour les artistes, l'autre pour les orateurs, le troisième pour les poètes, tous pour la prétendue cause des dieux. Les poètes, les artistes, les fanatiques, les rhéteurs triomphèrent, et Socrate périt. J'ai bien peur d'avoir fait trop d'honneur à mon siècle en avançant que Socrate n'y eût point bu la ciguë. On remarquera que je disois cela dès l'an 1750.

---

* PLUTARQUE, cité par Montaigne, liv. III, chap. XII, à la fin.

posant que ce qu'ils appellent de ce nom le méritât en effet : mais c'est une folie de prétendre que les chimères de la philosophie, les erreurs et les mensonges des philosophes, puissent jamais être bons à rien. Serons-nous toujours dupes des mots ? et ne comprendrons-nous jamais qu'études, connoissances, savoir et philosophie, ne sont que de vains simulacres élevés par l'orgueil humain, et très-indignes des noms pompeux qu'il leur donne ?

A mesure que le goût de ces niaiseries s'étend chez une nation, elle perd celui des solides vertus; car il en coûte moins pour se distinguer par du babil que par de bonnes mœurs, dès qu'on est dispensé d'être homme de bien, pourvu qu'on soit un homme agréable.

Plus l'intérieur se corrompt, et plus l'extérieur se compose[1] : c'est ainsi que la culture des lettres engendre insensiblement la politesse. Le goût naît encore de la même source. L'approbation publique étant le premier prix des travaux littéraires,

---

[1] Je n'assiste jamais à la représentation d'une comédie de Molière, que je n'admire la délicatesse des spectateurs. Un mot un peu libre, une expression plutôt grossière qu'obscène, tout blesse leurs chastes oreilles, et je ne doute nullement que les plus corrompus ne soient toujours les plus scandalisés. Cependant, si l'on comparoit les mœurs du siècle de Molière avec celles du nôtre, quelqu'un croira-t-il que le résultat fût à l'avantage de celui-ci ? Quand l'imagination est une fois salie, tout devient pour elle un sujet de scandale. Quand on n'a plus rien de bon que l'extérieur, on redouble tous les soins pour le conserver.

il est naturel que ceux qui s'en occupent réfléchissent sur les moyens de plaire ; et ce sont ces réflexions qui à la longue forment le style, épurent le goût, et répandent partout les grâces et l'urbanité. Toutes ces choses seront, si l'on veut, le supplément de la vertu ; mais jamais on ne pourra dire qu'elles soient la vertu, et rarement elles s'associeront avec elle. Il y aura toujours cette différence, que celui qui se rend utile travaille pour les autres, et que celui qui ne songe qu'à se rendre agréable ne travaille que pour lui. Le flatteur, par exemple, n'épargne aucun soin pour plaire, et cependant il ne fait que du mal.

La vanité et l'oisiveté, qui ont engendré nos sciences, ont aussi engendré le luxe. Le goût du luxe accompagne toujours celui des lettres, et le goût des lettres accompagne souvent celui du luxe[1] : toutes ces choses se tiennent assez fidèle compagnie, parce qu'elles sont l'ouvrage des mêmes vices.

Si l'expérience ne s'accordoit pas avec ces pro-

[1] On m'a opposé quelque part le luxe des Asiatiques, par cette même manière de raisonner qui fait qu'on m'oppose les vices des peuples ignorants : mais, par un malheur qui poursuit mes adversaires, ils se trompent même dans les faits qui ne prouvent rien contre moi. Je sais bien que les peuples de l'Orient ne sont pas moins ignorants que nous ; mais cela n'empêche pas qu'ils ne soient aussi vains et ne fassent presque autant de livres. Les Turcs, ceux de tous qui cultivent le moins les lettres, comptoient parmi eux cinq cent quatre-vingts poètes classiques vers le milieu du siècle dernier.

positions démontrées, il faudroit chercher les causes particulières de cette contrariété. Mais la première idée de ces propositions est née elle-même d'une longue méditation sur l'expérience : et, pour voir à quel point elle les confirme, il ne faut qu'ouvrir les annales du monde.

Les premiers hommes furent très-ignorants. Comment oseroit-on dire qu'ils étoient corrompus dans des temps où les sources de la corruption n'étoient pas encore ouvertes?

A travers l'obscurité des anciens temps et la rusticité des anciens peuples, on aperçoit chez plusieurs d'entre eux de fort grandes vertus, surtout une sévérité de mœurs qui est une marque infaillible de leur pureté, la bonne foi, l'hospitalité, la justice, et, ce qui est très-important, une grande horreur pour la débauche¹, mère féconde de tous

---

¹ Je n'ai nul dessein de faire ma cour aux femmes ; je consens qu'elles m'honorent de l'épithète de pédant, si redoutée de tous nos galants philosophes. Je suis grossier, maussade, impoli par principes, et ne veux point de prôneurs ; ainsi je vais dire la vérité tout à mon aise.

L'homme et la femme sont faits pour s'aimer et s'unir ; mais, passé cette union légitime, tout commerce d'amour entre eux est une source affreuse de désordres dans la société et dans les mœurs. Il est certain que les femmes seules pourroient ramener l'honneur et la probité parmi nous ; mais elles dédaignent des mains de la vertu un empire qu'elles ne veulent devoir qu'à leurs charmes ; ainsi elles ne font que du mal, et reçoivent souvent elles-mêmes la punition de cette préférence. On a peine à concevoir comment, dans une religion si pure, la chasteté a pu devenir une vertu basse

les autres vices. La vertu n'est donc pas incompatible avec l'ignorance.

Elle n'est pas non plus toujours sa compagne; car plusieurs peuples très-ignorants étoient très-vicieux. L'ignorance n'est un obstacle ni au bien ni au mal; elle est seulement l'état naturel de l'homme¹.

et monacale, capable de rendre ridicule tout homme, et je dirois presque toute femme qui oseroit s'en piquer, tandis que, chez les païens, cette même vertu étoit universellement honorée, regardée comme propre aux grands hommes, et admirée dans leurs plus illustres héros. J'en puis nommer trois qui ne céderont le pas à nul autre, et qui, sans que la religion s'en mêlât, ont tous donné des exemples mémorables de continence : Cyrus, Alexandre, et le jeune Scipion. De toutes les raretés que renferme le Cabinet du roi, je ne voudrois voir que le bouclier d'argent qui fut donné à ce dernier par les peuples d'Espagne, et sur lequel ils avoient fait graver le triomphe de sa vertu. C'est ainsi qu'il appartenoit aux Romains de soumettre les peuples, autant par la vénération due à leurs mœurs, que par l'effort de leurs armes; c'est ainsi que la ville des Falisques fut subjuguée, et Pyrrhus vainqueur chassé de l'Italie.

Je me souviens d'avoir lu quelque part une assez bonne réponse du poëte Dryden à un jeune seigneur anglois qui lui reprochoit que, dans une de ses tragédies, Cléomène s'amusoit à causer tête à tête avec son amante, au lieu de former quelque entreprise digne de son amour. « Quand je suis auprès d'une belle, lui disoit le « jeune lord, je sais mieux mettre le temps à profit. Je le crois, « lui répliqua Dryden; mais aussi m'avouerez-vous bien que vous « n'êtes pas un héros. »

¹ Je ne puis m'empêcher de rire en voyant je ne sais combien de fort savants hommes qui m'honorent de leur critique m'opposer toujours les vices d'une multitude de peuples ignorants, comme si cela faisoit quelque chose à la question. De ce que la science engendre nécessairement le vice, s'ensuit-il que l'ignorance engendre

On n'en pourra pas dire autant de la science. Tous les peuples savants ont été corrompus, et c'est déjà un terrible préjugé contre elle. Mais comme les comparaisons de peuple à peuple sont difficiles, qu'il y faut faire entrer un fort grand nombre d'objets, et qu'elles manquent toujours d'exactitude par quelque côté, on est beaucoup plus sûr de ce qu'on fait en suivant l'histoire d'un même peuple, et comparant les progrès de ses connoissances avec les révolutions de ses mœurs. Or, le résultat de cet examen est que le beau temps, le temps de la vertu de chaque peuple, a été celui de son ignorance; et qu'à mesure qu'il est devenu savant, artiste, et philosophe, il a perdu ses mœurs et sa probité, il est redescendu à cet égard au rang des nations ignorantes et vicieuses qui font la honte de l'humanité. Si l'on veut s'opiniâtrer à y chercher des différences, j'en puis reconnoître une, et la voici : c'est que tous les peuples barbares, ceux mêmes qui sont sans vertu, honorent cependant toujours la vertu ; au lieu qu'à force de progrès les peuples savants et philosophes parviennent enfin à la tourner en ridicule et à la mépriser. C'est quand une nation est une fois à ce point qu'on peut dire

---

nécessairement la vertu? Ces manières d'argumenter peuvent être bonnes pour des rhéteurs, ou pour les enfants par lesquels on m'a fait réfuter dans mon pays ; mais les philosophes doivent raisonner d'autre sorte.

8.

que la corruption est au comble, et qu'il ne faut plus espérer de remèdes.

Tel est le sommaire des choses que j'ai avancées, et dont je crois avoir donné les preuves. Voyons maintenant celui de la doctrine qu'on m'oppose.

« Les hommes sont méchants naturellement ; ils
« ont été tels avant la formation des sociétés ; et,
« partout où les sciences n'ont pas porté leur
« flambeau, les peuples, abandonnés aux seules
« *facultés de l'instinct*, réduits avec les lions, et
« les ours à une vie purement animale, sont de-
« meurés plongés dans la barbarie et dans la
« misère.

« La Grèce seule, dans les anciens temps, pensa
« et *s'éleva par l'esprit* à tout ce qui peut rendre
« un peuple recommandable. Des philosophes
« formèrent ses mœurs et lui donnèrent des lois.

« Sparte, il est vrai, fut pauvre et ignorante
« par institution et par choix ; mais ses lois avoient
« de grands défauts, ses citoyens un grand pen-
« chant à se laisser corrompre ; sa gloire fut peu
« solide, et elle perdit bientôt ses institutions,
« ses lois et ses mœurs.

« Athènes et Rome dégénérèrent aussi. L'une
« céda à la fortune de la Macédoine ; l'autre suc-
« comba sous sa propre grandeur, parce que les
« lois d'une petite ville n'étoient pas faites pour
« gouverner le monde. S'il est arrivé quelquefois

« que la gloire des grands empires n'ait pas duré
« long-temps avec celle des lettres, c'est qu'elle
« étoit à son comble lorsque les lettres y ont été
« cultivées, et que c'est le sort des choses hu-
« maines de ne pas durer long-temps dans le même
« état. En accordant donc que l'altération des lois
« et des mœurs ait influé sur ces grands événe-
« mens, on ne sera point forcé de convenir que
« les sciences et les arts y aient contribué ; et l'on
« peut observer, au contraire, que le progrès et la
« décadence des lettres est toujours en proportion
« avec la fortune et l'abaissement des empires.

« Cette vérité se confirme par l'expérience des
« derniers temps, où l'on voit, dans une monar-
« chie vaste et puissante, la prospérité de l'état,
« la culture des sciences et des arts, et la vertu
« guerrière, concourir à la fois à la gloire et à la
« grandeur de l'empire.

« Nos mœurs sont les meilleures qu'on puisse
« avoir; plusieurs vices ont été proscrits parmi
« nous ; ceux qui nous restent appartiennent à
« l'humanité, et les sciences n'y ont nulle part.

« Le luxe n'a rien non plus de commun avec
« elles : ainsi les désordres qu'il peut causer ne
« doivent point leur être attribués. D'ailleurs le
« luxe est nécessaire dans les grands états; il y fait
« plus de bien que de mal; il est utile pour occuper
« les citoyens oisifs et donner du pain aux pauvres.

« La politesse doit être plutôt comptée au

« nombre des vertus qu'au nombre des vices : elle
« empêche les hommes de se montrer tels qu'ils
« sont; précaution très-nécessaire pour les rendre
« supportables les uns aux autres.

« Les sciences ont rarement atteint le but
« qu'elles se proposent; mais au moins elles y
« visent. On avance à pas lents dans la connois-
« sance de la vérité : ce qui n'empêche pas qu'on
« n'y fasse quelque progrès.

« Enfin, quand il seroit vrai que les sciences
« et les arts amollissent le courage, les biens
« infinis qu'ils nous procurent ne seroient-ils pas
« encore préférables à cette vertu barbare et fa-
« rouche qui fait frémir l'humanité ? » Je passe
l'inutile et pompeuse revue de ces biens; et, pour
commencer sur ce dernier point par un aveu propre à prévenir bien du verbiage, je déclare, une
fois pour toutes, que, si quelque chose peut compenser la ruine des mœurs, je suis prêt à convenir
que les sciences font plus de bien que de mal.
Venons maintenant au reste.

Je pourrois, sans beaucoup de risque, supposer
tout cela prouvé, puisque de tant d'assertions si
hardiment avancées il y en a très-peu qui touchent
le fond de la question, moins encore dont on puisse
tirer contre mon sentiment quelque conclusion va-
lable, et que même la plupart d'entre elles fourni-
roient de nouveaux arguments en ma faveur, si ma
cause en avoit besoin.

En effet, 1° si les hommes sont méchants par leur nature, il peut arriver, si l'on veut, que les sciences produiront quelque bien entre leurs mains; mais il est très-certain qu'elles y feront beaucoup plus de mal : il ne faut point donner d'armes à des furieux.

2° Si les sciences atteignent rarement leur but, il y aura toujours beaucoup plus de temps perdu que de temps bien employé. Et quand il seroit vrai que nous aurions trouvé les meilleures méthodes, la plupart de nos travaux seroient encore aussi ridicules que ceux d'un homme qui, bien sûr de suivre exactement la ligne d'aplomb, voudroit mener un puits jusqu'au centre de la terre.

3° Il ne faut point nous faire tant de peur de la vie purement animale, ni la considérer comme le pire état où nous puissions tomber; car il vaudroit encore mieux ressembler à une brebis qu'à un mauvais ange.

4° La Grèce fut redevable de ses mœurs et de ses lois à des philosophes et à des législateurs. Je le veux. J'ai déjà dit cent fois qu'il est bon qu'il y ait des philosophes, pourvu que le peuple ne se mêle pas de l'être.

5° N'osant avancer que Sparte n'avoit pas de bonnes lois, on blâme les lois de Sparte d'avoir eu de grands défauts : de sorte que, pour rétorquer les reproches que je fais aux peuples savants d'avoir toujours été corrompus, on reproche aux peuples ignorants de n'avoir pas atteint la perfection.

6° Le progrès des lettres est toujours en proportion avec la grandeur des empires. Soit. Je vois qu'on me parle toujours de fortune et de grandeur. Je parlois, moi, de mœurs et de vertu.

7° Nos mœurs sont les meilleures que de méchants hommes comme nous puissent avoir; cela peut être. Nous avons proscrit plusieurs vices; je n'en disconviens pas. Je n'accuse point les hommes de ce siècle d'avoir tous les vices; ils n'ont que ceux des ames lâches, ils sont seulement fourbes et fripons. Quant aux vices qui supposent du courage et de la fermeté, je les en crois incapables.

8° Le luxe peut être nécessaire pour donner du pain aux pauvres; mais, s'il n'y avoit point de luxe, il n'y auroit point de pauvres[1]. Il occupe les citoyens oisifs. Et pourquoi y a-t-il des citoyens oisifs? Quand l'agriculture étoit en honneur, il n'y avoit ni misère

[1] Le luxe nourrit cent pauvres dans nos villes, et en fait périr cent mille dans nos campagnes. L'argent qui circule entre les mains des riches et des artistes pour fournir à leurs superfluités est perdu pour la subsistance du laboureur; et celui-ci n'a point d'habit, précisément parce qu'il faut du galon aux autres. Le gaspillage des matières qui servent à la nourriture des hommes suffit seul pour rendre le luxe odieux à l'humanité. Mes adversaires sont bien heureux que la coupable délicatesse de notre langue m'empêche d'entrer là-dessus dans des détails qui les feroient rougir de la cause qu'ils osent défendre. Il faut des jus dans notre cuisine, voilà pourquoi tant de malades manquent de bouillon. Il faut des liqueurs sur nos tables, voilà pourquoi le paysan ne boit que de l'eau. Il faut de la poudre à nos perruques, voilà pourquoi tant de pauvres n'ont point de pain.

ni oisiveté, et il y avoit beaucoup moins de vices.

9° Je vois qu'on a fort à cœur cette cause du luxe, qu'on feint pourtant de vouloir séparer de celle des sciences et des arts. Je conviendrai donc, puisqu'on le veut si absolument, que le luxe sert au soutien des états, comme les cariatides servent à soutenir les palais qu'elles décorent; ou plutôt, comme ces poutres dont on étaie des bâtiments pourris, et qui souvent achèvent de les renverser. Hommes sages et prudents, sortez de toute maison qu'on étaie.

Ceci peut montrer combien il me seroit aisé de retourner en ma faveur la plupart des choses qu'on prétend m'opposer; mais, à parler franchement, je ne les trouve pas assez bien prouvées pour avoir le courage de m'en prévaloir.

On avance que les premiers hommes furent méchants; d'où il suit que l'homme est méchant naturellement[1]. Ceci n'est pas une assertion de légère

---

[1] Cette note est pour les philosophes; je conseille aux autres de la passer.

Si l'homme est méchant par sa nature, il est clair que les sciences ne feront que le rendre pire; ainsi voilà leur cause perdue par cette seule supposition. Mais il faut bien faire attention que, quoique l'homme soit naturellement bon, comme je le crois, et comme j'ai le bonheur de le sentir, il ne s'ensuit pas pour cela que les sciences lui soient salutaires; car toute position qui met un peuple dans le cas de les cultiver annonce nécessairement un commencement de corruption qu'elles accélèrent bien vite. Alors le vice de la constitution fait tout le mal qu'auroit pu faire celui de la nature, et les mauvais préjugés tiennent lieu des mauvais penchants.

importance; il me semble qu'elle eût bien valu la peine d'être prouvée. Les annales de tous les peuples qu'on ose citer en preuve sont beaucoup plus favorables à la supposition contraire; et il faudroit bien des témoignages pour m'obliger de croire une absurdité. Avant que ces mots affreux de *tien* et de *mien* fussent inventés; avant qu'il y eût de cette espèce d'hommes cruels et brutaux qu'on appelle maîtres, et de cette autre espèce d'hommes fripons et menteurs qu'on appelle esclaves; avant qu'il y eût des hommes assez abominables pour oser avoir du superflu pendant que d'autres hommes meurent de faim; avant qu'une dépendance mutuelle les eût tous forcés à devenir fourbes, jaloux et traîtres; je voudrois bien qu'on m'expliquât en quoi pouvoient consister ces vices, ces crimes qu'on leur reproche avec tant d'emphase. On m'assure qu'on est depuis long-temps désabusé de la chimère de l'âge d'or. Que n'ajoutoit-on encore qu'il y a long-temps qu'on est désabusé de la chimère de la vertu?

J'ai dit que les premiers Grecs furent vertueux avant que la science les eût corrompus; et je ne ne veux pas me rétracter sur ce point, quoiqu'en y regardant de plus près je ne sois pas sans défiance sur la solidité des vertus d'un peuple si babillard, ni sur la justice des éloges qu'il aimoit tant à se prodiguer, et que je ne vois confirmés par aucun autre témoignage. Que m'oppose-t-on à cela? Que les premiers Grecs dont j'ai loué la vertu étoient éclairés et savants, puisque des philosophes formèrent leurs mœurs et leur donnèrent des lois. Mais, avec cette manière de raisonner, qui m'empêchera d'en dire autant de toutes les autres nations ? Les Perses n'ont-ils pas eu leurs mages, les Assyriens leurs Chaldéens, les Indes leurs gymnosophistes, les Celtes leurs druides ? Ochus n'a-t-il pas brillé chez les Phéniciens, Atlas chez les Libyens, Zoroastre chez les Perses, Zamolxis chez les Thraces ? Et plusieurs même n'ont-ils pas prétendu que la philosophie étoit née chez les Barbares ? C'étoient donc des savants, à ce compte, que tous ces peuples-là ? *A côté des Miltiade et des Thémistocle, on trouvoit*, me dit-on, *les Aristide et les Socrate.* A côté, si l'on veut ; car que m'importe ? Cependant Miltiade, Aristide, Thémistocle, qui étoient des héros, vivoient dans un temps ; Socrate et Platon, qui étoient des philosophes, vivoient dans un autre ; et, quand on commença à ouvrir des écoles publiques de philosophie, la Grèce, avilie et dégénérée, avoit déjà renoncé à sa vertu et vendu sa liberté.

La superbe Asie vit briser ses forces innombrables contre une poignée d'hommes que la philosophie conduisoit à la gloire. Il est vrai : la philosophie de l'ame conduit à la véritable gloire ; mais celle-là ne s'apprend point dans les livres. *Tel est l'infaillible effet des connoissances de l'esprit.* Je prie le lecteur d'être attentif à cette conclusion : *Les mœurs et les lois sont la seule source du véritable héroïsme. Les sciences n'y ont donc que faire. En un mot, la Grèce dut tout aux sciences, et le reste du monde dut tout à la Grèce.* La Grèce ni le monde ne durent donc rien aux lois ni aux mœurs. J'en demande pardon à mes adversaires, mais il n'y a pas moyen de leur passer ces sophismes.

Examinons encore un moment cette préférence qu'on prétend donner à la Grèce sur tous les autres peuples, et dont il semble qu'on se soit fait un point capital. *J'admirerai, si l'on veut, des peuples qui passent leur vie à la guerre ou dans les bois, qui couchent sur la terre et vivent de légumes.* Cette admiration est en effet très-digne d'un vrai philosophe : il n'appartient qu'au peuple aveugle et stupide d'admirer des gens qui passent leur vie non à défendre leur liberté, mais à se voler et se trahir mutuellement pour satisfaire leur mollesse ou leur ambition, et qui osent nourrir leur oisiveté de la sueur, du sang et des travaux d'un million de malheureux. *Mais est-ce parmi ces gens grossiers qu'on ira chercher le bonheur ?* On l'y chercheroit beaucoup plus raisonnablement que la vertu parmi les autres. *Quel spectacle nous présenteroit le genre humain composé uniquement de laboureurs, de soldats, de chasseurs et de bergers ?* Un spectacle infiniment plus beau que celui du genre humain composé de cuisiniers, de poètes,

d'imprimeurs, d'orfèvres, de peintres et de musiciens. Il n'y a que le mot *soldat* qu'il faut rayer du premier tableau. La guerre est quelquefois un devoir, et n'est point faite pour être un métier. Tout homme doit être soldat pour la défense de sa liberté ; nul ne doit l'être pour envahir celle d'autrui : et mourir en servant la patrie est un emploi trop beau pour le confier à des mercenaires. *Faut-il donc, pour être dignes du nom d'hommes, vivre comme les lions et les ours?* Si j'ai le bonheur de trouver un seul lecteur impartial et ami de la vérité, je le prie de jeter un coup d'œil sur la société actuelle, et d'y remarquer qui sont ceux qui vivent entre eux comme les lions et les ours, comme les tigres et les crocodiles. *Érigera-t-on en vertus les facultés de l'instinct pour se nourrir, se perpétuer et se défendre?* Ce sont des vertus, n'en doutons pas, quand elles sont guidées par la raison, et sagement ménagées; et ce sont surtout des vertus quand elles sont employées à l'assistance de nos semblables. *Je ne vois là que des vertus animales peu conformes à la dignité de notre être. Le corps est exercé, mais l'ame esclave ne fait que ramper et languir.* Je dirois volontiers, en parcourant les fastueuses recherches de toutes nos académies : « Je ne vois là que d'in-
« génieuses subtilités, peu conformes à la dignité
« de notre être. L'esprit est exercé, mais l'ame
« esclave ne fait que ramper et languir. » *Otez les*

arts du monde, nous dit-on ailleurs, *que reste-t-il? les exercices du corps et les passions.* Voyez, je vous prie, comment la raison et la vertu sont toujours oubliées! *Les arts ont donné l'être aux plaisirs de l'ame, les seuls qui soient dignes de nous.* C'est-à-dire qu'ils en ont substitué d'autres à celui de bien faire, beaucoup plus digne de nous encore. Qu'on suive l'esprit de tout ceci, on y verra, comme dans les raisonnemens de la plupart de mes adversaires, un enthousiasme si marqué sur les merveilles de l'entendement, que cette autre faculté, infiniment plus sublime et plus capable d'élever et d'ennoblir l'ame, n'y est jamais comptée pour rien. Voilà l'effet toujours assuré de la culture des lettres. Je suis sûr qu'il n'y a pas actuellement un savant qui n'estime beaucoup plus l'éloquence de Cicéron que son zèle, et qui n'aimât infiniment mieux avoir composé les Catilinaires que d'avoir sauvé son pays.

L'embarras de mes adversaires est visible toutes les fois qu'il faut parler de Sparte. Que ne donne-roient-ils point pour que cette fatale Sparte n'eût jamais existé! et eux qui prétendent que les grandes actions ne sont bonnes qu'à être célébrées, à quel prix ne voudroient-ils point que les siennes ne l'eussent jamais été! C'est une terrible chose qu'au milieu de cette fameuse Grèce qui ne devoit, dit-on, sa vertu qu'à la philosophie, l'état où la vertu a été la plus pure et a duré le plus long-temps ait été précisément celui où il n'y avoit point de philosophes! Les mœurs de Sparte ont toujours été proposées en exemple à toute la Grèce ; toute la Grèce étoit corrompue, et il y avoit encore de la vertu à Sparte ; toute la Grèce étoit esclave, Sparte seule étoit encore libre : cela est désolant. Mais enfin la fière Sparte perdit ses mœurs et sa liberté comme les avoit perdues la savante Athènes; Sparte a fini. Que puis-je répondre à cela?

Encore deux observations sur Sparte, et je passe à autre chose. Voici la première. *Après avoir été plusieurs fois sur le point de vaincre, Athènes fut vaincue, il est vrai; et il est surprenant qu'elle ne l'eût pas été plus tôt, puisque l'Attique étoit un pays tout ouvert, et qui ne pouvoit se défendre que par la supériorité de succès.* Athènes eût dû vaincre par toutes sortes de raisons. Elle étoit plus grande et beaucoup plus peuplée que Lacédémone ; elle avoit de grands revenus, et plusieurs peuples étoient ses tributaires : Sparte n'avoit rien de tout cela. Athènes, surtout par sa position, avoit un avantage dont Sparte étoit privée, qui la mit en état de désoler plusieurs fois le Péloponnèse, et qui devoit seul lui assurer l'empire de la Grèce. C'étoit un port vaste et commode ; c'étoit une marine formidable, dont elle étoit redevable à la prévoyance de ce rustre de Thémistocle qui ne savoit pas jouer de la flûte. On pourroit donc être surpris qu'Athènes, avec tant d'avantages, ait pourtant enfin succombé. Mais quoique la guerre du Péloponnèse, qui a ruiné la Grèce, n'ait fait honneur ni à l'une ni à l'autre république, et qu'elle ait surtout été de la part des Lacédémoniens une infraction des maximes de leur sage législateur, il ne faut pas s'étonner qu'à la longue le vrai courage l'ait emporté sur les ressources, ni même que la réputation de Sparte lui en ait donné plusieurs qui lui facilitèrent la victoire. En vérité, j'ai bien de la honte de savoir ces choses-là, et d'être forcé de les dire.

L'autre observation ne sera pas moins remarquable. En voici le texte, que je crois devoir remettre sous les yeux du lecteur.

Je suppose que tous les états dont la Grèce étoit composée eussent suivi les mêmes lois que Sparte, que nous resteroit-il de cette contrée si célèbre ? A peine son nom seroit parvenu jusqu'à nous. Elle auroit dédaigné de former des historiens pour transmettre sa gloire à la postérité; le spectacle de ses farouches vertus eût été perdu pour nous; il nous seroit indifférent, par conséquent, qu'elles eussent existé ou non. Les nombreux systèmes de philosophie qui ont épuisé toutes les combinaisons possibles de nos idées, et qui, s'ils n'ont pas étendu beaucoup les limites de notre esprit, nous ont appris du moins où elles étoient fixées ; ces chefs-d'œuvre d'élo-

quence et de poésie qui nous ont enseigné toutes les routes du cœur; les arts utiles ou agréables qui conservent ou embellissent la vie; enfin l'inestimable tradition des pensées et des actions de tous les grands hommes qui ont fait la gloire ou le bonheur de leurs pareils : toutes ces précieuses richesses de l'esprit eussent été perdues pour jamais. Les siècles se seroient accumulés, les générations des hommes se seroient succédé comme celles des animaux, sans aucun fruit pour la postérité, et n'auroient laissé après elles qu'un souvenir confus de leur existence ; le monde auroit vieilli, et les hommes seroient demeurés dans une enfance éternelle.

Supposons, à notre tour, qu'un Lacédémonien, pénétré de la force de ces raisons, eût voulu les exposer à ses compatriotes, et tâchons d'imaginer le discours qu'il eût pu faire dans la place publique de Sparte.

« Citoyens, ouvrez les yeux, et sortez de votre
« aveuglement. Je vois avec douleur que vous ne
« travaillez qu'à acquérir de la vertu, qu'à exercer
« votre courage, et maintenir votre liberté ; et
« cependant vous oubliez le devoir plus important
« d'amuser les oisifs des races futures. Dites-moi,
« à quoi peut être bonne la vertu, si ce n'est à
« faire du bruit dans le monde ? Que vous aura
« servi d'être gens de bien, quand personne ne
« parlera de vous? Qu'importera aux siècles à

« venir que vous vous soyez dévoués à la mort
« aux Thermopyles pour le salut des Athéniens,
« si vous ne laissez comme eux ni systèmes de
« philosophie, ni vers, ni comédies, ni statues [1] ?
« Hâtez-vous donc d'abandonner des lois qui ne
« sont bonnes qu'à vous rendre heureux ; ne
« songez qu'à faire beaucoup parler de vous quand
« vous ne serez plus ; et n'oubliez jamais que, si
« l'on ne célébroit les grands hommes, il seroit
« inutile de l'être. »

Voilà, je pense, à peu près ce qu'auroit pu dire cet homme, si les éphores l'eussent laissé achever.

Ce n'est pas dans cet endroit seulement qu'on

[1] Périclès avoit de grands talents, beaucoup d'éloquence, de magnificence et de goût ; il embellit Athènes d'excellents ouvrages de sculpture, d'édifices somptueux, et de chefs-d'œuvre dans tous les arts : aussi Dieu sait comment il a été prôné par la foule des écrivains! Cependant il reste encore à savoir si Périclès a été un bon magistrat : car, dans la conduite des états, il ne s'agit pas d'élever des statues, mais de bien gouverner des hommes. Je ne m'amuserai point à développer les motifs secrets de la guerre du Péloponnèse, qui fut la ruine de la république ; je ne rechercherai point si le conseil d'Alcibiade étoit bien ou mal fondé, si Périclès fut justement ou injustement accusé de malversation : je demanderai seulement si les Athéniens devinrent meilleurs ou pires sous son gouvernement ; je prierai qu'on me nomme quelqu'un parmi les citoyens, parmi les esclaves, même parmi ses propres enfants, dont ses soins aient fait un homme de bien. Voilà pourtant, ce me semble, la première fonction du magistrat et du souverain : car le plus court et le plus sûr moyen de rendre les hommes heureux n'est pas d'orner leurs villes, ni même de les enrichir, mais de les rendre bons.

nous avertit que la vertu n'est bonne qu'à faire parler de soi. Ailleurs on nous vanté encore les pensées du philosophe, parce qu'elles sont immortelles et consacrées à l'admiration de tous les siècles ; *tandis que les autres voient disparoître leurs idées avec le jour, la circonstance, le moment qui les a vues naître. Chez les trois quarts des hommes, le lendemain efface la veille, sans qu'il en reste la moindre trace.* Ah! il en reste au moins quelqu'une dans le témoignage d'une bonne conscience, dans les malheureux qu'on a soulagés, dans les bonnes actions qu'on a faites, et dans la mémoire de ce Dieu bienfaisant qu'on aura servi en silence. *Mort ou vivant,* disoit le bon Socrate, *l'homme de bien n'est jamais oublié des dieux.* On me répondra peut-être que ce n'est pas de ces sortes de pensées qu'on a voulu parler; et moi je dis que toutes les autres ne valent pas la peine qu'on en parle.

Il est aisé de s'imaginer que, faisant si peu de cas de Sparte, on ne montre guère plus d'estime pour les anciens Romains. *On consent à croire que c'étoient de grands hommes, quoiqu'ils ne fissent que de petites choses.* Sur ce pied-là j'avoue qu'il y a long temps qu'on n'en fait plus que de grandes. On reproche à leur tempérance et à leur courage de n'avoir pas été de vraies vertus, mais des qualités forcées [1] Cependant, quelques

---

[1] « Je vcois la pluspart des esprits de mon temps faire les ingé-

pages après, on avoue que Fabricius méprisoit l'or de Pyrrhus, et l'on ne peut ignorer que l'histoire romaine est pleine d'exemples de la facilité qu'eussent eue à s'enrichir ces magistrats, ces guerriers vénérables qui faisoient tant de cas de leur pauvreté [1]. Quant au courage ne sait-on pas que la lâcheté ne

« nieux à obscurcir la gloire des belles et généreuses actions an-
« ciennes, leur donnant quelque interprétation vile, et leur con-
« trouvant des occasions et des causes vaines. Grande subtilité !
« Qu'on me donne l'action la plus excellente et pure, je m'en voys
« y fournir vraysemblablement cinquante vicieuses intentions.
« Dieu sçait à qui les veut estendre, quelle diversité d'images ne
« souffre nostre interne volonté. Ils ne font pas tant malicieuse-
« ment que lourdement et grossierement les ingénieux avec leur
« médisance. La mesme peine qu'on prend à détracter de ces grands
« noms, et la mesme licence, je la prendrois volontiers à leur
« prester quelque tour d'espaule pour les haulser. Ces rares figures,
« et triées pour l'exemple du monde par le consentement des sa-
« ges, je ne me feindrois pas de les recharger d'honneur, autant
« que mon invention pourroit, en interprétation et favorable cir-
« constance. Et il fault croire que les efforts de nostre conception
« sont loing au-dessoubs de leur mérite. C'est l'office des gents de
« bien de peindre la vertu la plus belle qu'il se puisse ; et ne nous
« messiéroit pas, quand la passion nous transporteroit à la faveur
« de si sainctes formes. » Ce n'est pas Rousseau qui dit tout cela, c'est Montaigne [*].

[1] Curius, refusant les présents des Samnites, disoit qu'il aimoit mieux commander à ceux qui avoient de l'or que d'en avoir lui-même. Curius avoit raison. Ceux qui aiment les richesses sont faits pour servir, et ceux qui les méprisent pour commander. Ce n'est pas la force de l'or qui asservit les pauvres aux riches, mais c'est qu'ils veulent s'enrichir à leur tour ; sans cela ils seroient nécessairement les maîtres.

[*] Liv. I, chap. xxvi.

sauroit entendre raison, et qu'un poltron ne laisse pas de fuir, quoique sûr d'être tué en fuyant? *C'est*, dit-on, *vouloir contraindre un homme fort et robuste à bégayer dans un berceau, que de vouloir rappeler les grands états aux petites vertus des petites républiques.* Voilà une phrase qui ne doit pas être nouvelle dans les cours. Elle eût été très-digne de Tibère ou de Catherine de Médicis, et je ne doute pas que l'un et l'autre n'en aient souvent employé de semblables.

Il seroit difficile d'imaginer qu'il fallût mesurer la morale avec un instrument d'arpenteur. Cependant on ne sauroit dire que l'étendue des états soit tout-à-fait indifférente aux mœurs des citoyens. Il y a sûrement quelque proportion entre ces choses; je ne sais si cette proportion ne seroit point inverse [1]. Voilà une importante question à méditer; et je crois qu'on peut bien la regarder encore comme indécise, malgré le ton plus méprisant que philosophique avec lequel elle est ici tranchée en deux mots.

C'étoit, continue-t-on, *la folie de Caton; avec l'humeur et les préjugés héréditaires dans sa famille, il déclama toute sa vie, combattit et mou-*

---

[1] La hauteur de mes adversaires me donneroit à la fin de l'indiscrétion si je continuois à disputer contre eux. Ils croient m'en imposer avec leur mépris pour les petits états. Ne craignent-ils point que je ne leur demande une fois s'il est bon qu'il y en ait de grands?

rut sans avoir rien fait d'utile pour sa patrie. Je ne sais s'il n'a rien fait pour sa patrie ; mais je sais qu'il a beaucoup fait pour le genre humain en lui donnant le spectacle et le modèle de la vertu la plus pure qui ait jamais existé. Il a appris à ceux qui aiment sincèrement le véritable honneur à savoir résister aux vices de leur siècle, et à détester cette horrible maxime des gens à la mode, *qu'il faut faire comme les autres :* maxime avec laquelle ils iroient loin sans doute, s'ils avoient le malheur de tomber dans quelque bande de cartouchiens. Nos descendants apprendront un jour que, dans ce siècle de sages et de philosophes, le plus vertueux des hommes a été tourné en ridicule et traité de fou, pour n'avoir pas voulu souiller sa grande ame des crimes de ses contemporains, pour n'avoir pas voulu être un scélérat avec César et les autres brigands de son temps.

On vient de voir comment nos philosophes parlent de Caton. On va voir comment en parloient les anciens philosophes. *Ecce spectaculum dignum ad quod respiciat intentus operi suo Deus. Ecce par Deo dignum, vir fortis cum mala fortuna compositus. Non video, inquam, quid habeat in terris Jupiter pulchrius, si convertere animum velit, quam ut spectet Catonem, jam partibus non semel fractis, nihilominus inter ruinas publicas erectum* [1].

[1] * SENEC., *de Providentia*, cap. II.

Voici ce qu'on nous dit ailleurs des premiers Romains : *J'admire les Brutus, les Décius, les Lucrèce, les Virginius, les Scévola...* C'est quelque chose dans le siècle où nous sommes. *Mais j'admirerai encore plus un état puissant et bien gouverné.* Un état puissant et bien gouverné ! Et moi aussi, vraiment. *Où les citoyens ne seront point condamnés à des vertus si cruelles.* J'entends ; il est plus commode de vivre dans une constitution de choses où chacun soit dispensé d'être homme de bien. Mais si les citoyens de cet état qu'on admire se trouvoient réduits par quelque malheur ou à renoncer à la vertu, ou à pratiquer ces vertus cruelles, et qu'ils eussent la force de faire leur devoir, seroit-ce donc une raison de les admirer moins ?

Prenons l'exemple qui révolte le plus notre siècle, et examinons la conduite de Brutus souverain magistrat, faisant mourir ses enfants qui avoient conspiré contre l'état dans un moment critique où il ne falloit presque rien pour le renverser. Il est certain que, s'il leur eût fait grâce, son collègue eût infailliblement sauvé tous les autres complices, et que la république étoit perdue. Qu'importe ? me dira-t-on. Puisque cela est si indifférent, supposons donc qu'elle eût subsisté, et que Brutus ayant condamné à mort quelque malfaiteur, le coupable lui eût parlé ainsi : « Consul, pourquoi me fais-tu « mourir ? Ai-je fait pis que de trahir ma patrie ? « et ne suis-je pas aussi ton enfant ? » Je voudrois bien qu'on prît la peine de me dire ce que Brutus auroit pu répondre.

Brutus, me dira-t-on encore, devoit abdiquer le consulat, plutôt que de faire périr ses enfants. Et moi je dis que tout magistrat qui, dans une circonstance aussi périlleuse, abandonne le soin de la patrie et abdique la magistrature, est un traître qui mérite la mort.

Il n'y a point de milieu ; il falloit que Brutus fût un infâme, ou que les têtes de Titus et de Tibérinus tombassent par son ordre sous la hache des licteurs. Je ne dis pas pour cela que beaucoup de gens eussent choisi comme lui.

Quoiqu'on ne se décide pas ouvertement pour les derniers temps de Rome, on laisse pourtant assez entendre qu'on les préfère aux premiers; et l'on a autant de peine à apercevoir de grands hommes à travers la simplicité de ceux-ci, que j'en ai moi-même à apercevoir d'honnêtes gens à travers la pompe des autres. On oppose Titus à Fabricius ; mais on a omis cette différence, qu'au temps de Pyrrhus tous les Romains étoient des Fabricius, au lieu que sous le règne de Tite il n'y avoit que lui seul d'homme de bien[1]. J'oublierai, si l'on veut, les actions héroïques des premiers Romains et les crimes des derniers : mais ce que

---

[1] Si Titus n'eût été empereur, nous n'aurions jamais entendu parler de lui, car il eût continué de vivre comme les autres; et il ne devint homme de bien que quand, cessant de recevoir l'exemple

je ne saurois oublier c'est que la vertu étoit honorée des uns et méprisée des autres ; et que, quand il y avoit des couronnes pour les vainqueurs des jeux du cirque, il n'y en avoit plus pour celui qui sauvoit la vie à un citoyen. Qu'on ne croie pas au reste que ceci soit particulier à Rome. Il fut un temps où la république d'Athènes étoit assez riche pour dépenser des sommes immenses à ses spectacles, et pour payer très-chèrement les auteurs, les comédiens, et même les spectateurs : ce même temps fut celui où il ne se trouva point d'argent pour défendre l'état contre les entreprises de Philippe.

On vient enfin aux peuples modernes ; et je n'ai garde de suivre les raisonnements qu'on juge à propos de faire à ce sujet. Je remarquerai seulement que c'est un avantage peu honorable que celui qu'on se procure, non en réfutant les raisons de son adversaire, mais en l'empêchant de les dire.

Je ne suivrai pas non plus toutes les réflexions qu'on prend la peine de faire sur le luxe, sur la politesse, sur l'admirable éducation de nos enfants [1],

---

de son siècle, il lui fut permis d'en donner un meilleur. *Privatus atque etiam sub patre principe, ne odio quidem, nedum vituperatione publica caruit.* (Suet. in Tit., cap. 1.) *At illi ea fama pro bono cessit, conversaque est in maximas laudes.* Id., cap. vii.

[1] Il ne faut pas demander si les pères et les maîtres seront attentifs à écarter mes dangereux écrits des yeux de leurs enfants et de leurs élèves. En effet, quel affreux désordre, quelle indécence ne seroit-ce point, si ces enfants, si bien élevés, venoient à dédaigner

sur les meilleures méthodes pour étendre nos connoissances, sur l'utilité des sciences et l'agrément
des beaux-arts, et sur d'autres points dont plusieurs ne me regardent pas, dont quelques-uns se
réfutent d'eux-mêmes, et dont les autres ont déjà
été réfutés. Je me contenterai de citer encore
quelques morceaux pris au hasard, et qui me pa-
roîtront avoir besoin d'éclaircissement. Il faut bien
que je me borne à des phrases, dans l'impossibilité
de suivre des raisonnements dont je n'ai pu saisir
le fil.

On prétend que les nations ignorantes qui ont
eu *des idées de la gloire et de la vertu sont des
exceptions singulières qui ne peuvent former aucun préjugé contre les sciences.* Fort bien ; mais
toutes les nations savantes, avec leurs belles idées
de gloire et de vertu, en ont toujours perdu l'a-
mour et la pratique. Cela est sans exception ;
passons à la preuve. *Pour nous en convaincre,
jetons les yeux sur l'immense continent de l'Afri-*

tant de jolies choses, et à préférer tout de bon la vertu au savoir!
Ceci me rappelle la réponse d'un précepteur lacédémonien à qui
l'on demandoit par moquerie ce qu'il enseigneroit à son élève. *Je
lui apprendrai*, dit-il, *à aimer les choses honnêtes**. Si je rencon-
trois un tel homme parmi nous, je lui dirois à l'oreille : Gardez-
vous bien de parler ainsi, car jamais vous n'auriez de disciples ;
mais dites que vous leur apprendrez à babiller agréablement, et je
vous réponds de votre fortune.

* Plutarque, vers la fin du traité : *Que la vertu se peut enseigner.*

que, où nul mortel n'est assez hardi pour pénétrer, ou assez heureux pour l'avoir tenté impunément. Ainsi, de ce que nous n'avons pu pénétrer dans le continent de l'Afrique, de ce que nous ignorons ce qui s'y passe, on nous fait conclure que les peuples en sont chargés de vices : c'est, si nous avions trouvé le moyen d'y porter les nôtres, qu'il faudroit tirer cette conclusion. Si j'étois chef de quelqu'un des peuples de la Nigritie, je déclare que je ferois élever sur la frontière du pays une potence où je ferois pendre sans rémission le premier Européen qui oseroit y pénétrer, et le premier citoyen qui tenteroit d'en sortir[1]. *L'Amérique ne nous offre pas des spectacles moins honteux pour l'espèce humaine.* Surtout depuis que les Européens y sont. *On comptera cent peuples barbares ou sauvages dans l'ignorance pour un seul vertueux.* Soit; on en comptera du moins un : mais de peuple vertueux et cultivant les sciences, on n'en a jamais vu. *La terre abandonnée sans culture n'est point oisive; elle produit des poisons, elle nourrit des monstres.* Voilà ce qu'elle commence à faire dans les lieux où le goût des arts frivoles a fait abandonner celui de l'agriculture.

---

[1] On me demandera peut-être quel mal peut faire à l'état un citoyen qui en sort pour n'y plus rentrer. Il fait du mal aux autres par le mauvais exemple qu'il donne, il en fait à lui-même par les vices qu'il va chercher. De toutes manières, c'est à la loi de le prévenir; et il vaut encore mieux qu'il soit pendu que méchant.

Notre ame, peut-on dire aussi, n'est point oisive quand la vertu l'abandonne; elle produit des fictions, des romans, des satires, des vers; elle nourrit des vices.

Si des barbares ont fait des conquêtes, c'est qu'ils étoient très-injustes. Qu'étions-nous donc, je vous prie, quand nous avons fait cette conquête de l'Amérique qu'on admire si fort? Mais le moyen que des gens qui ont du canon, des cartes marines et des boussoles, puissent commettre des injustices! Me dira-t-on que l'événement marque la valeur des conquérants? Il marque seulement leur ruse et leur habileté; il marque qu'un homme adroit et subtil peut tenir de son industrie les succès qu'un brave homme n'attend que de sa valeur. Parlons sans partialité. Qui jugerons-nous le plus courageux de l'odieux Cortez subjuguant le Mexique à force de poudre, de perfidie et de trahisons; ou de l'infortuné Guatimozin étendu par d'honnêtes Européens sur des charbons ardents pour avoir ses trésors, tançant un de ses officiers à qui le même traitement arrachoit quelques plaintes, et lui disant fièrement : Et moi, suis-je sur des roses?

Dire que les sciences sont nées de l'oisiveté, c'est abuser visiblement des termes; elles naissent du loisir, mais elles garantissent de l'oisiveté. De sorte qu'un homme qui s'amuseroit au bord d'un grand chemin à tirer sur les passants pourroit dire qu'il occupe son loisir à se garantir de l'oisiveté. Je n'entends point cette distinction de l'oisiveté et du loisir, mais je sais très-certainement que nul honnête homme ne peut jamais se vanter d'avoir du loisir tant qu'il y aura du bien à faire, une patrie à servir, des malheureux à soulager; et je défie qu'on me montre dans mes principes aucun sens honnête dont ce mot *loisir* puisse être susceptible. *Le citoyen que ses besoins attachent à la charrue n'est pas plus occupé que le géomètre ou l'anatomiste.* Pas plus que l'enfant qui élève un château de cartes, mais plus utilement. *Sous prétexte que le pain est nécessaire, faut-il que tout le monde se mette à labourer la terre?* Pourquoi non? Qu'ils paissent même, s'il le faut : j'aime encore mieux voir les hommes brouter l'herbe dans les champs que s'entre-dévorer dans les villes. Il est vrai que, tels que je les demande, ils ressembleroient beaucoup à des bêtes, et que, tels qu'ils sont, ils ressemblent beaucoup à des hommes.

L'état d'ignorance est un état de crainte et de besoin; tout est danger alors pour notre fragilité. La mort gronde sur nos têtes; elle est cachée dans l'herbe que nous foulons aux pieds. Lorsqu'on craint tout et qu'on a besoin de tout, quelle disposition plus raisonnable que celle de vouloir tout connoître? Il ne faut que considérer les inquiétudes continuelles des médecins et des anatomistes sur leur vie et sur leur santé, pour savoir si les connoissances servent à nous rassurer sur nos dangers. Comme elles nous en découvrent toujours beaucoup plus que de moyens de nous en garantir, ce n'est pas une merveille si elles ne font qu'augmenter nos alarmes et nous rendre pusillanimes. Les animaux vivent sur tout cela dans une sécurité profonde, et ne s'en trouvent pas plus mal. Une génisse n'a pas besoin d'étudier la botanique pour apprendre à trier son foin, et le loup dévore sa proie sans songer à l'indigestion. Pour répondre à cela, osera-t-on prendre le parti de l'instinct contre la raison ? C'est précisément ce que je demande.

Il semble, nous dit-on, qu'on ait trop de laboureurs, et qu'on craigne de manquer de philosophes. Je demanderai à mon tour si l'on craint que les professions lucratives ne manquent de sujets pour les exercer. C'est bien mal connoître l'empire de la cupidité. Tout nous jette dès notre enfance dans les conditions utiles. Et quels préjugés n'a-t-on pas à vaincre, quel courage ne faut-il pas pour oser n'être qu'un Descartes, un Newton, un Locke !

Leibnitz et Newton sont morts comblés de biens et d'honneurs, et ils en méritoient encore davantage. Dirons-nous que c'est par modération qu'ils ne se sont point élevés jusqu'à la charrue ? Je connois assez l'empire de la cupidité pour savoir que tout nous porte aux professions lucratives; voilà pourquoi je dis que tout nous éloigne des professions utiles. Un Hébert, un Lafrenaye, un Dulac, un Martin, gagnent plus d'argent en un jour que tous les laboureurs d'une province ne sauroient faire en un mois. Je pourrois proposer un problème assez singulier sur le passage qui m'occupe actuellement. Ce seroit, en ôtant les deux premières lignes et le lisant isolé, de deviner s'il est tiré de mes écrits ou de ceux de mes adversaires.

Les bons livres sont la seule défense des esprits foibles, c'est-à-dire des trois quarts des hommes, contre la contagion de l'exemple. Premièrement, les savants ne feront jamais autant de bons livres qu'ils donnent de mauvais exemples. Secondement, il y aura toujours plus de mauvais livres que de bons. En troisième lieu, les meilleurs guides que les honnêtes gens puissent avoir sont la raison et la conscience : *Paucis est opus litteris ad mentem bonam.* Quant à ceux qui ont l'esprit louche ou la conscience endurcie, la lecture ne peut jamais leur être bonne à rien. Enfin, pour quelque homme que ce soit, il n'y a de livres nécessaires que ceux de la religion, les seuls que je n'ai jamais condamnés.

On prétend nous faire regretter l'éducation des Perses. Remarquez que c'est Platon qui prétend cela. J'avois cru me faire une sauvegarde de l'autorité de ce philosophe, mais je vois que rien ne me peut garantir de l'animosité de mes adversaires : *Tros Rutulusve fuat*, ils aiment mieux se percer l'un l'autre que de me donner le moindre quartier, et se font plus de mal qu'à moi [1]. *Cette éducation étoit*, dit-on, *fondée sur des principes barbares, parce qu'on donnoit un maître pour l'exercice de chaque vertu, quoique la vertu soit indivisible; parce qu'il s'agit de l'inspirer, et non de l'enseigner; d'en faire aimer la pratique, et non d'en démontrer la théorie.* Que de choses n'aurois-je point à répondre! Mais il ne faut pas faire au lecteur l'injure de lui tout dire. Je me contenterai de ces deux remarques. La première, que celui qui veut élever un enfant ne commence pas par lui dire qu'il faut pratiquer la vertu; car il n'en seroit pas entendu; mais il lui enseigne premièrement à être vrai, et puis à être tempérant, et puis courageux, etc.; et enfin il lui apprend que la collection de toutes ces choses s'appelle vertu. La seconde, que c'est nous qui nous contentons de démontrer la théorie, mais les Perses enseignoient la pratique. Voyez mon Discours, page 36, note.

Tous les reproches qu'on fait à la philosophie attaquent l'esprit humain.... J'en conviens. *Ou plutôt l'auteur de la nature, qui nous a faits tels*

---

[1] Il me passe par la tête un nouveau projet de défense, et je ne réponds pas que je n'aie encore la foiblesse de l'exécuter quelque jour. Cette défense ne sera composée que de raisons tirées des philosophes : d'où il s'ensuivra qu'ils ont tous été des bavards, comme je le prétends, si l'on trouve leurs raisons mauvaises ; ou que j'ai cause gagnée, si on les trouve bonnes.

que nous sommes. S'il nous a faits philosophes, à quoi bon nous donner tant de peine pour le devenir? Les philosophes étoient des hommes, ils se sont trompés; doit-on s'en étonner ? C'est quand ils ne se tromperont plus qu'il faudra s'en étonner. *Plaignons-les, profitons de leurs fautes, et corrigeons-nous.* Oui, corrigeons-nous, et ne philosophons plus. *Mille routes conduisent à l'erreur, une seule mène à la vérité....* Voilà précisément ce que je disois. *Faut-il être surpris qu'on se soit mépris si souvent sur celle-ci, et qu'elle ait été découverte si tard?* Ah! nous l'avons donc trouvée, à la fin.

On nous oppose un jugement de Socrate, qui porta, non sur les savants, mais sur les sophistes, non sur les sciences, mais sur l'abus qu'on en peut faire. Que peut demander de plus celui qui soutient que toutes nos sciences ne sont qu'abus, et tous nos savants que de vrais sophistes? *Socrate étoit chef d'une secte qui enseignoit à douter.* Je rabattrois bien de ma vénération pour Socrate si je croyois qu'il eût eu la sotte vanité de vouloir être chef de secte. *Et il censuroit avec justice l'orgueil de ceux qui prétendoient tout savoir.* C'est-à-dire l'orgueil de tous les savants. *La vraie science est bien éloignée de cette affectation.* Il est vrai, mais c'est de la nôtre que je parle. *Socrate est ici témoin contre lui-même.* Ceci me paroît difficile à entendre. *Le plus savant des Grecs ne rougissoit point de son ignorance.* Le plus savant des Grecs ne savoit rien, de son propre aveu; tirez la conclusion pour les autres. *Les sciences n'ont donc pas leurs sources dans nos vices.* Nos sciences ont donc leurs sources dans nos vices. *Elles ne sont donc pas toutes nées de l'orgueil humain.* J'ai déjà dit mon sentiment là-dessus. *Déclamation vaine, qui ne peut faire illusion qu'à des esprits prévenus.* Je ne sais point répondre à cela.

En parlant des bornes du luxe, on prétend qu'il ne faut pas raisonner sur cette matière du passé au présent. *Lorsque les hommes marchoient tout nus, celui qui s'avisa le premier de porter des sabots passa pour un voluptueux; de siècle en siècle on n'a cessé de crier à la corruption, sans comprendre ce qu'on vouloit dire.*

Il est vrai que, jusqu'à ce temps, le luxe, quoique souvent en règne, avoit du moins été regardé dans tous les âges comme la source funeste d'une infinité de maux. Il étoit réservé à M. Melon de publier le premier cette doctrine empoisonnée [1], dont la nouveauté lui a acquis plus de sectateurs que la solidité de ses raisons. Je ne crains point de combattre seul dans mon siècle ces maximes odieuses qui ne tendent qu'à détruire et avilir la

---

[1] *Dans un ouvrage intitulé : Essai politique sur le Commerce, 1736, in-12, 2ᵉ édition.

vertu, et à faire des riches et des misérables, c'est-à-dire toujours des méchants.

On croit m'embarrasser beaucoup en me demandant à quel point il faut borner le luxe. Mon sentiment est qu'il n'en faut point du tout. Tout est source de mal au-delà du nécessaire physique. La nature ne nous donne que trop de besoins; et c'est au moins une très-haute imprudence de les multiplier sans nécessité, et de mettre ainsi son ame dans une plus grande dépendance. Ce n'est pas sans raison que Socrate, regardant l'étalage d'une boutique, se félicitoit de n'avoir affaire de rien de tout cela. Il y a cent à parier contre un que le premier qui porta des sabots étoit un homme punissable, à moins qu'il n'eût mal aux pieds. Quant à nous, nous sommes trop obligés d'avoir des souliers, pour n'être pas dispensés d'avoir de la vertu.

J'ai déjà dit ailleurs que je ne proposois point de bouleverser la société actuelle, de brûler les bibliothéques et tous les livres, de détruire les colléges et les académies; et je dois ajouter ici que je ne propose point non plus de réduire les hommes à se contenter du simple nécessaire. Je sens bien qu'il ne faut pas former le chimérique projet d'en faire d'honnêtes gens; mais je me suis cru obligé de dire, sans déguisement, la vérité qu'on m'a demandée. J'ai vu le mal et tâché d'en trouver les causes; d'autres, plus hardis ou plus insensés, pourront chercher le remède.

Je me lasse, et je pose la plume pour ne la plus reprendre dans cette trop longue dispute. J'apprends qu'un très-grand nombre d'auteurs[1] se sont exercés à me réfuter : je suis très-fâché de ne pouvoir répondre à tous; mais je crois avoir montré, par ceux que j'ai choisis[2] pour cela, que ce n'est pas la crainte qui me retient à l'égard des autres.

J'ai tâché d'élever un monument qui ne dût point à l'art sa force et sa solidité : la vérité seule, à qui je l'ai consacré, a droit de le rendre inébranlable; et si je repousse encore une fois les coups qu'on lui porte, c'est plus pour m'honorer moi-même en la défendant que pour lui prêter un secours dont elle n'a pas besoin.

Qu'il me soit permis de protester, en finissant, que le seul amour de l'humanité et de la vertu m'a fait rompre le silence, et que l'amertume de mes

---

[1] Il n'y a pas jusqu'à de petites feuilles critiques faites pour l'amusement des jeunes gens, où l'on ne m'ait fait l'honneur de se souvenir de moi. Je ne les ai point lues et ne les lirai point très-assurément; mais rien ne m'empêche d'en faire le cas qu'elles méritent, et je ne doute point que tout cela ne soit fort plaisant.

[2] On m'assure que M. Gautier m'a fait l'honneur de me répliquer, quoique je ne lui eusse point répondu, et que j'eusse même exposé mes raisons pour n'en rien faire. Apparemment que M. Gautier ne trouve pas ces raisons bonnes, puisqu'il prend la peine de les réfuter. Je vois bien qu'il faut céder à M. Gautier, et je conviens de très-bon cœur du tort que j'ai eu de ne lui pas répondre; ainsi nous voilà d'accord. Mon regret est de ne pouvoir réparer ma faute; car par malheur il n'est plus temps, et personne ne sauroit de quoi je veux parler.

invectives contre les vices dont je suis le témoin ne naît que de la douleur qu'ils m'inspirent, et du désir ardent que j'aurois de voir les hommes plus heureux, et surtout plus dignes de l'être.

LETTRE

DE JEAN-JACQUES ROUSSEAU

Sur une nouvelle Réfutation de son Discours par un académicien de Dijon.

Je viens, monsieur, de voir une brochure intitulée, *Discours qui a remporté le prix à l'Académie de Dijon en 1750; etc.*, accompagné de la réfutation de ce discours par un académicien de Dijon qui lui a refusé son suffrage[1]; et je pensois, en parcourant cet écrit, qu'au lieu de s'abaisser jusqu'à être l'éditeur de mon Discours, l'académicien qui lui refusa son suffrage auroit bien dû publier l'ouvrage auquel il l'avoit accordé : c'eût été une très-bonne manière de réfuter le mien.

Voilà donc un de mes juges qui ne dédaigne pas de devenir un de mes adversaires, et qui trouve très-mauvais que ses collègues m'aient ho-

---

[1] * Le véritable auteur de cette *Réfutation* étoit un M. Le Cat, secrétaire perpétuel de l'Académie de Rouen. Son écrit, publié en 1751, occasiona un *désaveu* que fit imprimer l'Académie de Dijon peu de temps après, désaveu auquel Le Cat répondit par des *observations* où il se fit connoître lui-même pour l'auteur de la Réfutation nouvelle. L'écrit de Le Cat, le désaveu de l'Académie et les observations en réponse, ont été réunis et réimprimés dans l'édition de Genève, 1er volume du supplément.

noré du prix : j'avoue que j'en ai été fort étonné moi-même ; j'avois tâché de le mériter, mais je n'avois rien fait pour l'obtenir. D'ailleurs, quoique je susse que les académies n'adoptent point les sentimens des auteurs qu'elles couronnent, et que le prix s'accorde, non à celui qu'on croit avoir soutenu la meilleure cause, mais à celui qui a le mieux parlé ; même en me supposant dans ce cas, j'étois bien éloigné d'attendre d'une académie cette impartialité dont les savans ne se piquent nullement toutes les fois qu'il s'agit de leurs intérêts.

Mais si j'ai été surpris de l'équité de mes juges, j'avoue que je ne le suis pas moins de l'indiscrétion de mes adversaires : comment osent-ils témoigner si publiquement leur mauvaise humeur sur l'honneur que j'ai reçu ? comment n'aperçoivent-ils point le tort irréparable qu'ils font en cela à leur propre cause ? Qu'ils ne se flattent pas que personne prenne le change sur le sujet de leur chagrin : ce n'est pas parce que mon Discours est mal fait qu'ils sont fâchés de le voir couronné ; on en couronne tous les jours d'aussi mauvais, et ils ne disent mot ; c'est par une autre raison qui touche de plus près à leur métier, et qui n'est pas difficile à voir. Je savois bien que les sciences corrompoient les mœurs, rendoient les hommes injustes et jaloux, et leur faisoient tout sacrifier à leur intérêt et à leur vaine gloire ; mais j'avois cru m'apercevoir que cela se faisoit avec un peu plus de décence et d'adresse : je voyois que les gens de lettres parloient sans cesse d'équité, de modération, de vertu, et que c'étoit sous la sauvegarde sacrée de ces beaux mots qu'ils se livroient impunément à leurs passions et à leurs vices ; mais je n'aurois jamais cru qu'ils eussent le front de blâmer publiquement l'impartialité de leurs confrères. Partout ailleurs c'est la gloire des juges de prononcer selon l'équité contre leur propre intérêt ; il n'appartient qu'aux sciences de faire à ceux qui les cultivent un crime de leur intégrité : voilà vraiment un beau privilége qu'elles ont là !

J'ose le dire, l'Académie de Dijon, en faisant beaucoup pour ma gloire, a beaucoup fait pour la sienne : un jour à venir les adversaires de ma cause tireront avantage de ce jugement pour prouver que la culture des lettres peut s'associer avec l'équité et le désintéressement. Alors les partisans de la vérité leur répondront : Voilà un exemple particulier qui semble faire contre nous ; mais souvenez-vous du scandale que ce jugement causa dans le temps parmi la foule des gens de lettres, et de la manière dont ils s'en plaignirent, et tirez de là une juste conséquence sur leurs maximes.

Ce n'est pas, à mon avis, une moindre imprudence de se plaindre que l'Académie ait proposé son sujet en problème. Je laisse à part le peu de vraisemblance qu'il y avoit que, dans l'enthousiasme universel qui règne aujourd'hui, quelqu'un eût le courage de renoncer volontairement au prix, en se déclarant pour la négative; mais je ne sais comment des philosophes osent trouver mauvais qu'on leur offre des voies de discussion : bel amour de la vérité, qui tremble qu'on n'examine le pour et le contre! Dans les recherches de philosophie, le meilleur moyen de rendre un sentiment suspect c'est de donner l'exclusion au sentiment contraire : quiconque s'y prend ainsi a bien l'air d'un homme de mauvaise foi, qui se défie de la bonté de sa cause. Toute la France est dans l'attente de la pièce qui remportera cette année le prix à l'Académie Françoise[1] : non seulement elle effacera très-certainement mon Discours, ce qui ne sera guère difficile; mais on ne sauroit même douter qu'elle ne soit un chef-d'œuvre. Cependant, que fera cela à la solution de la question? rien du tout; car chacun dira, après l'avoir lue : *Ce discours est fort beau; mais si l'auteur avoit eu la liberté de prendre le sentiment contraire, il en eût peut-être fait un plus beau encore.*

J'ai parcouru la nouvelle Réfutation, car c'en est encore une; et je ne sais par quelle fatalité les écrits de mes adversaires qui portent ce titre si décisif sont toujours ceux où je suis le plus mal réfuté. Je l'ai donc parcourue cette réfutation,

---

[1] * Voyez ci-devant la note 2 de la page 73.

sans avoir le moindre regret à la résolution que j'ai prise de ne plus répondre à personne ; je me contenterai de citer un seul passage, sur lequel le lecteur pourra juger si j'ai tort ou raison ; le voici :

Je conviendrai qu'on peut être honnête homme sans talents ; mais n'est-on engagé dans la société qu'à être honnête homme ? Et qu'est-ce qu'un honnête homme ignorant et sans talents ? un fardeau inutile, à charge même à la terre, etc. Je ne répondrai pas, sans doute, à un auteur capable d'écrire de cette manière ; mais je crois qu'il peut m'en remercier.

Il n'y auroit guère moyen, non plus, à moins que de vouloir être aussi diffus que l'auteur, de répondre à la nombreuse collection des passages latins, des vers de La Fontaine, de Boileau, de Molière, de Voiture, de Regnard, de M. Gresset, ni à l'histoire de Nemrod, ni à celle des paysans picards ; car que peut-on dire à un philosophe qui nous assure qu'il veut du mal aux ignorants parce que son fermier de Picardie, qui n'est pas un docteur, le paie exactement, à la vérité, mais ne lui donne pas assez d'argent de sa terre ? L'auteur est si occupé de ses terres qu'il me parle même de la mienne. Une terre à moi ! la terre de Jean-Jacques Rousseau ! En vérité je lui conseille de me calomnier [1] plus adroitement.

---

[1] Si l'auteur me fait l'honneur de réfuter cette lettre, il ne faut pas douter qu'il ne me prouve dans une belle et docte démonstra-

Si j'avois à répondre à quelque partie de la Réfutation, ce seroit aux personnalités dont cette critique est remplie; mais, comme elles ne font rien à la question, je ne m'écarterai point de la constante maxime que j'ai toujours suivie de me renfermer dans le sujet que je traite, sans y mêler rien de personnel : le véritable respect qu'on doit au public est de lui épargner, non de tristes vérités qui peuvent lui être utiles, mais bien toutes les petites hargneries d'auteurs [1] dont on remplit les écrits polémiques, et qui ne sont bonnes qu'à satisfaire une honteuse animosité. On veut que j'aie pris dans Clénard [2] un mot de Cicéron, soit ; que

tion, soutenue de très-graves autorités, que ce n'est point un crime d'avoir une terre. En effet, il se peut que ce n'en soit pas un pour d'autres, mais c'en seroit un pour moi.

[1] On peut voir dans le Discours de Lyon un très-beau modèle de la manière dont il convient aux philosophes d'attaquer et de combattre sans personnalités et sans invectives. Je me flatte qu'on trouvera aussi dans ma Réponse, qui est sous presse, un exemple de la manière dont on peut défendre ce qu'on croit vrai, avec la force dont on est capable, sans aigreur contre ceux qui l'attaquent.

[2] Si je disois qu'une si bizarre citation vient à coup sûr de quelqu'un à qui la Méthode grecque de Clénard est plus familière que les Offices de Cicéron, et qui par conséquent semble se porter assez gratuitement pour défenseur des bonnes lettres ; si j'ajoutois qu'il y a des professions, comme par exemple la chirurgie, où l'on emploie tant de termes dérivés du grec, que cela met ceux qui les exercent dans la nécessité d'avoir quelques notions élémentaires de cette langue ; ce seroit prendre le ton du nouvel adversaire, et répondre comme il auroit pu faire à ma place. Je puis répondre, moi, que, quand j'ai hasardé le mot *investigation*, j'ai voulu rendre un service à la langue, en essayant d'y introduire un

j'aie fait des solécismes, à la bonne heure; que je cultive les belles-lettres et la musique, malgré le mal que j'en pense, j'en conviendrai si l'on veut : je dois porter dans un âge plus raisonnable la peine des amusements de ma jeunesse. Mais enfin qu'importe tout cela et au public et à la cause des sciences? Rousseau peut mal parler françois, et que la grammaire n'en soit pas plus utile à la vertu. Jean-Jacques peut avoir une mauvaise conduite, et que celle des savants n'en soit pas meilleure. Voilà toute la réponse que je ferai, et, je crois, toutes celles que je dois faire à la nouvelle Réfutation.

terme doux, harmonieux, dont le sens est déjà connu, et qui n'a point de synonyme en françois. C'est, je crois, toutes les conditions qu'on exige pour autoriser cette liberté salutaire :

Ego cur, acquirere pauca
Si possum, invideor, cum lingua Catonis et Enni
Sermonem patrium ditaverit ?

J'ai surtout voulu rendre exactement mon idée. Je sais, il est vrai, que la première règle de tous nos écrivains est d'écrire correctement, et, comme ils le disent, de parler françois; c'est qu'ils ont des prétentions, et qu'ils veulent passer pour avoir de la correction et de l'élégance. Ma première règle, à moi qui ne me soucie nullement de ce qu'on pensera de mon style, est de me faire entendre. Toutes les fois qu'à l'aide de dix solécismes je pourrai m'exprimer plus fortement ou plus clairement, je ne balancerai jamais. Pourvu que je sois bien compris des philosophes, je laisse volontiers les puristes courir après les mots.

* Hor., *de Arte poet.*, v. 55.

Je finirai cette lettre, et ce que j'ai à dire sur un sujet si long-temps débattu, par un conseil à mes adversaires, qu'ils mépriseront à-coup sûr, et qui pourtant seroit plus avantageux qu'ils ne pensent au parti qu'ils veulent défendre; c'est de ne pas tellement écouter leur zèle, qu'ils négligent de consulter leurs forces, et *quid valeant humeri*. Ils me diront sans doute que j'aurois dû prendre cet avis pour moi-même, et cela peut être vrai; mais il y a au moins cette différence, que j'étois seul de mon parti, au lieu que, le leur étant celui de la foule, les derniers venus sembloient dispensés de se mettre sur les rangs, ou obligés de faire mieux que les autres.

De peur que cet avis ne paroisse téméraire ou présomptueux, je joins ici un échantillon des raisonnements de mes adversaires, par lequel on pourra juger de la justesse et de la force de leurs critiques : *Les peuples de l'Europe*, ai-je dit, *vivoient, il y a quelques siècles, dans un état pire que l'ignorance; je ne sais quel jargon scientifique, encore plus méprisable qu'elle, avoit usurpé le nom du savoir, et opposoit à son retour un obstacle presque invincible : il falloit une révolution pour ramener les hommes au sens commun.* Les peuples avoient perdu le sens commun, non parce qu'ils étoient ignorants, mais parce qu'ils avoient la bêtise de croire savoir quelque chose avec les grands mots d'Aristote et l'impertinente doctrine de Raymond Lulle ; il falloit une révolution pour leur apprendre qu'ils ne savoient rien, et nous en aurions grand besoin d'une autre pour nous apprendre la même vérité. Voici là-dessus l'argument de mes adversaires : *Cette révolution est due aux lettres, elles ont ramené le sens commun, de l'aveu de l'auteur; mais aussi, selon lui, elles ont corrompu les mœurs : il faut donc qu'un peuple renonce au sens commun pour avoir de bonnes mœurs.* Trois écrivains de suite ont répété ce beau raisonnement : je leur demande maintenant lequel ils aiment mieux que j'accuse, ou leur esprit de n'avoir pu pénétrer le sens très-clair de ce passage, ou leur mauvaise foi d'avoir feint de ne pas l'entendre. Ils sont gens de lettres, ainsi leur choix ne sera pas douteux. Mais que dirons-nous des plaisantes interprétations qu'il plaît à ce dernier adversaire de prêter à la figure de mon frontispice[1]? J'aurois cru faire injure aux lecteurs, et les traiter comme des enfants, de leur interpréter une allégorie si claire, de leur dire que le flambeau de Prométhée est celui des sciences, fait pour animer les grands génies ; que le satyre qui, voyant le feu pour la première fois, court à lui et veut l'embrasser, représente les hommes vulgaires qui, séduits par l'éclat des lettres, se livrent indiscrètement à l'étude ; que le Prométhée qui crie et les

---

[1] * Voyez la note de la page 23.

avertit du danger est le citoyen de Genève. Cette allégorie est juste, belle; j'ose la croire sublime. Que doit-on penser d'un écrivain qui l'a méditée, et qui n'a pu parvenir à l'entendre? On peut croire que cet homme-là n'eût pas été un grand docteur parmi les Égyptiens ses amis.

Je prends donc la liberté de proposer à mes adversaires, et surtout au dernier, cette sage leçon d'un philosophe sur un autre sujet : Sachez qu'il n'y a point d'objections qui puissent faire autant de tort à votre parti que les mauvaises réponses; sachez que, si vous n'avez rien dit qui vaille, on avilira votre cause en vous faisant l'honneur de croire qu'il n'y avoit rien de mieux à dire.

Je suis, etc.

1. * Ainsi finit, après deux ans de querelles et de combats, cette guerre qui divisa la république des lettres, ou plutôt où l'on vit la foule des littérateurs se réunir pour attaquer le citoyen de Genève; car il étoit seul contre tous.

Au reste, Rousseau a passé une seconde fois en revue toutes les objections de ses adversaires, et y a répondu en peu de pages dans la préface de sa comédie de *Narcisse*. Voyez cette préface qu'il dit dans ses *Confessions* être *un de ses bons écrits*, et qui est comme le résumé de toute sa doctrine sur les sciences et les arts.

DISCOURS

SUR CETTE QUESTION

Proposée en 1751 par l'Académie de Corse :

QUELLE EST LA VERTU LA PLUS NÉCESSAIRE AUX HÉROS, ET QUELS SONT LES HÉROS A QUI CETTE VERTU A MANQUÉ?

AVERTISSEMENT.

Cette pièce est très-mauvaise, et je le sentis si bien après l'avoir écrite, que je ne daignai pas même l'envoyer. Il est aisé de faire moins mal sur le même sujet, mais non pas de faire bien, car il n'y a jamais de bonne réponse à faire à des questions frivoles. C'est toujours une leçon utile à tirer d'un mauvais écrit [1].

---

[1] * Voyez dans la *Correspondance* la lettre à M. Lalliaud, du 18 février 1769, et les lettres à du Peyrou, des 18 janvier et 28 février, même année.

DISCOURS

SUR CETTE QUESTION :

QUELLE EST LA VERTU LA PLUS NÉCESSAIRE AUX HÉROS,
ET QUELS SONT LES HÉROS A QUI CETTE VERTU A MANQUÉ?

Si je n'étois Alexandre, disoit ce conquérant, je voudrois être Diogène. Le philosophe eût-il dit : Si je n'étois ce que je suis, je voudrois être Alexandre? J'en doute; un conquérant consentiroit plutôt d'être un sage qu'un sage d'être un conquérant. Mais quel homme au monde ne consentiroit pas d'être un héros? On sent donc que l'héroïsme a des vertus à lui, qui ne dépendent point de la fortune, mais qui ont besoin d'elle pour se développer. Le héros est l'ouvrage de la nature, de la fortune et de lui-même. Pour bien le définir, il faudroit assigner ce qu'il tient de chacun des trois.

Toutes les vertus appartiennent au sage. Le héros se dédommage de celles qui lui manquent par l'éclat de celles qu'il possède. Les vertus du premier sont tempérées, mais il est exempt de vices; si le second à des défauts, ils sont effacés par l'éclat de ses vertus. L'un, toujours vrai, n'a point de mauvaises qualités; l'autre, toujours grand, n'en a point de médiocres. Tous deux sont fermes et inébranlables, mais de différentes manières et en différentes choses : l'un ne cède jamais que par raison, l'autre jamais que par générosité ; les foiblesses sont aussi peu connues du sage que les lâchetés le sont peu du héros ; et la violence n'a pas plus d'empire sur l'ame de celui-ci que les passions sur celle de l'autre.

Il y a donc plus de solidité dans le caractère du sage, et plus d'éclat dans celui du héros ; et la préférence se trouveroit décidée en faveur du premier, en se contentant de les considérer ainsi en eux-mêmes. Mais si nous les envisageons par leur rapport avec l'intérêt de la société, de nouvelles réflexions produiront bientôt d'autres jugements, et rendront aux qualités héroïques cette prééminence qui leur est due, et qui leur a été accordée dans tous les siècles, d'un commun consentement.

En effet, le soin de sa propre félicité fait toute l'occupation du sage, et c'en est bien assez sans doute pour remplir la tâche d'un homme ordinaire. Les vues du vrai héros s'étendent plus loin ; le bonheur des hommes est son objet, et c'est à ce sublime travail qu'il consacre la grande ame qu'il a reçue du ciel. Les philosophes, je l'avoue, prétendent enseigner aux hommes l'art d'être heureux ; et, comme s'ils devoient s'attendre à former des nations de sages, ils prêchent aux peuples une félicité chimérique qu'ils n'ont pas eux-mêmes, et dont ceux-ci ne prennent jamais ni l'idée ni le goût. Socrate vit et déplora les malheurs de sa patrie ; mais c'est à Thrasybule qu'il étoit réservé de les finir ; et Platon, après avoir perdu son éloquence, son honneur et son temps à la cour d'un tyran, fut contraint d'abandonner à un autre la gloire de délivrer Syracuse du joug de la tyrannie. Le philosophe peut donner à l'univers quelques instructions salutaires ; mais ces leçons ne corrigeront jamais ni les grands qui les méprisent, ni le peuple qui ne les entend point. Les hommes ne se gouvernent pas ainsi par des vues abstraites ; on ne les rend heureux qu'en les contraignant à l'être, et il faut leur faire éprouver le bonheur pour le leur faire aimer : voilà l'occupation et les talents du héros ; c'est souvent la force à la main qu'il se met en état de recevoir les bénédictions des hommes qu'il contraint d'abord à porter le joug des lois pour les soumettre enfin à l'autorité de la raison.

L'héroïsme est donc de toutes les qualités de l'ame celle dont il importe le plus aux peuples que ceux qui les gouvernent soient revêtus. C'est la collection d'un grand nombre de vertus sublimes, rares dans leur assemblage, plus rares dans leur énergie, et d'autant plus rares encore, que l'héroïsme qu'elles constituent, détaché de tout intérêt personnel, n'a pour objet que la félicité des autres, et pour prix que leur admiration.

Je n'ai rien dit ici de la gloire légitimement due

aux grandes actions; je n'ai point parlé de la force de génie ni des autres qualités personnelles nécessaires au héros, et qui, sans être vertus, servent souvent plus qu'elles au succès des grandes entreprises. Pour placer le vrai héros à son rang, je n'ai eu recours qu'à ce principe incontestable : que c'est entre les hommes celui qui se rend le plus utile aux autres qui doit être le premier de tous. Je ne crains point que les sages appellent d'une décision fondée sur cette maxime.

Il est vrai, et je me hâte de l'avouer, qu'il se présente dans cette manière d'envisager l'héroïsme une objection qui semble d'autant plus difficile à résoudre qu'elle est tirée du fond même du sujet.

Il ne faut point, disoient les anciens, deux soleils dans la nature, ni deux Césars sur la terre. En effet, il en est de l'héroïsme comme de ces métaux recherchés dont le prix consiste dans leur rareté, et que leur abondance rendroit pernicieux ou inutiles. Celui dont la valeur a pacifié le monde l'eût désolé s'il y eût trouvé un seul rival digne de lui. Telles circonstances peuvent rendre un héros nécessaire au salut du genre humain ; mais, en quelque temps que ce soit, un peuple de héros en seroit infailliblement la ruine, et, semblable aux soldats de Cadmus, il se détruiroit bientôt lui-même.

Quoi donc ! me dira-t-on, la multiplication des bienfaiteurs du genre humain peut-elle être dangereuse aux hommes, et peut-il y avoir trop de gens qui travaillent au bonheur de tous? Oui, sans doute, répondrai-je, quand ils s'y prennent mal, ou qu'ils ne s'en occupent qu'en apparence. Ne nous dissimulons rien ; la félicité publique est bien moins la fin des actions du héros qu'un moyen pour arriver à celle qu'il se propose ; et cette fin est presque toujours sa gloire personnelle. L'amour de la gloire a fait des biens et des maux innombrables ; l'amour de la patrie est plus pur dans son principe et plus sûr dans ses effets : aussi le monde a-t-il été souvent surchargé de héros ; mais les nations n'auront jamais assez de citoyens. Il y a bien de la différence entre l'homme vertueux et celui qui a des vertus : celles du héros ont rarement leur source dans la pureté de l'ame ; et, semblables à ces drogues salutaires, mais peu agissantes, qu'il faut animer par des sels âcres et corrosifs, on diroit qu'elles aient besoin du concours de quelques vices pour leur donner de l'activité.

Il ne faut donc pas se représenter l'héroïsme sous l'idée d'une perfection morale, qui ne lui convient nullement, mais comme un composé de bonnes et mauvaises qualités, salutaires ou nuisibles, selon les circonstances, et combinées dans une telle proportion qu'il en résulte souvent plus de fortune et de gloire pour celui qui les possède, et quelquefois même plus de bonheur pour les peuples, que d'une vertu plus parfaite.

De ces notions bien développées il s'ensuit qu'il peut y avoir bien des vertus contraires à l'héroïsme; d'autres qui lui soient indifférentes; que d'autres lui sont plus ou moins favorables, selon leurs différents rapports avec le grand art de subjuguer les cœurs et d'enlever l'admiration des peuples; et qu'enfin parmi ces dernières il doit y en avoir quelqu'une qui lui soit plus nécessaire, plus essentielle, plus indispensable, et qui le caractérise en quelque manière : c'est cette vertu spéciale et proprement héroïque qui doit être ici l'objet de mes recherches.

Rien n'est si décisif que l'ignorance; et le doute est aussi rare parmi le peuple que l'affirmation chez les vrais philosophes. Il y a long-temps que le préjugé vulgaire a prononcé sur la question que nous agitons aujourd'hui; et que la valeur guerrière passe chez la plupart des hommes pour la première vertu du héros. Osons appeler de ce jugement aveugle au tribunal de la raison; et que les préjugés, si souvent ses ennemis et ses vainqueurs, apprennent à lui céder à leur tour.

Ne nous refusons point à la première réflexion que ce sujet fournit, et convenons d'abord que les peuples ont bien inconsidérément accordé leur estime et leur encens à la vaillance martiale, ou que c'est en eux une inconséquence bien odieuse de croire que ce soit par la destruction des hommes que les bienfaiteurs du genre humain annoncent, leur caractère. Nous sommes à la fois bien maladroits et bien malheureux, si ce n'est qu'à force de nous désoler qu'on peut exciter notre admiration. Faut-il donc croire que, si jamais les jours de bonheur et de paix renaissoient parmi nous, ils en banniroient l'héroïsme avec le cortége affreux des calamités publiques, et que les héros seroient tous relégués dans le temple de Janus, comme on enferme, après la guerre, de vieilles et inutiles armes dans nos arsenaux?

Je sais qu'entre les qualités qui doivent former le grand homme, le courage est quelque chose; mais hors du combat la valeur n'est rien. Le brave ne fait ses preuves qu'aux jours de bataille : le vrai héros fait les siennes tous les jours; et ses vertus, pour se montrer quelquefois en pompe, n'en sont pas d'un usage moins fréquent sous un extérieur plus modeste.

Osons le dire. Tant s'en faut que la valeur soit la première vertu du héros, qu'il est douteux même qu'on la doive compter au nombre des vertus. Comment pourroit-on honorer de ce titre une qualité sur laquelle tant de scélérats ont fondé leurs crimes? Non, jamais les Catilina ni les Cromwell n'eussent rendu leurs noms célèbres; jamais l'un n'eût tenté la ruine de sa patrie, ni l'autre asservi la sienne, si la plus inébranlable intrépidité n'eût fait le fond de leur caractère. Avec quelques vertus de plus, me direz-vous, ils eussent été des héros;

dites plutôt qu'avec quelques crimes de moins ils eussent été des hommes.

Je ne passerai point ici en revue ces guerriers funestes, la terreur et le fléau du genre humain, ces hommes avides de sang et de conquêtes, dont on ne peut prononcer les noms sans frémir, des Marius, des Totila, des Tamerlan. Je ne me prévaudrai point de la juste horreur qu'ils ont inspirée aux nations. Et qu'est-il besoin de recourir à des monstres pour établir que la bravoure même la plus généreuse est plus suspecte dans son principe, plus journalière dans ses exemples, plus funeste dans ses effets, qu'il n'appartient à la constance, à la solidité et aux avantages de la vertu ? Combien d'actions mémorables ont été inspirées par la honte ou par la vanité ! Combien d'exploits, exécutés à la face du soleil, sous les yeux des chefs, et en présence de toute une armée, ont été démentis dans le silence et l'obscurité de la nuit ! Tel est brave au milieu de ses compagnons, qui ne seroit qu'un lâche, abandonné à lui-même : tel a la tête d'un général, qui n'eût jamais le cœur d'un soldat : tel affronte sur une brèche la mort et le fer de son ennemi, qui dans le secret de sa maison ne peut soutenir la vue du fer salutaire d'un chirurgien.

Un tel étoit brave un tel jour, disoient les Espagnols du temps de Charles-Quint, et ces gens-là se connoissoient en bravoure. En effet, rien peut-être n'est si journalier que la valeur, et il y a bien peu de guerriers sincères qui osassent répondre d'eux seulement pour vingt-quatre heures. Ajax épouvante Hector; Hector épouvante Ajax et fuit devant Achille. Antiochus-le-Grand fut brave la moitié de sa vie, et lâche l'autre moitié. Le triomphateur des trois parties du monde perdit le cœur et la tête à Pharsale. César lui-même fut ému à Dyrrachium, et eut peur à Munda; et le vainqueur de Brutus s'enfuit lâchement devant Octave, et abandonna la victoire et l'empire du monde à celui qui tenoit de lui l'un et l'autre. Croira-t-on que ce soit faute d'exemples modernes que je n'en cite ici que d'anciens?

Qu'on ne nous dise donc plus que la palme héroïque n'appartient qu'à la valeur et aux talents militaires. Ce n'est point sur les exploits des grands hommes que leur réputation est mesurée. Cent fois les vaincus ont remporté le prix de la gloire sur les vainqueurs. Qu'on recueille les suffrages; et qu'on me dise lequel est le plus grand d'Alexandre ou de Porus, de Pyrrhus ou de Fabrice, d'Antoine ou de Brutus, de François Ier dans les fers ou de Charles-Quint triomphant, de Valois vainqueur ou de Coligni vaincu.

Que dirons-nous de ces grands hommes qui, pour n'avoir point souillé leurs mains dans le sang, n'en sont que plus sûrement immortels? Que dirons-nous du législateur de Sparte, qui, après avoir goûté le plaisir de régner, eut le courage de rendre la couronne au légitime possesseur qui ne la lui demandoit pas; de ce doux et pacifique citoyen qui savoit venger ses injures non par la mort de l'offenseur, mais en le rendant honnête homme? Faudra-t-il démentir l'oracle qui lui accorda presque les honneurs divins, et refuser l'héroïsme à celui qui a fait des héros de tous ses compatriotes? Que dirons-nous du législateur d'Athènes, qui sut garder sa liberté et sa vertu à la cour même des tyrans, et osa soutenir en face, à un monarque opulent, que la puissance et les richesses ne rendent point un homme heureux? Que dirons-nous du plus grand des Romains et du plus vertueux des hommes, de ce modèle des citoyens, auquel seul l'oppresseur de la patrie fit l'honneur de le haïr assez pour prendre la plume contre lui, même après sa mort? Ferons-nous cet affront à l'héroïsme d'en refuser le titre à Caton d'Utique? Et pourtant cet homme ne s'est point illustré dans les combats et n'a point rempli le monde du bruit de ses exploits. Je me trompe; il en a fait un, le plus difficile qui ait jamais été entrepris et le seul qui ne sera point imité, quand d'un corps de gens de guerre il forma une société d'hommes sages, équitables et modestes.

On sait assez que le partage d'Auguste n'étoit pas la valeur. Ce n'est point aux rives d'Actium ni dans les plaines de Philippes qu'il a cueilli les lauriers qui l'ont immortalisé, mais bien dans Rome pacifique et rendue heureuse. L'univers soumis a moins fait pour la gloire et pour la sûreté de sa vie que l'équité de ses lois et le pardon de Cinna : tant les vertus sociales sont, dans les héros mêmes, préférables au courage! Le plus grand capitaine du monde meurt assassiné en plein sénat pour un peu de hauteur indiscrète, pour avoir voulu ajouter un vain titre à un pouvoir réel; et l'auteur odieux des proscriptions, effaçant ses forfaits à force de justice et de clémence, devient le père de sa patrie qu'il avoit désolée, et meurt adoré des Romains qu'il avoit asservis.

Qui de nous osera ôter à tous ces grands hommes la couronne héroïque dont leurs têtes immortelles sont ornées? Qui l'osera refuser à ce guerrier philosophe et bienfaisant qui, d'une main accoutumée à manier les armes, écarte de votre sein les calamités d'une longue et funeste guerre, et fait briller au milieu de vous, avec une magnificence royale, les sciences et les beaux-arts? O spectacle digne des temps héroïques! je vois les muses dans tout leur éclat marcher d'un pas assuré parmi vos bataillons, Apollon et Mars se couronner réciproquement, et votre île, encore fumante des ravages de la foudre, en braver désormais les éclats à l'abri de ces doubles lauriers. Décidez donc, citoyens illustres, lesquels ont mieux mérité la palme héroïque, des guerriers qui sont accourus à votre défense ou des sages qui font tout pour votre bonheur ; ou plutôt épargnez-vous un choix inutile, puisqu'à ce double titre vous n'aurez que les mêmes fronts à couronner.

Aux exemples qui se présentent en foule et qu'il ne m'est pas permis d'épuiser, ajoutons quelques réflexions qui confirment les inductions que j'en veux tirer ici. Assigner le premier rang à la valeur dans le caractère héroïque, ce seroit donner au bras qui exécute la préférence sur la tête qui projette. Cependant on trouve plus aisément des bras que des têtes. On peut confier à d'autres l'exécution d'un grand projet, sans en perdre le principal mérite; mais exécuter le projet d'autrui c'est rentrer volontairement dans l'ordre subalterne qui ne convient point au héros.

Ainsi, quelle que soit la vertu qui le caractérise, elle doit annoncer le génie et en être inséparable. Les qualités héroïques ont bien leur germe dans le cœur, mais c'est dans la tête qu'elles se développent et prennent de la solidité. L'ame la plus pure peut s'égarer dans la route même du bien, si l'esprit et la raison ne la guident ; et toutes les vertus s'altèrent, sans le concours de la sagesse. La fermeté dégénère aisément en opiniâtreté, la douceur en foiblesse, le zèle en fanatisme, la valeur en férocité. Souvent une grande entreprise mal concertée fait plus de tort à celui qui la manque qu'un succès mérité ne lui eût fait d'honneur ; car le mépris est ordinairement plus fort que l'estime. Il semble même que, pour établir une réputation éclatante, les talents suppléent bien plus aisément aux vertus que les vertus aux talents. Le soldat du Nord, avec un génie étroit et un courage sans bornes, perdit sans retour, dès le milieu de sa carrière, une gloire acquise par des prodiges de valeur et de générosité ; et il est encore douteux, dans l'opinion publique, si le meurtrier de Charles Stuart n'est point, avec tous ses forfaits, un des plus grands hommes qui aient jamais existé.

La bravoure ne constitue point un caractère ; et c'est au contraire du caractère de celui qui la possède qu'elle tire sa forme particulière. Elle est vertu dans une ame vertueuse, et vice dans un méchant. Le chevalier Bayard étoit brave ; Cartouche l'étoit aussi : mais croira-t-on jamais qu'ils le fussent de la même manière ? La valeur est susceptible de toutes les formes; elle est généreuse ou brutale, stupide ou éclairée, furieuse ou tranquille, selon l'ame qui la possède ; selon les circonstances, elle est l'épée du vice ou le bouclier de la vertu ; et, puisqu'elle n'annonce nécessairement ni la grandeur de l'ame ni celle de l'esprit, elle n'est point la vertu la plus nécessaire au héros. Pardonnez-le-moi, peuple vaillant et infortuné qui avez si long-temps rempli l'Europe du bruit de vos exploits et de vos malheurs. Non, ce n'est point à la bravoure de ceux de vos concitoyens qui ont versé leur sang pour leur pays que j'accorderai la couronne héroïque, mais à leur ardent amour pour la patrie, et à leur constance invincible dans l'adversité. Pour être des héros, avec de tels sentiments ils auroient même pu se passer d'être braves.

J'ai attaqué une opinion dangereuse et trop répandue ; je n'ai pas les mêmes raisons pour suivre dans tous ses détails la méthode des exclusions. Toutes les vertus naissent des différents rapports que la société a établis entre les hommes. Or, le nombre de ces rapports est presque infini. Quelle tâche seroit-ce donc d'entreprendre de les parcourir ! Elle seroit immense, puisqu'il y a parmi les hommes autant de vertus possibles que de vices réels ; elle seroit superflue, puisque dans le nombre des grandes et difficiles vertus dont le héros a besoin pour bien commander on ne sauroit comprendre comme nécessaires le grand nombre de vertus plus difficiles encore dont la multitude a besoin pour obéir. Tel a brillé dans le premier rang, qui, né dans le dernier, fût mort obscur sans s'être fait remarquer. Je ne sais ce qui fût arrivé d'Épictète placé sur le trône du monde ; mais je sais qu'à la place d'Épictète César lui-même n'eût jamais été qu'un chétif esclave.

Bornons-nous donc, pour abréger, aux divisions établies par les philosophes ; et contentons-nous de parcourir les quatre principales vertus auxquelles ils rapportent toutes les autres, bien sûrs que ce n'est pas dans les qualités accessoires, obscures et subalternes, que l'on doit chercher la base de l'héroïsme.

Mais dirons-nous que la justice soit cette base, tandis que c'est sur l'injustice même que la plupart des grands hommes ont fondé le monument de leur gloire? Les uns, enivrés d'amour pour la patrie, n'ont rien trouvé d'illégitime pour la servir, et n'ont point hésité d'employer, pour son avantage, des moyens odieux que leurs généreuses ames n'eussent jamais pu se résoudre à employer pour le leur; d'autres, dévorés d'ambition, n'ont travaillé qu'à mettre leur pays dans les fers; l'ardeur de la vengeance en a porté d'autres à le trahir. Les uns ont été d'avides conquérants, d'autres d'adroits usurpateurs, d'autres même n'ont pas eu honte de se rendre les ministres de la tyrannie d'autrui. Les uns ont méprisé leur devoir, les autres se sont joués de leur foi. Quelques-uns ont été injustes par système, d'autres par foiblesse, la plupart par ambition. Tous sont allés à l'immortalité.

La justice n'est donc pas la vertu qui caractérise le héros. On ne dira pas mieux que ce soit la tempérance ou la modération, puisque c'est pour avoir manqué de cette dernière vertu que les hommes les plus célèbres se sont rendus immortels, et que le vice opposé à l'autre n'a empêché nul d'entre eux de le devenir; pas même Alexandre, que ce vice affreux couvrit du sang de son ami; pas même César, à qui toutes les dissolutions de sa vie n'ôtèrent pas un seul autel après sa mort.

La prudence est plutôt une qualité de l'esprit qu'une vertu de l'ame. Mais, de quelque manière qu'on l'envisage, on lui trouve toujours plus de solidité que d'éclat, et elle sert plutôt à faire valoir les autres vertus qu'à briller par elle-même. La prudence, dit Montaigne, si tendre et circonspecte, est mortelle ennemie des hautes exécutions, et de tout acte véritablement héroïque : si elle prévient les grandes fautes, elle nuit aussi aux grandes entreprises; car il en est peu où il ne faille toujours donner au hasard beaucoup plus qu'il ne convient à l'homme sage. D'ailleurs le caractère de l'héroïsme est de porter au plus haut degré les vertus qui lui sont propres. Or rien n'approche tant de la pusillanimité qu'une prudence excessive; et l'on ne s'élève guère au-dessus de l'homme qu'en foulant quelquefois aux pieds la raison humaine. La prudence n'est donc point encore la vertu caractéristique du héros.

La tempérance l'est encore moins, elle à qui l'héroïsme même, qui n'est qu'une intempérance de gloire, semble donner l'exclusion. Où sont les héros que des excès de quelque espèce n'ont point avilis? Alexandre, dit-on, fut chaste; mais fut-il sobre? Cet émule du premier vainqueur de l'Inde n'imita-t-il pas ses dissolutions? ne les réunit-il pas, quand, à la suite d'une courtisane, il brûla le palais de Persépolis? Ah! que n'avoit-il une maîtresse! dans sa funeste crapule il n'eût point tué son ami. César fut sobre; mais fut-il chaste, lui qui fit connoître à Rome des prostitutions inouïes et changeoit de sexe à son gré? Alcibiade eut toutes les sortes d'intempérance, et n'en fut pas moins un des grands hommes de la Grèce. Le vieux Caton lui-même aima l'argent et le vin. Il eut des vices ignobles, et fut l'admiration des Romains. Or ce peuple se connoissoit en gloire.

L'homme vertueux est juste, prudent, modéré, sans être pour cela un héros; et trop fréquemment le héros n'est rien de tout cela. Ne craignons point d'en convenir; c'est souvent au mépris même de ces vertus que l'héroïsme a dû son éclat. Que deviennent César, Alexandre, Pyrrhus, Annibal, envisagés de ce côté? Avec quelques vices de moins, peut-être eussent-ils été moins célèbres; car la gloire est le prix de l'héroïsme; mais il en faut un autre pour la vertu.

S'il falloit distribuer les vertus à ceux à qui elles conviennent le mieux, j'assignerois à l'homme d'état la prudence, au citoyen la justice, au philosophe la modération; pour la force de l'ame, je la donnerois au héros, et il n'auroit pas à se plaindre de son partage.

En effet, la force est le vrai fondement de l'héroïsme; elle est la source ou le supplément des vertus qui le composent, et c'est elle qui le rend propre aux grandes choses. Rassemblez à plaisir les qualités qui peuvent concourir à former le grand homme; si vous n'y joignez la force pour les animer, elles tombent toutes en langueur, et l'héroïsme s'évanouit. Au contraire, la seule force de l'ame donne nécessairement un grand nombre de vertus héroïques à celui qui en est doué, et supplée à toutes les autres.

Comme on peut faire des actions de vertu sans être vertueux, on peut faire de grandes actions sans avoir droit à l'héroïsme. Le héros ne fait pas toujours de grandes actions; mais il est toujours prêt à en faire au besoin, et se montre grand dans toutes les circonstances de sa vie : voilà ce qui le distingue de l'homme vulgaire. Un infirme peut prendre la bêche et labourer quelques moments la terre; mais il s'épuise et se lasse bientôt. Un robuste laboureur ne supporte pas de grands travaux sans cesse; mais il le pourroit sans s'incommoder, et c'est à sa force corporelle qu'il doit ce pouvoir. La force de l'ame est la même chose; elle consiste à pouvoir toujours agir fortement.

Les hommes sont plus aveugles que méchants; et il y a plus de foiblesse que de malignité dans leurs vices. Nous nous trompons nous-mêmes avant que de tromper les autres, et nos fautes ne viennent que de nos erreurs; nous n'en commettons guère que parce que nous nous laissons gagner à de petits intérêts présents qui nous font oublier les choses plus importantes et plus éloignées. De là toutes les petitesses qui caractérisent le vulgaire, inconstance, légèreté, caprice, fourberie, fanatisme, cruauté : vices qui tous ont leur source dans la foiblesse de l'âme. Au contraire, tout est grand et généreux dans une ame forte, parce qu'elle sait discerner le beau du spécieux, la réalité de l'apparence, et se fixer à son objet avec cette fermeté qui écarte les illusions et surmonte les plus grands obstacles.

C'est ainsi qu'un jugement incertain et un cœur facile à séduire rendent les hommes foibles et petits. Pour être grand il ne faut que se rendre maître de soi. C'est au-dedans de nous-mêmes que sont nos plus redoutables ennemis; et quiconque aura su les combattre et les vaincre aura plus fait pour la gloire, au jugement des sages, que s'il eût conquis l'univers.

Voilà ce que produit la force de l'âme; c'est ainsi qu'elle peut éclairer l'esprit, étendre le génie, et donner de l'énergie et de la vigueur à toutes les autres vertus : elle peut même suppléer à celles qui nous manquent; car celui qui ne seroit ni courageux, ni juste, ni sage, ni modéré par inclination, le sera pourtant par raison, sitôt qu'ayant surmonté ses passions et vaincu ses préjugés, il sentira combien il lui est avantageux de l'être, sitôt qu'il sera convaincu qu'il ne peut faire son bonheur qu'en travaillant à celui des autres. La force est donc la vertu qui caractérise l'héroïsme, et elle l'est encore par un autre argument sans réplique que je tire des réflexions d'un grand homme : Les autres vertus, dit Bacon, nous délivrent de la domination des vices; la seule force nous garantit de celle de la fortune. En effet, quelles sont les vertus qui n'ont pas besoin de certaines circonstances pour les mettre en œuvre? De quoi sert la justice avec les tyrans, la prudence avec les insensés, la tempérance dans la misère? Mais tous les événements honorent l'homme fort, le bonheur et l'adversité servent également à sa gloire, et il ne règne pas moins dans les fers que sur le trône. Le martyre de Régulus à Carthage, le festin de Caton rejeté du consulat, le sang froid d'Épictète estropié par son maître, ne sont pas moins illustres que les triomphes d'Alexandre et de César; et si Socrate étoit mort dans son lit, on douteroit peut-être aujourd'hui s'il fut rien de plus qu'un adroit sophiste.

Après avoir déterminé la vertu la plus propre au héros, je devrois parler encore de ceux qui sont parvenus à l'héroïsme sans la posséder. Mais comment y seroient-ils parvenus sans la partie qui seule constitue le vrai héros et qui lui est essentielle? Je n'ai rien à dire là-dessus, et c'est le triomphe de ma cause. Parmi les hommes célèbres dont les noms sont inscrits au temple de la gloire, les uns ont manqué de sagesse, les autres de modération; il y en a eu de cruels, d'injustes, d'imprudents, de perfides; tous ont eu des foiblesses, nul d'entre eux n'a été un homme foible. En un mot, toutes les autres vertus ont pu manquer à quelques grands hommes; mais sans la force de l'ame il n'y eut jamais de héros.

ORAISON FUNÈBRE

DE S. A. S. MONSEIGNEUR

LE DUC D'ORLÉANS,

PREMIER PRINCE DU SANG DE FRANCE.

Modicum plora supra mortuum, quoniam requievit.

Pleurez modérément celui que vous avez perdu, car il est en paix.

Ecclesiastic., c. XXII, v. 11.

MESSIEURS,

Les écrivains profanes nous disent qu'un puissant roi, considérant avec orgueil la superbe et nombreuse armée qu'il commandoit, versa pour-

---

[1] * Voyez ce que dit Rousseau sur cette Oraison funèbre que lui-même il juge *très-foible*, dans une lettre à Moultou du 12 décembre 1761 ; il en parle encore dans une lettre au même du 23 du même mois.

Le prince dont il s'agit ici étoit *Louis*, né en 1703, fils du régent et grand-père du trop fameux Philippe-Égalité. Sa jeunesse fut assez dissipée ; mais, peu de temps après la mort de son père, il quitta le monde pour se consacrer entièrement aux exercices de la pénitence et à l'étude de la religion. En 1730 il prit un appartement à l'abbaye de Sainte-Geneviève, et s'y établit totalement en 1742. Il n'en sortoit que pour visiter des églises ou pour des œuvres charitables, et y mourut le 4 février 1752. Ce prince, aussi savant que pieux, possédoit l'hébreu, le chaldéen, le syriaque, le grec, et avoit cultivé toutes les sciences. Il a composé un assez grand nombre d'outant des pleurs, en songeant que, dans peu d'années, de tant de milliers d'hommes il n'en resteroit pas un seul en vie. Il avoit raison de s'affliger, sans doute : la mort pour un païen ne pouvoit être qu'un sujet de larmes.

Le spectacle funèbre qui frappe mes yeux, et l'assemblée qui m'écoute, m'arrachent aujourd'hui la même réflexion, mais avec des motifs de consolation capables d'en tempérer l'amertume et de la rendre utile au chrétien. Oui, messieurs, si nos ames étoient assez pures pour subjuguer les affections terrestres, et pour s'élever par la contemplation jusqu'au séjour des bienheureux, nous nous acquitterions sans douleur et sans larmes du triste devoir qui nous assemble; nous nous dirions à nous-mêmes, dans une sainte joie : « Celui qui a tout fait « pour le ciel est en possession de la récompense « qui lui étoit due; » et la mort du grand prince que nous pleurons ne seroit à nos yeux que le triomphe du juste.

vrages qu'il ne voulut jamais faire imprimer, tous relatifs à des points de doctrine religieuse ou à l'explication des livres sacrés, et dont les principaux sont indiqués dans le Dictionnaire historique en 20 volumes de Chaudon et Delandine, article *Orléans*, n° 5.

Louis d'Orléans avoit donc des talents et des vertus réelles dont la réunion pouvoit même paroître extraordinaire dans un prince, et fournissoit matière à l'éloquence. Si Rousseau, qui avoit déjà donné des preuves de sa force, a *foibli* en cette occasion, il en fait connoître la cause par ces seuls mots : *c'étoit*, dit-il, *un ouvrage de commande, et qui m'avoit été payé*. Au reste, c'est de tous ses écrits le seul qu'il annonce avoir été composé par ce motif.

Mais, foibles chrétiens encore attachés à la terre, que nous sommes loin de ce degré de perfection nécessaire pour juger sans passion des choses véritablement désirables! et comment oserions-nous décider de ce qui peut être avantageux aux autres, nous qui ne savons pas seulement ce qui nous est bon à nous-mêmes? Comment pourrions-nous nous réjouir avec les saints d'un bonheur dont nous sentons si peu le prix? Ne cherchons point à étouffer notre juste douleur. A Dieu ne plaise qu'une coupable insensibilité nous donne une constance que nous ne devons tenir que de la religion! La France vient de perdre le premier prince du sang de ses rois; les pauvres ont perdu leur père, les savants leur protecteur, tous les chrétiens leur modèle. Notre perte est assez grande pour nous avoir acquis le droit de pleurer, au moins sur nous-mêmes. Mais pleurons avec modération, et comme il convient à des chrétiens : ne songeons pas tellement à nos pertes, que nous oubliions le prix inestimable qu'elles ont acquis au grand prince que nous regrettons. Bénissons le saint nom de Dieu et des dons qu'il nous a faits, et de ceux qu'il nous a repris. Si le tableau que je dois exposer à vos yeux vous offre de justes sujets de douleur dans la mort de TRÈS-HAUT, TRÈS-PUISSANT ET TRÈS-EXCELLENT PRINCE LOUIS DUC D'ORLÉANS, PREMIER PRINCE DU SANG DE FRANCE, vous y trouverez aussi de grands motifs de consolation dans l'espérance légitime de son éternelle félicité. L'humanité, notre intérêt, nous permettent de nous affliger de ne l'avoir plus; mais la sainteté de sa vie et la religion nous consolent pour lui, car il est en paix. *Modicum plora suprà mortuum, quoniam requievit.*

PREMIÈRE PARTIE.

Dans l'hommage que je viens rendre aujourd'hui à la mémoire de monseigneur le duc d'Orléans, il me sera plus aisé de trouver des louanges qui lui soient dues, que de retrancher de ce nombre toutes celles dont sa vertu n'a pas besoin pour paroître avec tout son éclat. Telles sont celles qui ont pour objet les droits de la naissance; droits dont ceux qu'on nomme grands sont ordinairement si jaloux, et qui ne décèlent que trop souvent leur petitesse par leur attention même à les faire valoir. Il naquit du plus illustre sang du monde, à côté du premier trône de l'univers, et d'un prince qui en a été l'appui. Ces avantages sont grands, sans doute; il les a comptés pour rien. Que la modestie de ce grand prince règne jusque dans son éloge; et comme il ne s'est souvenu de son rang que pour en étudier les devoirs, ne nous en souvenons nous-mêmes que pour voir comment il les a remplis.

Il le faut avouer, messieurs: si ces devoirs consistent dans l'affectation d'une vaine pompe, souvent plus propre à révolter les cœurs qu'à éblouir les yeux; dans l'éclat d'un luxe effréné qui substitue les marques de la richesse à celles de la grandeur; dans l'exercice impérieux d'une autorité dont la rigueur montre communément plus d'orgueil que de justice : si ce sont là, dis-je, les devoirs des princes; j'en conviens avec plaisir, il ne les a point remplis.

Mais si la véritable grandeur consiste dans l'exercice des vertus bienfaisantes, à l'exemple de celle de Dieu, qui ne se manifeste que par les biens qu'il répand sur nous; si le premier devoir des princes est de travailler au bonheur des hommes; s'ils ne sont élevés au-dessus d'eux que pour être attentifs à prévenir leurs besoins; s'il ne leur est permis d'user de l'autorité que le ciel leur donne que pour les forcer d'être sages et heureux; si l'invincible penchant du peuple à admirer et imiter la conduite de ses maîtres n'est pour eux qu'un moyen, c'est-à-dire un devoir de plus pour le porter à bien faire par leur exemple, toujours plus fort que leurs lois; enfin s'il est vrai que leur vertu doit être proportionnée à leur élévation : grands de la terre, venez apprendre cette science rare, sublime, et si peu connue de vous, de bien user de votre pouvoir et de vos richesses, d'acquérir des grandeurs qui vous appartiennent, et que vous puissiez emporter avec vous en quittant toutes les autres.

Le premier devoir de l'homme est d'étudier ses

devoirs; et cette connoissance est facile à acquérir dans les conditions privées. La voix de la raison et le cri de la conscience s'y font entendre sans obstacle; et si le tumulte des passions nous empêche quelquefois d'écouter ces conseillers importuns, la crainte des lois nous rend justes, notre impuissance nous rend modérés; en un mot, tout ce qui nous environne nous avertit de nos fautes, les prévient, nous en corrige, ou nous en punit.

Les princes n'ont pas sur ce point les mêmes avantages : leurs devoirs sont beaucoup plus grands, et les moyens de s'en instruire, beaucoup plus difficiles. Malheureux dans leur élévation, tout semble concourir à écarter la lumière de leurs yeux et la vertu de leurs cœurs. Le vil et dangereux cortége des flatteurs les assiége dès leur plus tendre jeunesse; leurs faux amis, intéressés à nourrir leur ignorance, mettent tous leurs soins à les empêcher de rien voir par leurs yeux. Des passions que rien ne contraint, un orgueil que rien ne mortifie, leur inspirent les plus monstrueux préjugés, et les jettent dans un aveuglement funeste que tout ce qui les approche ne fait qu'augmenter : car, pour être puissant sur eux, on n'épargne rien pour les rendre foibles, et la vertu du maître sera toujours l'effroi des courtisans.

C'est ainsi que les fautes des princes viennent de leur aveuglement plus souvent encore que de leur mauvaise volonté; ce qui ne rend pas ces fautes moins criminelles, et ne les rend que plus irréparables. Pénétré dès son enfance de cette grande vérité, le duc d'Orléans travailla de bonne heure à écarter le voile que son rang mettoit au-devant de ses yeux. La première chose qu'on lui avoit apprise c'est qu'il étoit un grand prince; ses propres réflexions lui apprirent encore qu'il étoit un homme, sujet à toutes les foiblesses de l'humanité; que, dans le rang qu'il occupoit, il avoit de grands devoirs à remplir et de grandes erreurs à craindre. Il comprit que ces premières connoissances lui imposoient l'obligation d'en acquérir beaucoup d'autres. Il se livra avec ardeur à l'étude, et il travailla à se faire dans les bons auteurs, et surtout dans nos livres sacrés, des amis fidèles et des conseillers sincères qui, sans songer sans cesse à leur intérêt, lui parlassent quelquefois pour le sien. Le succès fut tel qu'on pouvoit l'attendre de ses dispositions. Il cultiva toutes les sciences, il apprit toutes les langues, et l'Europe vit avec étonnement un prince tout jeune encore sachant par soi-même, et ayant des connoissances à lui.

Telles furent les premières sources des vertus dont il orna et édifia le monde. A peine fut-il livré à lui-même, qu'il les mit toutes en pratique. Uni par les nœuds sacrés à une épouse chérie et digne de l'être, il fit voir par sa douceur, par ses égards, et par sa tendresse pour elle, que la véritable piété n'endurcit point les cœurs, n'ôte rien à l'agrément d'une honnête société, et ne fait qu'ajouter plus de charme et de fidélité à l'affection conjugale. La mort lui enleva cette vertueuse épouse à la fleur de son âge; et s'il témoigna par sa douleur combien elle lui avoit été chère, il montra par sa constance que celui qui n'abuse point du bonheur ne se laisse point non plus abattre par l'adversité. Cette perte lui apprit à connoître l'instabilité des choses humaines, et l'avantage qu'on trouve à réunir toutes ses affections dans celui qui ne meurt point. C'est dans ces circonstances qu'il se choisit une pieuse solitude pour s'y livrer avec plus de tranquillité à son juste regret et à ses méditations chrétiennes; et s'il ne quitta pas absolument la cour et le monde, où son devoir le retenoit encore, il fit du moins assez connoître que le seul commerce qui pouvoit désormais lui être agréable étoit celui qu'il vouloit avoir avec Dieu.

L'éducation de son fils étoit le principal motif qui l'arrachoit à sa retraite : il n'épargna rien pour bien remplir ce devoir important. Le succès me dispense de m'étendre sur ce qu'il fit à cet égard; et il nous seroit d'autant moins permis de l'oublier, que nous jouissons aujourd'hui du fruit de ses soins.

S'il fut bon père et bon mari, il ne fut pas moins fidèle sujet et zélé citoyen. Passionné pour la gloire du roi, c'est-à-dire pour la prospérité de l'état, on sait de quel zèle il étoit animé partout où il la croyoit intéressée : on sait qu'aucune considération ne put jamais lui faire dissimuler son sentiment dès qu'il étoit question du bien public; exemple rare et peut-être unique à la cour, où ces mots de bien public et de service du prince ne signifient guère, dans la bouche de ceux qui les emploient, qu'intérêt personnel, jalousie, et avidité.

Appelé dans les conseils, je ne dirai point par son rang, mais plus honorablement encore par l'estime et la confiance d'un roi qui n'en accorde qu'au mérite, c'est là qu'il faisoit briller également et ses talents et ses vertus; c'est là que la droiture de son ame, la sagesse de ses avis, et la force de son éloquence, consacrées au service de la patrie, ont ramené plus d'une fois toutes les opinions à la sienne ; c'est là qu'il eût étonné, par la solidité de ses raisons, ces esprits plus subtils que judicieux, qui ne peuvent comprendre que dans le gouvernement des états être juste soit la suprême politique; c'est là, pour tout dire en un mot, que, secondant les vues bienfaisantes du monarque qui nous rend heureux, il concouroit à le rendre heureux lui-même en travaillant avec lui pour le bonheur de ses peuples.

Mais le respect m'arrête, et je sens qu'il ne m'est point permis de porter des regards indiscrets sur ces mystères du cabinet, où les destins de l'état sont en secret balancés au poids de l'équité et de la raison ; et pourquoi vouloir en apprendre plus qu'il n'est nécessaire ? Je l'ai déjà dit ; pour honorer la mémoire d'un si grand homme, nous n'avons pas besoin de compter tous les devoirs qu'il a remplis, ni toutes les vertus qu'il a possédées. Hâtons-nous d'arriver à ces doux moments de sa vie où, tout-à-fait retiré du monde, après avoir acquitté ce qu'il devoit à sa naissance et à son rang, il se livra tout entier dans sa solitude aux penchants de son cœur et aux vertus de son choix.

C'est alors qu'on le vit déployer cette ame bienfaisante, dont l'amour de l'humanité fit le principal caractère, et qui ne chercha son bonheur que dans celui des autres. C'est alors que, s'élevant à une gloire plus sublime, il commença de montrer aux hommes un spectacle plus rare et infiniment plus admirable que tous les chefs-d'œuvre des politiques et tous les triomphes des conquérants. Oui, messieurs, pardonnez-moi dans ce jour de tristesse cette affligeante remarque. L'histoire a consacré la mémoire d'une multitude de héros en tous genres, de grands capitaines, de grands ministres, et même de grands rois ; mais nous ne saurions nous dissimuler que tous ces hommes illustres n'aient beaucoup plus travaillé pour leur gloire et pour leur avantage particulier, que pour le bonheur du genre humain ; et qu'ils n'aient sacrifié cent fois la paix et le repos des peuples au désir d'étendre leur pouvoir ou d'immortaliser leurs noms. Ah! combien c'est un plus rare et plus précieux don du ciel qu'un prince véritablement bienfaisant, dont le premier ou l'unique soin soit la félicité publique, dont la main secourable et l'exemple admiré fassent régner partout le bonheur et la vertu! Depuis tant de siècles un seul a mérité l'immortalité à ce titre : encore celui qui fut la gloire et l'amour du monde n'y a-t-il paru que comme une fleur qui brille au matin et périt avant le déclin du jour. Vous en regrettez un second, messieurs, qui, sans posséder un trône, n'en fut pas moins digne; ou qui plutôt, affranchi des obstacles insurmontables que le poids du diadème oppose sans cesse aux meilleures intentions, fit encore plus de bien, plus d'heureux peut-être, du fond de sa retraite, que n'en fit Titus gouvernant l'univers. Il n'est pas difficile de décider lequel des deux mérite la préférence. Titus chrétien, Titus vertueux et bienfaisant dès sa première jeunesse, Titus ne perdant pas un seul jour, eût été égal au duc d'Orléans.

J'ai dit qu'il s'étoit retiré du monde : et il est vrai qu'il avoit quitté ce monde frivole, brillant et corrompu, où la sagesse des saints passe pour folie, où la vertu est inconnue et méprisée, où son nom même n'est jamais prononcé, où l'orgueilleuse philosophie dont on s'y pique consiste en quelques maximes stériles, débitées d'un ton de hauteur, et dont la pratique rendroit criminel ou ridicule quiconque oseroit la tenter ; mais il commença à se familiariser avec ce monde si nouveau pour ses pareils, si ignoré, si dédaigné de l'autre, où les membres de Jésus-Christ souffrants attirent l'indignation céleste sur les heureux du siècle, où la religion, la probité, trop négligées sans doute, sont du moins encore en honneur, et où il est encore permis d'être homme de bien, sans craindre la raillerie et la haine de ses égaux.

Telle fut la nouvelle société qu'il rassembla autour de lui pour répandre sur elle, comme une rosée bienfaisante, les trésors de sa charité. Chaque jour il donnoit dans sa retraite une audience et des soulagements à tous les malheureux indifféremment, réservant pour le Palais-Royal des audiences plus solennelles où le rang et la naissance reprenoient leurs droits, où la noblesse retrouvoit un protecteur et un grand prince dans celui que les pauvres venoient d'appeler leur père. Ce fut la tendresse même de son ame qui le força d'accoutumer ses yeux à l'affligeant spectacle des misères humaines. Il ne craignoit point de voir les maux qu'il pouvoit soulager, et n'avoit point cette répugnance criminelle qui ne vient que d'un mauvais cœur, ni cette pitié barbare dont plusieurs osent se vanter, qui n'est qu'une cruauté déguisée et un prétexte odieux pour s'éloigner de ceux qui souffrent : et comment se peut-il, mon Dieu ! que ceux qui n'ont pas le courage d'envisager les plaies d'un pauvre aient celui de refuser l'aumône au malheureux qui en est couvert ?

Entrerai-je dans le détail immense de tous les biens qu'il a répandus, de tous les heureux qu'il a faits, de tous les malheureux qu'il a soulagés, et de ces aveuglés plus malheureux encore qu'il n'a pas dédaigné de rappeler de leurs égarements par les mêmes motifs qui les y avoient plongés, afin qu'ayant une fois goûté le plaisir d'être honnêtes gens, ils fissent désormais par amour pour la vertu ce qu'ils avoient commencé de faire par intérêt? Non, messieurs, le respect me retient et m'empêche de lever le voile qu'il a mis lui-même au-devant de tant d'actions héroïques, et ma voix n'est pas digne de les célébrer.

O vous, chastes vierges de Jésus-Christ, vous ses épouses régénérées, que la main secourable du duc d'Orléans a retirées ou garanties des dangers de l'opprobre et de la séduction, et à qui il a procuré de saints et inviolables asiles ; vous, pieuses mères de famille, qu'il a unies d'un nœud sacré pour élever des enfants dans la crainte du Seigneur ; vous, gens de lettres indigents, qu'il a mis en état de consacrer uniquement vos talents à la gloire de celui de qui vous les tenez ; vous, guerriers blanchis sous les armes, à qui le soin de vos devoirs a fait oublier celui de votre fortune, que le poids des ans a forcés de recourir à lui, et dont les fronts cicatrices n'ont point eu à rougir de la honte de ses refus ; élevez tous vos voix ; pleurez votre bienfaiteur et votre père. J'espère que, du haut du ciel, son ame pure sera sensible à votre reconnoissance. Qu'elle soit immortelle comme sa mémoire ! les bénédictions de vos cœurs sont le seul éloge digne de lui.

Ne nous le dissimulons point, messieurs ; nous avons fait une perte irréparable. Sans parler ici des monarques, trop occupés du bien général pour pouvoir descendre dans des détails qui le leur feroient négliger, je sais que l'Europe ne manque pas de grands princes ; je crois qu'il est encore des ames vraiment bienfaisantes, encore plus d'esprits éclairés qui sauroient dispenser sagement les bienfaits qu'ils devroient aimer à répandre. Toutes ces choses, prises séparément, peuvent se trouver ; mais où les trouverons-nous réunies ? où chercherons-nous un homme qui, pouvant voir nos besoins par ses yeux et les soulager par ses mains, rassemble en lui seul la puissance et la volonté de bien faire avec les lumières nécessaires pour bien faire toujours à propos ? Voilà les qualités réunies que nous admirions et que nous aimions surtout dans celui que nous venons de perdre ; et voilà le trop juste motif des pleurs que nous devons verser sur son tombeau.

SECONDE PARTIE.

Je le sens bien, messieurs ; ce n'est point avec le

tableau que je viens de vous offrir que je dois me flatter de calmer une douleur trop légitime ; et l'image des vertus du grand prince dont nous honorons la mémoire ne peut être propre qu'à redoubler nos regrets. C'est pourtant en vous le peignant orné de vertus beaucoup plus sublimes, que j'entreprends de modérer votre juste affliction. A Dieu ne plaise qu'une insensée présomption de mes forces soit le principe de cet espoir ! Il est établi sur des fondements plus raisonnables et plus solides: c'est de la piété de vos cœurs, c'est des maximes consolantes du christianisme, c'est des détails édifiants qui me restent à vous faire, que je tire ma confiance. Religion sainte, refuge toujours sûr et toujours ouvert aux cœurs affligés, venez pénétrer les nôtres de vos divines vérités ; faites-nous sentir tout le néant des choses humaines ; inspirez-nous le dédain que nous devons avoir pour cette vallée de larmes, pour cette courte vie qui n'est qu'un passage pour arriver à celle qui ne finit point; et remplissez nos ames de cette douce espérance, que le serviteur de Dieu, qui a tant fait pour vous, jouit en paix, dans le séjour des bienheureux, du prix de ses vertus et de ses travaux.

Que ces idées sont consolantes ! Qu'il est doux de penser qu'après avoir goûté dans cette vie le plaisir touchant de bien faire, nous en recevrons encore dans l'autre la récompense éternelle ! Il faut plus, il est vrai, que de bonnes actions pour y prétendre; et c'est cela même qui doit animer notre confiance. Le duc d'Orléans, avec les vertus dont j'ai parlé, n'eût encore été qu'un grand homme; mais il reçut avec elles la foi qui les sanctifie, et rien ne lui manqua pour être un chrétien.

Cette foi puissante, qui n'est pourtant rien sans les œuvres, mais sans laquelle les œuvres ne sont rien, germa dans son cœur dès les premières années; et, comme ce grain de semence de l'Évangile [1], elle y devint bientôt un grand arbre qui étendoit au loin ses rameaux bienfaisants. Ce n'étoit point cette foi stérile et glacée d'un esprit convaincu par la raison, à laquelle le cœur n'a point de part, et destituée également d'espérance et d'amour. Ce n'étoit point la foi morte de ces mauvais chrétiens qui vainement disent chaque jour, *Seigneur! Seigneur!* et n'entreront point dans le royaume des cieux. C'étoit cette foi pure et vive qui faisoit marcher les apôtres sur les eaux, et dont le Seigneur même a dit qu'un seul grain suffiroit pour ne rien trouver d'impossible. Elle étoit si ardente en son ame, et si présente à sa mémoire, qu'il en faisoit régulièrement un acte au commencement de toutes ses actions; ou plutôt sa vie entière n'a été qu'un acte de foi continuel, puisqu'on tient d'un témoignage assuré qu'il n'a jamais eu un seul instant de doute sur les vérités et les mystères de la religion catholique. Et comment donc avec

---

[1] Luc., chap. XIII, v. 19.

tant de foi n'a-t-il point opéré de miracles? Chrétiens, Dieu vous doit-il compte de ses grâces? et savez-vous jusqu'où peut aller l'humilité d'un juste? Pourquoi demander des miracles? n'en a-t-il pas fait un plus grand et plus édifiant que de transporter des montagnes? Quel est donc ce miracle? me direz-vous. La sainteté de sa vie dans un rang aussi sublime, et dans un siècle aussi corrompu.

Le duc d'Orléans croyoit, et c'est assez dire. On peut s'étonner qu'il se trouve des hommes capables d'offenser un Dieu qu'ils savent être mort pour eux, mais qui s'étonnera jamais qu'un chrétien ait été humble, juste, tempérant, humain, charitable, et qu'il ait accompli à la lettre les préceptes d'une religion si pure, si sainte, et dont il étoit si intimement persuadé? Ah! non, sans doute, on ne remarquoit point entre ses maximes et sa conduite cette opposition monstrueuse qui déshonore nos mœurs ou notre raison; et l'on ne sauroit peut-être citer une seule de ses actions qui ne montre, avec la force de cette grande âme faite pour soumettre ses passions à l'empire de sa volonté, la force plus puissante de la grâce, faite pour soumettre en toutes choses sa volonté à celle de son Dieu.

Toutes ses vertus ont porté cette divine empreinte du christianisme; c'est dire assez combien elles ont effacé l'éclat des vertus humaines, toujours si empressées à s'attirer cette vaine admiration qui est leur unique récompense, et qu'elles perdent pourtant encore, comparées à celle du vrai chrétien. Les plus grands hommes de l'antiquité se seroient honorés de voir son nom inscrit à côté des leurs; et ils n'auroient pas même eu besoin de croire comme lui, pour admirer et respecter ces vertus héroïques qu'il consacroit ou sacrifioit toutes au triomphe de sa foi.

Il étoit humble; non de cette fausse et trompeuse humilité qui n'est qu'orgueil ou bassesse d'ame, mais d'une humilité pieuse et discrète, également convenable à un chrétien pécheur et à un grand prince qui, sans avilir son titre, sait humilier sa personne. Vous l'avez vu, messieurs, modeste dans son élévation et grand dans sa vie privée, simple comme l'un de nous, renoncer à la pompe consacrée à son rang, sans renoncer à sa dignité; vous l'avez vu, dédaignant cette grandeur apparente dont personne n'est si jaloux que ceux qui n'en ont point de réelle, ne garder des honneurs dus à sa naissance que ce qu'ils avoient pour lui de pénible, ou ce qu'il n'en pouvoit négliger sans s'offenser soi-même. Prosterné chaque jour au pied de la croix, la touchante image d'un Dieu souffrant, plus présente encore à son cœur qu'à ses yeux, ne lui laissoit point oublier que c'est en son seul amour que *consistent les richesses, la gloire et la justice*[1]; et il n'ignoroit pas non plus, malgré tant de vains discours, que, si celui

[1] Prov., chap. VIII, v. 18.

qui sait soutenir les grandeurs en est digne, celui qui sait les mépriser est au-dessus d'elles. Hommes vulgaires, qu'un éclat frivole éblouit, même quand vous affectez de le dédaigner, lisez une fois dans vos ames, et apprenez à admirer ce que nul de vous n'est capable de faire.

Il étoit bienfaisant, je l'ai déjà dit, et qui pourroit l'ignorer ? Qu'il me soit permis d'y revenir encore : je ne puis quitter un objet si doux. Un homme bienfaisant est l'honneur de l'humanité, la véritable image de Dieu, l'imitateur de la plus active de toutes ses vertus ; et l'on ne peut douter qu'il ne recoive un jour le prix du bien qu'il aura fait, et même de celui qu'il aura voulu faire ; ni que le père des humains ne rejette avec indignation ces ames dures qui sont insensibles à la peine de leur frère, et qui n'ont aucun plaisir à la soulager. Hélas ! cette vertu si digne de notre amour est peut-être bien plus rare encore qu'on ne pense. Je le dis avec douleur : si du nombre de ceux qui semblent y prétendre on écartoit tous ces esprits orgueilleux qui ne font du bien que pour avoir la réputation d'en faire, tous ces esprits foibles qui n'accordent des grâces que parce qu'ils n'ont pas la force de les refuser ; qu'il en resteroit peu de ces cœurs vraiment généreux dont la plus douce récompense pour le bien qu'ils font est le plaisir de l'avoir fait ! Le duc d'Orléans eût été à la tête de ce petit nombre. Il savoit répandre ses grâces avec choix et proportion; son cœur tendre et compatissant, mais ferme et judicieux, eût même su les refuser à ceux qu'il n'en croyoit pas dignes, s'il ne se fût ressouvenu sans cesse que nous avons un trop grand besoin nous-mêmes de la miséricorde céleste, pour être en droit de refuser la nôtre à personne.

Il étoit bienfaisant, ai-je dit. Ah! il étoit plus que cela, il étoit charitable. Et comment ne l'eût-il pas été? Comment, avec une foi si vive, n'eût-il pas aimé ce Dieu qui avoit tant fait pour lui? Comment la sainte ardeur dont il brûloit pour son Dieu ne lui eût-elle pas inspiré de l'amour pour tous les hommes que Jésus-Christ a rachetés de son sang, et pour les pauvres qu'il adopte? La gloire du Seigneur étoit son premier désir, le salut des ames son premier soin : secourir les malheureux n'étoit de sa part qu'une occasion de leur faire de plus grands biens en travaillant à leur sanctification. Il rougissoit de la négligence avec laquelle les dogmes sacrés et la morale sainte du christianisme étoient appris et enseignés. Il ne pouvoit voir sans douleur plusieurs de ceux qui se chargent du respectable soin d'instruire et d'édifier les fidèles se piquer de savoir toutes choses, excepté la seule qui leur soit nécessaire, et préférer l'étude d'une orgueilleuse philosophie à celle des saintes Lettres, qu'ils ne peuvent négliger sans se rendre coupables de leur propre ignorance et de la nôtre. Il n'a rien oublié pour procurer à l'Église de plus grandes lumières, et au peuple de meilleures instructions. Chacun sait avec quelle ardeur il montroit l'exemple, même sur ce point. Semblable à un enfant préféré, qui, pénétré d'une tendre reconnoissance, feuillette, avec un plaisir mêlé de larmes, le testament de son père, il méditoit sans cesse nos livres sacrés ; il y trouvoit sans cesse de nouveaux motifs de bénir leur divin auteur, et de s'attrister des liens terrestres qui le tenoient éloigné de lui. Il possédoit la sainte Écriture mieux que personne au monde ; il en savoit toutes les langues, et en connoissoit tous les textes. Les commentaires qu'il a faits sur saint Paul et sur la Genèse ne sont pas un témoignage moins certain de la justesse de sa critique et de la profondeur de son érudition, que de son zèle pour la gloire de l'Esprit saint qui a dicté ces livres ; et la chaire de professeur en langue hébraïque, qu'il a fondée en Sorbonne, n'y sera pas moins un monument des lumières qui lui en ont fait apercevoir le besoin, que de la munificence chrétienne qui l'a porté à y pourvoir.

Mais à quoi sert d'entrer ici dans tous ces détails ? Ne nous suffit-il pas de savoir qu'il avoit, à ce haut degré, une seule de ces vertus, pour être assurés qu'il les avoit toutes ? Les vertus chrétiennes sont indivisibles comme le principe qui les produit. La foi, la charité, l'espérance, quand elles sont assez parfaites, s'excitent, se soutiennent mutuellement; tout devient facile aux grandes ames avec la volonté de tout faire pour plaire à Dieu; et les rigueurs mêmes de la pénitence n'ont presque plus rien de pénible pour ceux qui savent en sentir la nécessité et en considérer le prix. Entreprendrois-je, messieurs, de vous décrire les austérités qu'il exerçoit sur lui-même? N'effrayons pas à ce point la mollesse de notre siècle. Ne rebutons pas les ames pénitentes qui, avec beaucoup plus d'offenses à réparer, sont incapables de supporter de si rudes travaux. Les siens étoient trop au-dessus des forces ordinaires pour oser les proposer pour modèles. Eh! peu s'en faut, mon Dieu, que je n'aie à justifier leur excès devant ce monde efféminé, si peu fait pour juger de la douceur de votre joug. Combien de téméraires oseront lui reprocher d'avoir abrégé ses jours à force de mortifications et de jeûnes, qui ne rougissent point d'abréger les leurs dans les plus honteux excès! Laissons-les, au sein de leurs égarements, prononcer avec orgueil les maximes de leur prétendue sagesse; et cependant le jour viendra où chacun recevra le salaire de ses œuvres. Contentons-nous de dire ici que ce grand et vertueux prince mortifia sa chair comme saint Paul, sans avoir à pleurer, comme lui, l'aveuglement de sa jeunesse. Il pécha sans doute; et quel homme en est exempt? Aussi, quoique son cœur ne se fût point endurci, quoiqu'il pût dire, comme cet homme de l'Évangile pour lequel Jésus conçut de l'affection, *O mon maître! j'ai observé toutes ces choses dès mon enfance* [1], il n'ignoroit pas qu'il avoit pourtant des fautes à expier ou à prévenir ; il n'ignoroit pas que, pour arriver au terme qu'il se proposoit, le chemin le plus sûr étoit le plus difficile, selon ce grand précepte du Seigneur, *Efforcez-vous d'entrer par la porte étroite, car je vous dis que plusieurs demanderont à entrer, et ne l'obtiendront point* [2]; il n'ignoroit pas enfin ces terribles paroles de l'Écriture : *En vain échapperions-nous à la main des hommes ; si nous ne faisons pénitence, nous tomberons dans celle de Dieu* [3].

Nous l'avons vu, dans ces derniers moments de sa vie où son corps exténué étoit prêt à laisser cette ame pure en liberté de se réunir à son Créateur, refuser encore de modérer ces saintes rigueurs qu'il exerçoit sur sa chair ; nous l'avons vu, jusqu'à la veille de son décès, et tout ce peuple en larmes l'a vu avec nous, se lever avec effort, et se soutenant à peine, se traîner chaque jour à l'église, en prononçant ces paroles dont il sentoit avec joie approcher l'accomplissement, *Nous irons dans la maison du Seigneur* [4]. Bien différent de cet em-

---

[1] Marc, chap. x, v. 20.
[2] Luc, chap. xiii, v. 24.
[3] Ecclésiastique, chap. ii, v. 22.
[4] Psaume cxxi, v. 1.

pereur païen [1] qui voulut mourir debout pour le frivole plaisir de prononcer une sentence, il voulut mourir debout pour rendre à son Créateur, jusqu'au dernier jour de sa vie, cet hommage public qu'il n'avoit jamais négligé de lui rendre ; il voulut mourir comme il avoit vécu, en servant Dieu et édifiant les hommes.

Ne doutons point qu'une si sainte vie n'obtienne la récompense qui lui est due. Souffrons sans murmure que celui qui a tant aimé le bonheur des hommes voie enfin couronner le sien. Espérons que le désir de répandre sur nous des bienfaits, qui a été sur la terre l'objet de toutes ses actions, deviendra dans le ciel celui de toutes ses prières. Enfin travaillons à nous sanctifier comme lui, et faisons en sorte que, ne pouvant plus nous être utile par ses bonnes œuvres, il le soit encore par son exemple.

En attendant qu'il partage sur nos autels les honneurs de son saint et glorieux ancêtre Louis IX ; en attendant que son nom soit inscrit dans les fastes sacrés de l'Église, comme il l'est déjà dans le livre de vie, invoquons pour lui la divine miséricorde : adressons aux saints, en sa faveur, les prières que nous lui adresserons un jour à lui-même : demandons au Seigneur qu'il lui fasse part de sa gloire, pour laquelle il a tant eu de zèle ;

---

[1] * Vespasien.

qu'il répande ses bénédictions sur toute la maison royale, dont ce vertueux prince soutint si dignement l'honneur; et que l'auguste nom de Bourbon soit grand à jamais et dans les cieux et sur la terre.

DISCOURS

SUR

L'ORIGINE ET LES FONDEMENTS

DE L'INÉGALITÉ

PARMI LES HOMMES.

Non in depravatis, sed in his quæ bene secundum naturam se habent, considerandum est quid sit naturale.

ARISTOT., Politic., lib. I, cap. II.

A LA RÉPUBLIQUE
DE GENÈVE.

MAGNIFIQUES, TRÈS-HONORÉS ET SOUVERAINS SEIGNEURS.

Convaincu qu'il n'appartient qu'au citoyen vertueux de rendre à sa patrie des honneurs qu'elle puisse avouer, il y a trente ans que je travaille à mériter de vous offrir un hommage public ; et cette heureuse occasion suppléant en partie à ce que mes efforts n'ont pu faire, j'ai cru qu'il me seroit permis de consulter ici le zèle qui m'anime, plus que le droit qui devroit m'autoriser. Ayant eu le bonheur de naître parmi vous, comment pourrois-je méditer sur l'égalité que la nature a mise entre les hommes, et sur l'inégalité qu'ils ont instituée, sans penser à la profonde sagesse avec laquelle l'une et l'autre, heureusement combinées dans cet état, concourent, de la manière la plus approchante de la loi naturelle et la plus favorable à la société, au maintien de l'ordre public et au bonheur des particuliers ? En recherchant les meilleures maximes que le bon sens puisse dicter sur la constitution d'un gouvernement, j'ai été si frappé de les voir toutes en exécution dans le vôtre, que, même sans être né dans vos murs, j'aurois cru ne pouvoir me dispenser d'offrir ce tableau de la société humaine à celui de tous les peuples qui me paroît en posséder les plus grands avantages, et en avoir le mieux prévenu les abus.

Si j'avois eu à choisir le lieu de ma naissance, j'aurois choisi une société d'une grandeur bornée par l'étendue des facultés humaines, c'est-à-dire par la possibilité d'être bien gouvernée, et où, chacun suffisant à son emploi, nul n'eût été contraint de commettre à d'autres les fonctions dont il étoit chargé ; un état où, tous les particuliers se connoissant entre eux, les manœuvres obscures du vice, ni la modestie de la vertu, n'eussent pu se dérober aux regards et au jugement du public, et où cette douce habitude de se voir et de se connoître fît de l'amour de la patrie l'amour des citoyens plutôt que celui de la terre.

J'aurois voulu naître dans un pays où le souverain et le peuple ne pussent avoir qu'un seul et même intérêt, afin que tous les mouvements de la machine ne tendissent jamais qu'au bonheur commun ; ce qui ne pouvant se faire à moins que le peuple et le souverain ne soient une même personne, il s'ensuit que j'aurois voulu naître sous un gouvernement démocratique, sagement tempéré.

J'aurois voulu vivre et mourir libre, c'est-à-dire tellement soumis aux lois, que ni moi ni personne n'en pût secouer l'honorable joug, ce joug salutaire et doux, que les têtes les plus fières portent d'autant plus docilement qu'elles sont faites pour n'en porter aucun autre.

J'aurois donc voulu que personne dans l'état n'eût pu se dire au-dessus de la loi, et que personne au-dehors n'en pût imposer que l'état fût obligé de reconnoître; car, quelle que puisse être la constitution d'un gouvernement, s'il s'y trouve un seul homme qui ne soit pas soumis à la loi, tous les autres sont nécessairement à la discrétion de celui-là *a*; et s'il y a un chef national et un autre chef étranger, quelque partage d'autorité qu'ils puissent faire, il est impossible que l'un et l'autre soient bien obéis, et que l'état soit bien gouverné.

Je n'aurois point voulu habiter une république de nouvelle institution, quelques bonnes lois qu'elle pût avoir, de peur que le gouvernement, autrement constitué peut-être qu'il ne faudroit pour le moment, ne convenant pas aux nouveaux citoyens, ou les citoyens au nouveau gouvernement, l'état ne fût sujet à être ébranlé et détruit presque dès sa naissance; car il en est de la liberté comme de ces aliments solides et succulents, ou de ces vins généreux, propres à nourrir et fortifier les tempéraments robustes qui en ont l'habitude, mais qui accablent, ruinent et enivrent les foibles et délicats qui n'y sont point faits. Les peuples une fois accoutumés à des maîtres ne sont plus en état de s'en passer. S'ils tentent de secouer le joug, ils s'éloignent d'autant plus de la liberté, que, prenant pour elle une licence effrénée qui lui est opposée, leurs révolutions les livrent presque toujours à des séducteurs qui ne font qu'aggraver leurs chaînes. Le peuple romain lui-même, ce modèle de tous les peuples libres, ne fut point en état de se gouverner en sortant de l'oppression des Tarquins. Avili par l'esclavage et les travaux ignominieux qu'ils lui avoient imposés, ce n'étoit d'abord qu'une stupide populace qu'il fallut ménager et gouverner avec la plus grande sagesse, afin que, s'accoutumant peu à peu à respirer l'air salutaire de la liberté, ces ames énervées, ou plutôt abruties sous la tyrannie, acquissent par degrés cette sévérité de mœurs et cette fierté de courage qui en firent enfin le plus respectable de tous les peuples. J'aurois donc cherché, pour ma patrie, une heureuse et tranquille république, dont l'ancienneté se perdît en quelque sorte dans la nuit des temps, qui n'eût éprouvé que des atteintes propres à manifester et affermir dans ses habitants le courage et l'amour de la patrie, et où les citoyens, accoutumés de longue main à une sage indépendance, fussent non seulement libres, mais dignes de l'être.

J'aurois voulu me choisir une patrie détournée, par une heureuse impuissance, du féroce amour des conquêtes, et garantie, par une position encore plus heureuse, de la crainte de devenir elle-même la conquête d'un autre état; une ville libre, placée entre plusieurs peuples dont aucun n'eût intérêt à l'envahir, et dont chacun eût intérêt d'empêcher les autres de l'envahir eux-mêmes; une république, en un mot, qui ne tentât point l'ambition de ses voisins, et qui pût raisonnablement compter sur leur

DÉDICACE.

secours au besoin. Il s'ensuit que, dans une position si heureuse, elle n'auroit eu rien à craindre que d'elle-même, et que si ses citoyens s'étoient exercés aux armes, c'eût été plutôt pour entretenir chez eux cette ardeur guerrière et cette fierté de courage qui sied si bien à la liberté et qui en nourrit le goût, que par la nécessité de pourvoir à leur propre défense.

J'aurois cherché un pays où le droit de législation fût commun à tous les citoyens [1] ; car qui peut mieux savoir qu'eux sous quelles conditions il leur convient de vivre ensemble dans une même société ? Mais je n'aurois pas approuvé des plébiscites semblables à ceux des Romains, où les chefs de l'état et les plus intéressés à sa conservation étoient exclus des délibérations dont souvent dépendoit son salut, et où, par une absurde inconséquence, les magistrats étoient privés des droits dont jouissoient les simples citoyens.

Au contraire, j'aurois désiré que, pour arrêter les projets intéressés et mal conçus, et les innovations dangereuses qui perdirent enfin les Athéniens, chacun n'eût pas le pouvoir de proposer de nouvelles lois à sa fantaisie ; que ce droit appartînt aux

---

[1] * Ceci n'est rien moins qu'exact dans son application à Genève, où, sur une population de 24,000 ames, même de 35,000, en y comprenant les habitants du territoire, 15 à 1,600 personnes au plus, sous le titre de *citoyens* ou *bourgeois*, pouvoient seules avoir entrée au Conseil général, dépositaire du pouvoir législatif. Les autres étoient divisées en trois classes très-inégales en droits sous tous les rapports, et cette inégalité même fut la principale cause des dissensions intestines qui ont sans cesse agité cette république, et l'ont enfin conduite à sa perte.

seuls magistrats ; qu'ils en usassent même avec tant de circonspection, que le peuple, de son côté, fût si réservé à donner son consentement à ces lois, et que la promulgation ne pût s'en faire qu'avec tant de solennité, qu'avant que la constitution fût ébranlée, on eût le temps de se convaincre que c'est surtout la grande antiquité des lois qui les rend saintes et vénérables ; que le peuple méprise bientôt celles qu'il voit changer tous les jours, et qu'en s'accoutumant à négliger les anciens usages, sous prétexte de faire mieux, on introduit souvent de grands maux pour en corriger de moindres.

J'aurois fui surtout, comme nécessairement mal gouvernée, une république où le peuple, croyant pouvoir se passer de ses magistrats, ou ne leur laisser qu'une autorité précaire, auroit imprudemment gardé l'administration des affaires civiles et l'exécution de ses propres lois : telle dut être la grossière constitution des premiers gouvernements sortant immédiatement de l'état de nature ; et telle fut encore un des vices qui perdirent la république d'Athènes.

Mais j'aurois choisi celle où les particuliers, se contentant de donner la sanction aux lois, et de décider en corps et sur le rapport des chefs les plus importantes affaires publiques, établiroient des tribunaux respectés, en distingueroient avec soin les divers départements, éliroient d'année en année les plus capables et les plus intègres de leurs concitoyens pour administrer la justice et gouverner l'état, et où la vertu des magistrats portant ainsi témoignage de la sagesse du peuple, les uns et les autres s'honoreroient mutuellement. De sorte que si jamais de funestes malentendus venoient à troubler la concorde publique, ces temps même d'aveuglement et d'erreurs fussent marqués par des témoignages de modération, d'estime réciproque, et d'un commun respect pour les lois; présages et garants d'une réconciliation sincère et perpétuelle.

Tels sont, MAGNIFIQUES, TRÈS-HONORÉS ET SOUVERAINS SEIGNEURS, les avantages que j'aurois recherchés dans la patrie que je me serois choisie. Que si la Providence y avoit ajouté de plus une situation charmante, un climat tempéré, un pays fertile et l'aspect le plus délicieux qui soit sous le ciel, je n'aurois désiré, pour combler mon bonheur, que de jouir de tous ces biens dans le sein de cette heureuse patrie, vivant paisiblement dans une douce société avec mes concitoyens, exerçant envers eux, et à leur exemple, l'humanité, l'amitié et toutes les vertus, et laissant après moi l'honorable mémoire d'un homme de bien et d'un honnête et vertueux patriote.

Si, moins heureux ou trop tard sage, je m'étois vu réduit à finir en d'autres climats une infirme et languissante carrière, regrettant inutilement le repos et la paix dont une jeunesse imprudente m'auroit privé; j'aurois du moins nourri dans mon ame ces mêmes sentiments dont je n'aurois pû faire usage dans mon pays; et, pénétré d'une affection tendre et désintéressée pour mes concitoyens éloignés, je leur aurois adressé du fond de mon cœur à peu près le discours suivant :

DÉDICACE.

Mes chers concitoyens, ou plutôt mes frères, puisque les liens du sang ainsi que les lois nous unissent presque tous, il m'est doux de ne pouvoir penser à vous sans penser en même temps à tous les biens dont vous jouissez, et dont nul de vous peut-être ne sent mieux le prix que moi qui les ai perdus. Plus je réfléchis sur votre situation politique et civile, et moins je puis imaginer que la nature des choses humaines puisse en comporter une meilleure. Dans tous les autres gouvernements, quand il est question d'assurer le plus grand bien de l'état, tout se borne toujours à des projets en idées, et tout au plus à de simples possibilités : pour vous, votre bonheur est tout fait, il ne faut qu'en jouir ; et vous n'avez plus besoin, pour devenir parfaitement heureux, que de savoir vous contenter de l'être. Votre souveraineté, acquise ou recouvrée à la pointe de l'épée, et conservée durant deux siècles à force de valeur et de sagesse, est enfin pleinement et universellement reconnue. Des traités honorables fixent vos limites, assurent vos droits et affermissent votre repos. Votre constitution est excellente, dictée par la plus sublime raison, et garantie par des puissances amies et respectables ; votre état est tranquille ; vous n'avez ni guerres ni conquérants à craindre ; vous n'avez point d'autres maîtres que de sages lois que vous avez faites, administrées par des magistrats intègres qui sont de votre choix ; vous n'êtes ni assez riches pour vous énerver par la mollesse et perdre dans de vaines délices le goût du vrai bonheur et des solides vertus, ni assez pauvres pour avoir besoin de plus de secours étrangers que ne

DÉDICACE.

vous en procure votre industrie; et cette liberté précieuse, qu'on ne maintient chez les grandes nations qu'avec des impôts exorbitants, ne vous coûte presque rien à conserver.

Puisse durer toujours, pour le bonheur de ses citoyens et l'exemple des peuples, une république si sagement et si heureusement constituée! Voilà le seul vœu qui vous reste à faire, et le seul soin qui vous reste à prendre. C'est à vous seuls désormais, non à faire votre bonheur, vos ancêtres vous en ont évité la peine, mais à le rendre durable par la sagesse d'en bien user. C'est de votre union perpétuelle, de votre obéissance aux lois, de votre respect pour leurs ministres, que dépend votre conservation. S'il reste parmi vous le moindre germe d'aigreur ou de défiance, hâtez-vous de le détruire, comme un levain funeste d'où résulteroient tôt ou tard vos malheurs et la ruine de l'état. Je vous conjure de rentrer tous au fond de votre cœur, et de consulter la voix secrète de votre conscience. Quelqu'un parmi vous connoît-il dans l'univers un corps plus intègre, plus éclairé, plus respectable que celui de votre magistrature? Tous ses membres ne vous donnent-ils pas l'exemple de la modération, de la simplicité de mœurs, du respect pour les lois, et de la plus sincère réconciliation? Rendez donc sans réserve à de si sages chefs cette salutaire confiance que la raison doit à la vertu; songez qu'ils sont de votre choix, qu'ils le justifient, et que les honneurs dus à ceux que vous avez constitués en dignité retombent nécessairement sur vous-mêmes. Nul de vous n'est assez peu éclairé pour ignorer qu'où cesse la vigueur des lois et l'autorité de leurs défenseurs; il ne peut y avoir ni sûreté ni liberté pour personne. De quoi s'agit-il donc entre vous, que de faire de bon cœur et avec une juste confiance ce que vous seriez toujours obligés de faire par un véritable intérêt, par devoir et par raison¹ ? Q'une coupable et funeste indifférence pour le maintien de la constitution ne vous fasse jamais négliger au besoin les sages avis des plus éclairés et des plus zélés d'entre vous; mais que l'équité, la modération, la plus respectueuse fermeté, continuent de régler toutes vos démarches, et de montrer en vous, à tout l'univers, l'exemple d'un peuple fier et modeste, aussi jaloux de sa gloire que de sa liberté. Gardez-vous surtout, et ce sera mon dernier conseil, d'écouter jamais des interprétations sinistres et des discours envenimés, dont les motifs secrets sont souvent plus dangereux que les actions qui en sont l'objet. Toute une maison s'éveille et se tient en alarmes aux premiers cris d'un bon et fidèle gardien qui n'aboie jamais qu'à l'approche des voleurs; mais on hait l'importunité de ces animaux bruyants qui troublent sans cesse le repos public, et dont les avertissements continuels et déplacés ne se font pas même écouter au moment qu'ils sont nécessaires.

Et vous, MAGNIFIQUES ET TRÈS-HONORÉS SEIGNEURS, vous, dignes et respectables magistrats d'un peuple libre, permettez-moi de vous offrir en particulier mes hommages et mes devoirs. S'il y a dans le monde un

---

¹ * Texte de l'édition de 1801. L'édition originale et celle de Genève portent : *par devoir et pour la raison.*

DÉDICACE.

rang propre à illustrer ceux qui l'occupent, c'est sans doute celui que donnent les talents et la vertu, celui dont vous vous êtes rendus dignes, et auquel vos concitoyens vous ont élevés. Leur propre mérite ajoute encore au vôtre un nouvel éclat; et, choisis par des hommes capables d'en gouverner d'autres pour les gouverner eux-mêmes, je vous trouve autant au-dessus des autres magistrats, qu'un peuple libre, et surtout celui que vous avez l'honneur de conduire, est, par ses lumières et par sa raison, au-dessus de la populace des autres états.

Qu'il me soit permis de citer un exemple dont il devroit rester de meilleures traces, et qui sera toujours présent à mon cœur. Je ne me rappelle point sans la plus douce émotion la mémoire du vertueux citoyen de qui j'ai reçu le jour, et qui souvent entretint mon enfance du respect qui vous étoit dû. Je le vois encore, vivant du travail de ses mains, et nourrissant son ame des vérités les plus sublimes. Je vois Tacite, Plutarque et Grotius, mêlés devant lui avec les instruments de son métier. Je vois à ses côtés un fils chéri, recevant avec trop peu de fruit les tendres instructions du meilleur des pères. Mais si les égarements d'une folle jeunesse me firent oublier durant un temps de si sages leçons, j'ai le bonheur d'éprouver enfin que, quelque penchant qu'on ait vers le vice, il est difficile qu'une éducation dont le cœur se mêle reste perdue pour toujours.

Tels sont, MAGNIFIQUES ET TRÈS-HONORÉS SEIGNEURS, les citoyens et même les simples habitants nés dans l'état que vous gouvernez; tels sont ces hommes instruits et sensés dont, sous le nom d'ouvriers et de peuple, on a chez les autres nations des idées si basses et si fausses. Mon père, je l'avoue avec joie, n'étoit point distingué parmi ses concitoyens : il n'étoit que ce qu'ils sont tous ; et, tel qu'il étoit, il n'y a point de pays où sa société n'eût été recherchée, cultivée, et même avec fruit, par les plus honnêtes gens. Il ne m'appartient pas, et, grâce au ciel, il n'est pas nécessaire de vous parler des égards que peuvent attendre de vous des hommes de cette trempe, vos égaux par l'éducation ainsi que par les droits de la nature et de la naissance; vos inférieurs par leur volonté, par la préférence qu'ils doivent à votre mérite, qu'ils lui ont accordée, et pour laquelle vous leur devez à votre tour une sorte de reconnoissance. J'apprends avec une vive satisfaction de combien de douceur et de condescendance vous tempérez avec eux la gravité convenable aux ministres des lois; combien vous leur rendez en estime et en attentions ce qu'ils vous doivent d'obéissance et de respect; conduite pleine de justice et de sagesse, propre à éloigner de plus en plus la mémoire des événements malheureux qu'il faut oublier pour ne les revoir jamais; conduite d'autant plus judicieuse, que ce peuple équitable et généreux se fait un plaisir de son devoir, qu'il aime naturellement à vous honorer, et que les plus ardents à soutenir leurs droits sont les plus portés à respecter les vôtres.

Il ne doit pas être étonnant que les chefs d'une société civile en aiment la gloire et le bonheur; mais il l'est trop pour le repos des hommes que ceux qui se regardent comme les magistrats, ou plutôt comme les maîtres d'une patrie plus sainte et plus sublime, témoignent quelque amour pour la patrie terrestre qui les nourrit. Qu'il m'est doux de pouvoir faire en notre faveur une exception si rare, et placer au rang de nos meilleurs citoyens ces zélés dépositaires des dogmes sacrés autorisés par les lois, ces vénérables pasteurs des ames, dont la vive et douce éloquence porte d'autant mieux dans les cœurs les maximes de l'Évangile, qu'ils commencent toujours par les pratiquer eux-mêmes! Tout le monde sait avec quel succès le grand art de la chaire est cultivé à Genève. Mais, trop accoutumés à voir dire d'une manière et faire d'une autre, peu de gens savent jusqu'à quel point l'esprit du christianisme, la sainteté des mœurs, la sévérité pour soi-même et la douceur pour autrui, règnent dans le corps de nos ministres. Peut-être appartient-il à la seule ville de Genève de montrer l'exemple édifiant d'une aussi parfaite union entre une société de théologiens et de gens de lettres ; c'est en grande partie sur leur sagesse et leur modération reconnues, c'est sur leur zèle pour la prospérité de l'état, que je fonde l'espoir de son éternelle tranquillité ; et je remarque, avec un plaisir mêlé d'étonnement et de respect, combien ils ont d'horreur pour les affreuses maximes de ces hommes sacrés et barbares dont l'histoire fournit plus d'un exemple, et qui, pour soutenir les prétendus droits de Dieu, c'est-à-dire leurs intérêts, étoient d'autant moins avares du sang humain, qu'ils se flattoient que le leur seroit toujours respecté.

DÉDICACE.

Pourrois-je oublier cette précieuse moitié de la république qui fait le bonheur de l'autre, et dont la douceur et la sagesse y maintiennent la paix et les bonnes mœurs ? Aimables et vertueuses citoyennes, le sort de votre sexe sera toujours de gouverner le nôtre. Heureux quand votre chaste pouvoir, exercé seulement dans l'union conjugale, ne se fait sentir que pour la gloire de l'état et le bonheur public ! C'est ainsi que les femmes commandoient à Sparte, et c'est ainsi que vous méritez de commander à Genève. Quel homme barbare pourroit résister à la voix de l'honneur et de la raison dans la bouche d'une tendre épouse ? et qui ne mépriseroit un vain luxe, en voyant votre simple et modeste parure, qui, par l'éclat qu'elle tient de vous, semble être la plus favorable à la beauté ? C'est à vous de maintenir toujours, par votre aimable et innocent empire, et par votre esprit insinuant, l'amour des lois dans l'état et la concorde parmi les citoyens ; de réunir, par d'heureux mariages, les familles divisées, et surtout de corriger, par la persuasive douceur de vos leçons, et par les grâces modestes de votre entretien, les travers que nos jeunes gens vont prendre en d'autres pays, d'où, au lieu de tant de choses utiles dont ils pourroient profiter, ils ne rapportent, avec un ton puéril et des airs ridicules pris parmi des femmes perdues, que l'admiration de je ne sais quelles prétendues grandeurs, frivoles dédommagements de la servitude, qui ne vaudront jamais l'auguste liberté. Soyez donc toujours ce que vous êtes, les chastes gardiennes des mœurs et les doux liens de la paix; et continuez de faire valoir, en toute occasion, les droits du cœur et de la nature au profit du devoir et de la vertu.

Je me flatte de n'être point démenti par l'événement en fondant sur de tels garants l'espoir du bonheur commun des citoyens et de la gloire de la république. J'avoue qu'avec tous ces avantages elle ne brillera pas de cet éclat dont la plupart des yeux sont éblouis, et dont le puéril et funeste goût est le plus mortel ennemi du bonheur et de la liberté. Qu'une jeunesse dissolue aille chercher ailleurs des plaisirs faciles et de longs repentirs; que les prétendus gens de goût admirent en d'autres lieux la grandeur des palais, la beauté des équipages, les superbes ameublements, la pompe des spectacles, et tous les raffinements de la mollesse et du luxe : à Genève on ne trouvera que des hommes; mais pourtant un tel spectacle a bien son prix, et ceux qui le rechercheront vaudront bien les admirateurs du reste.

Daignez, MAGNIFIQUES, TRÈS-HONORÉS ET SOUVERAINS SEIGNEURS, recevoir tous avec la même bonté les respectueux témoignages de l'intérêt que je prends à votre prospérité commune. Si j'étois assez malheureux pour être coupable de quelque transport indiscret dans cette vive effusion de mon cœur, je vous supplie de le pardonner à la tendre affection d'un vrai patriote, et au zèle ardent et légitime d'un homme qui n'envisage point de plus grand bon-

228   DÉDICACE.

heur pour lui-même que celui de vous voir tous heureux [1].

Je suis avec le plus profond respect;

MAGNIFIQUES, TRÈS-HONORÉS
ET SOUVERAINS SEIGNEURS,

Votre très-humble et très-obéissant
serviteur et concitoyen,

J. J. ROUSSEAU.

A Chambéri, le 12 juin 1754.

[1] * Cette Dédicace où l'auteur, donnant quelquefois ses vœux pour des réalités, a présenté en plus d'un point le tableau de ce qui devoit être plutôt que de ce qui étoit réellement, par cela même ne produisit pas dans sa patrie l'effet qu'il en attendoit. On en voit la preuve dans sa *Correspondance*, notamment dans sa lettre à M. Perdriau, du 28 novembre 1754.

PRÉFACE.

La plus utile et la moins avancée de toutes les connoissances humaines me paroît être celle de l'homme [b]; et j'ose dire que la seule inscription du temple de Delphes contenoit un précepte plus important et plus difficile que tous les gros livres des moralistes. Aussi je regarde le sujet de ce Discours comme une des questions les plus intéressantes que la philosophie puisse proposer, et, malheureusement pour nous, comme une des plus épineuses que les philosophes puissent résoudre : car comment connoître la source de l'inégalité parmi les hommes, si l'on ne commence par les connoître eux-mêmes ? et comment l'homme viendra-t-il à bout de se voir tel que l'a formé la nature, à travers tous les changements que la succession des temps et des choses a dû produire dans sa constitution originelle, et de démêler ce qu'il tient de son propre fonds d'avec ce que les circonstances et ses progrès ont ajouté ou changé à son état primitif ? Semblable à la statue de Glaucus, que le temps, la mer et les orages avoient tellement défigurée qu'elle ressembloit moins à un dieu qu'à une bête féroce, l'âme humaine, altérée au sein de la société par mille causes sans cesse renaissantes, par l'acquisition d'une multitude de connoissances et d'erreurs, par les changements arrivés à la constitution des corps, et par le choc continuel des passions, a pour ainsi dire changé d'apparence au point d'être presque méconnoissable; et l'on n'y retrouve plus, au lieu d'un être agissant toujours par des principes certains et invariables, au lieu de cette céleste et majestueuse simplicité dont son auteur l'avoit empreinte, que le difforme contraste de la passion qui croit raisonner, et de l'entendement en délire.

Ce qu'il y a de plus cruel encore c'est que tous les progrès de l'espèce humaine l'éloignant sans cesse de son état primitif, plus nous accumulons de nouvelles connoissances, et plus nous nous ôtons les moyens d'acquérir la plus importante de toutes; et que c'est en un sens à force d'étudier l'homme que nous nous sommes mis hors d'état de le connoître.

Il est aisé de voir que c'est dans ces changements successifs de la constitution humaine qu'il faut chercher la première origine des différences qui distinguent les hommes, lesquels, d'un commun aveu, sont naturellement aussi égaux entre eux que l'étoient les animaux de chaque espèce avant que diverses causes physiques eussent introduit dans quelques-unes les variétés que nous y remarquons. En effet, il n'est pas concevable que ces premiers changements, par quelque moyen qu'ils soient arrivés, aient altéré, tout à la fois et de la même manière, tous les individus de l'espèce; mais les uns s'étant perfectionnés ou détériorés, et ayant acquis diverses qualités, bonnes ou mauvaises, qui n'étoient point inhérentes à leur nature, les autres restèrent plus long-temps dans leur état originel: et telle fut parmi les hommes la première source de l'inégalité, qu'il est plus aisé de démontrer ainsi en général que d'en assigner avec précision les véritables causes.

Que mes lecteurs ne s'imaginent donc pas que j'ose me flatter d'avoir vu ce qui me paroît si difficile à voir. J'ai commencé quelques raisonnements, j'ai hasardé quelques conjectures, moins dans l'espoir de résoudre la question, que dans l'intention de l'éclaircir et de la réduire à son véritable état. D'autres pourront aisément aller plus loin dans la même route, sans qu'il soit facile à personne d'arriver au terme; car ce n'est pas une légère entreprise de démêler ce qu'il y a d'originaire et d'artificiel dans la nature actuelle de l'homme, et de bien connoître un état qui n'existe plus, qui n'a peut-être point existé, qui probablement n'existera jamais, et dont il est pourtant nécessaire d'avoir des notions justes, pour bien juger de notre état présent. Il faudroit même plus de philosophie qu'on ne pense à celui qui entreprendroit de déterminer exactement les précautions à prendre pour faire sur ce sujet de solides observations; et une bonne solution du problème suivant ne me paroîtroit pas indigne des Aristotes et des Plines de notre siècle : *Quelles expériences seroient nécessaires pour parvenir à connoître l'homme naturel; et quels sont les moyens de faire ces expériences au sein de la société?* Loin d'entreprendre de résoudre ce problème, je crois en avoir assez médité le sujet pour oser répondre d'avance que les plus grands philosophes ne seront pas trop bons pour diriger ces expériences, ni les plus puissants souverains pour les faire; concours auquel il n'est guère raisonnable de s'attendre, surtout avec la persévérance ou plutôt la succession de lumières et de bonne volonté nécessaire de part et d'autre pour arriver au succès.

Ces recherches si difficiles à faire, et auxquelles on a si peu songé jusqu'ici, sont pourtant les seuls moyens qui nous restent de lever une multitude de difficultés qui nous dérobent la connoissance des fondements réels de la société humaine. C'est cette ignorance de la nature de l'homme qui jette tant d'incertitude et d'obscurité sur la véritable définition du droit naturel : car l'idée du droit, dit M. Burlamaqui, et plus encore celle du droit naturel, sont manifestement des idées relatives à la nature de l'homme. C'est donc de cette nature même de l'homme, continue-t-il, de sa constitution et de son état, qu'il faut déduire les principes de cette science.

Ce n'est point sans surprise et sans scandale qu'on remarque le peu d'accord qui règne sur cette importante matière entre les divers auteurs qui en ont traité. Parmi les plus graves écrivains, à peine en trouve-t-on deux qui soient du même avis sur ce point. Sans parler des anciens philosophes, qui semblent avoir pris à tâche de se contredire entre eux sur les principes les plus fondamentaux, les jurisconsultes romains assujettissent indifféremment l'homme et tous les autres animaux à la même loi naturelle, parce qu'ils considèrent plutôt sous ce nom la loi que la nature s'impose à elle-même que celle qu'elle prescrit, ou plutôt à cause de l'acception particulière selon laquelle ces jurisconsultes entendent le mot de *loi*, qu'ils semblent n'avoir pris en cette occasion que pour l'expression des rapports généraux établis par la nature entre tous les êtres animés pour leur commune conservation. Les modernes ne reconnoissant, sous le nom de loi, qu'une règle prescrite à un être moral, c'est-à-dire intelligent, libre, et considéré dans ses rapports avec d'autres êtres, bornent conséquemment au seul animal doué de raison, c'est-à-dire à l'homme, la compétence de la loi naturelle; mais définissant cette loi chacun à sa mode, ils l'établissent tous sur des principes si métaphysiques, qu'il y a, même parmi nous, bien peu de gens en état de comprendre ces principes, loin de pouvoir les trouver d'eux-mêmes. De sorte que toutes les définitions de ces savants hommes, d'ailleurs en perpétuelle contradiction entre elles, s'accordent seulement en ceci, qu'il est impossible d'entendre la loi de nature, et par conséquent d'y obéir, sans être un très-grand raisonneur et un profond métaphysicien : ce qui signifie précisément que les hommes ont dû employer pour l'établissement de la société des lumières qui ne se développent qu'avec beaucoup de peine, et pour fort peu de gens, dans le sein de la société même.

Connoissant si peu la nature, et s'accordant si mal sur le sens du mot *loi*, il seroit bien difficile de convenir d'une bonne définition de la loi naturelle. Aussi toutes celles qu'on trouve dans les livres, outre le défaut de n'être point uniformes, ont-elles encore celui d'être tirées de plusieurs connoissances que les hommes n'ont point naturellement, et des avantages dont ils ne peuvent concevoir l'idée qu'après être sortis de l'état de nature. On commence par rechercher les règles dont, pour l'utilité commune, il seroit à propos que les hommes convinssent entre eux; et puis on donne le nom de loi naturelle à la collection de ces règles, sans autre preuve que le bien qu'on trouve qui résulteroit de leur pratique universelle. Voilà assurément une manière très-commode de composer des définitions, et d'expliquer la nature des choses par des convenances presque arbitraires.

Mais, tant que nous ne connoîtrons point l'homme naturel, c'est en vain que nous voudrons déterminer la loi qu'il a reçue, ou celle qui convient le mieux à sa constitution. Tout ce que nous pouvons voir très-clairement au sujet de cette loi, c'est que non seulement, pour qu'elle soit loi, il faut que la volonté de celui qu'elle oblige puisse s'y soumettre avec connoissance, mais qu'il faut encore, pour qu'elle soit naturelle, qu'elle parle immédiatement par la voix de la nature.

Laissant donc tous les livres scientifiques qui ne nous apprennent qu'à voir les hommes tels qu'ils se sont faits, et méditant sur les premières et plus simples opérations de l'ame humaine, j'y crois apercevoir deux principes antérieurs à la raison, dont l'un nous intéresse ardemment à notre bien-être et à la conservation de nous-mêmes, et l'autre nous inspire une répugnance naturelle à voir périr ou souffrir tout être sensible, et principalement nos semblables. C'est du concours et de la combinaison que notre esprit est en état de faire de ces deux principes, sans qu'il soit nécessaire d'y faire entrer celui de la sociabilité, que me paroissent découler toutes les règles du droit naturel ; règles que la raison est ensuite forcée de rétablir sur d'autres fondements, quand, par ses développements successifs, elle est venue à bout d'étouffer la nature.

De cette manière on n'est point obligé de faire de l'homme un philosophe avant que d'en faire un homme ; ses devoirs envers autrui ne lui sont pas uniquement dictés par les tardives leçons de la sagesse; et, tant qu'il ne résistera point à l'impulsion intérieure de la commisération, il ne fera jamais du mal à un autre homme, ni même à aucun être sensible, excepté dans le cas légitime où, sa conservation se trouvant intéressée, il est obligé de se donner la préférence à lui-même. Par ce moyen on termine aussi les anciennes disputes sur la participation des animaux à la loi naturelle; car il est clair que, dépourvus de lumières et de liberté, ils ne peuvent reconnoître cette loi; mais, tenant en quelque chose à notre nature par la sensibilité dont ils sont doués, on jugera qu'ils doivent aussi participer au droit naturel, et que l'homme est assujetti envers eux à quelque espèce de devoirs. Il semble en effet que si je suis obligé de ne faire aucun mal à mon semblable, c'est moins parce qu'il est un être raisonnable que parce qu'il est un être sensible, qualité qui, étant commune à la bête et à l'homme, doit au moins donner à l'une le droit de n'être point maltraitée inutilement par l'autre.

Cette même étude de l'homme originel, de ses vrais besoins, et des principes fondamentaux de ses devoirs, est encore le seul bon moyen qu'on puisse employer pour lever ces foules de difficultés qui se présentent sur l'origine de l'inégalité morale, sur les vrais fondements du corps politique, sur les droits réciproques de ses membres, et sur mille autres questions semblables, aussi importantes que mal éclaircies.

En considérant la société humaine d'un regard tranquille et désintéressé, elle ne semble montrer d'abord que la violence des hommes puissants et l'oppression des foibles : l'esprit se révolte contre la dureté des uns, ou est porté à déplorer l'aveuglement des autres; et comme rien n'est moins stable parmi les hommes que ces relations extérieures que le hasard produit plus souvent que la sagesse, et que l'on appelle foiblesse ou puissance, richesse ou pauvreté, les établissements humains paroissent, au premier coup d'œil, fondés sur des monceaux de sable mouvant : ce n'est qu'en les examinant de près, ce n'est qu'après avoir écarté la poussière et le sable qui environnent l'édifice, qu'on aperçoit la base inébranlable sur laquelle il est élevé, et qu'on apprend à en respecter les fondements. Or, sans l'étude sérieuse de l'homme, de ses facultés naturelles et de leurs développements successifs, on ne viendra jamais à bout de faire ces distinctions, et de séparer, dans l'actuelle constitution des choses, ce qu'a fait la volonté divine d'avec ce que l'art humain a prétendu faire. Les recherches politiques et morales auxquelles donne lieu l'importante question que j'examine sont donc utiles de toutes manières, et l'histoire hypothétique des gouvernements est pour l'homme une leçon instructive à tous égards. En considérant ce que nous serions devenus abandonnés à nous-mêmes, nous devons apprendre à bénir celui dont la main bienfaisante, corrigeant nos institutions et leur donnant une assiette inébranlable, a prévenu les désordres qui devroient en résulter, et fait naître notre bonheur des moyens qui sembloient devoir combler notre misère.

*Quem te Deus esse
Jussit, et humana qua parte locatus es in re,
Disce.*

Pers., sat. III, v. 71.

AVERTISSEMENT
SUR LES NOTES.

J'ai ajouté quelques notes à cet ouvrage, selon ma coutume paresseuse de travailler à bâton rompu [1]. Ces notes s'écartent quelquefois assez du sujet pour n'être pas bonnes à lire avec le texte. Je les ai donc rejetées à la fin du Discours, dans lequel j'ai tâché de suivre de mon mieux le plus droit chemin. Ceux qui auront le courage de recommencer pourront s'amuser la seconde fois à battre les buissons, et tenter de parcourir les notes : il y aura peu de mal que les autres ne les lisent point du tout.

[1] * *Coutume paresseuse...* Cette manière poétique de s'exprimer, qui consiste à transmettre à un objet les qualités qui ne peuvent convenir qu'à la personne, se rencontre fréquemment dans notre auteur. C'est ainsi que, dans sa Dédicace, il avoit dit, *une infirme et languissante carrière.*

QUESTION

PROPOSÉE PAR L'ACADÉMIE DE DIJON :

QUELLE EST L'ORIGINE DE L'INÉGALITÉ PARMI LES HOMMES, ET SI ELLE EST AUTORISÉE PAR LA LOI NATURELLE?

DISCOURS

SUR

L'ORIGINE ET LES FONDEMENTS

DE L'INÉGALITÉ

PARMI LES HOMMES[1].

C'est de l'homme que j'ai à parler; et la question que j'examine m'apprend que je vais parler à des hommes; car on n'en propose point de semblables quand on craint d'honorer la vérité. Je défendrai donc avec confiance la cause de l'humanité devant les sages qui m'y invitent, et je ne serai pas mécontent de moi-même si je me rends digne de mon sujet et de mes juges.

Je conçois dans l'espèce humaine deux sortes

---

[1] * Ce Discours de Rousseau n'obtint pas, comme le premier, les honneurs du prix. Ce prix fut donné à un autre Discours qui a été imprimé, et dont l'auteur étoit l'abbé Talbert, sermonaire distingué dans son temps, auteur de plusieurs éloges et pièces de poésie qui tous ont obtenu aussi des prix dans différentes Académies de province. Malgré tant de couronnes, l'abbé Talbert et son Discours, et ses éloges, et ses vers, sont tous également oubliés aujourd'hui.

d'inégalités : l'une, que j'appelle naturelle ou physique, parce qu'elle est établie par la nature, et qui consiste dans la différence des âges, de la santé, des forces du corps et des qualités de l'esprit ou de l'ame; l'autre, qu'on peut appeler inégalité morale ou politique, parce qu'elle dépend d'une sorte de convention, et qu'elle est établie ou du moins autorisée par le consentement des hommes. Celle-ci consiste dans les différents priviléges dont quelques-uns jouissent au préjudice des autres, comme d'être plus riches, plus honorés, plus puissants qu'eux, ou même de s'en faire obéir.

On ne peut pas demander quelle est la source de l'inégalité naturelle, parce que la réponse se trouveroit énoncée dans la simple définition du mot. On peut encore moins chercher s'il n'y auroit point quelque liaison essentielle entre les deux inégalités; car ce seroit demander en d'autres termes si ceux qui commandent valent nécessairement mieux que ceux qui obéissent, et si la force du corps ou de l'esprit, la sagesse ou la vertu, se trouvent toujours dans les mêmes individus en proportion de la puissance ou de la richesse : question bonne peut-être à agiter entre des esclaves entendus de leurs maîtres, mais qui ne convient pas à des hommes raisonnables et libres, qui cherchent la vérité.

De quoi s'agit-il donc précisément dans ce Discours? De marquer dans le progrès des choses le moment où, le droit succédant à la violence, la nature fut soumise à la loi; d'expliquer par quel enchaînement de prodiges le fort put se résoudre à servir le foible, et le peuple à acheter un repos en idée au prix d'une félicité réelle.

Les philosophes qui ont examiné les fondements de la société ont tous senti la nécessité de remonter jusqu'à l'état de nature, mais aucun d'eux n'y est arrivé. Les uns n'ont point balancé à supposer à l'homme dans cet état la notion du juste et de l'injuste, sans se soucier de montrer qu'il dût avoir cette notion, ni même qu'elle lui fût utile. D'autres ont parlé du droit naturel que chacun a de conserver ce qui lui appartient, sans expliquer ce qu'ils entendoient par appartenir. D'autres, donnant d'abord au plus fort l'autorité sur le plus foible, ont aussitôt fait naître le gouvernement, sans songer au temps qui dut s'écouler avant que le sens des mots d'autorité et de gouvernement pût exister parmi les hommes. Enfin tous, parlant sans cesse de besoin, d'avidité, d'oppression, de désirs et d'orgueil, ont transporté à l'état de nature des idées qu'ils avoient prises dans la société : ils parloient de l'homme sauvage, et ils peignoient l'homme civil. Il n'est pas même venu dans l'esprit de la plupart des nôtres de douter que l'état de nature eût existé, tandis qu'il est évident, par la lecture des livres sacrés, que le premier homme, ayant reçu immédiatement de Dieu des lumières et des préceptes, n'étoit point lui-même dans cet état, et qu'en ajoutant aux écrits de Moïse la foi que leur doit tout philosophe chrétien, il faut nier que, même avant le déluge, les hommes se soient jamais trouvés dans le pur état de nature, à moins qu'ils n'y soient retombés par quelque événement extraordinaire : paradoxe fort embarrassant à défendre, et tout-à-fait impossible à prouver.

Commençons donc par écarter tous les faits, car ils ne touchent point à la question. Il ne faut pas prendre les recherches dans lesquelles on peut entrer sur ce sujet pour des vérités historiques, mais seulement pour des raisonnements hypothétiques et conditionnels, plus propres à éclaircir la nature des choses qu'à en montrer la véritable origine, et semblables à ceux que font tous les jours nos physiciens sur la formation du monde. La religion nous ordonne de croire que Dieu lui-même ayant tiré les hommes de l'état de nature immédiatement après la création, ils sont inégaux parce qu'il a voulu qu'ils le fussent; mais elle ne nous défend pas de former des conjectures tirées de la seule nature de l'homme et des êtres qui l'environnent, sur ce qu'auroit pu devenir le genre humain s'il fût resté abandonné à lui-même. Voilà ce qu'on me demande, et ce que je me propose d'examiner dans ce Discours. Mon sujet intéressant l'homme en général, je tâcherai de prendre un langage qui convienne à toutes les nations; ou plutôt, oubliant les temps et les lieux pour ne songer qu'aux hommes à qui je parle, je me supposerai dans le lycée d'Athènes, répétant les leçons de mes maîtres, ayant les Platon et les Xénocrate pour juges, et le genre humain pour auditeur.

O homme, de quelque contrée que tu sois, quelles que soient tes opinions, écoute; voici ton histoire, telle que j'ai cru la lire, non dans les livres de tes semblables, qui sont menteurs, mais dans la nature, qui ne ment jamais. Tout ce qui sera d'elle sera vrai; il n'y aura de faux que ce que j'y aurai mêlé du mien sans le vouloir. Les temps dont je vais parler sont bien éloignés : combien tu as changé de ce que tu étois! C'est, pour ainsi dire, la vie de ton espèce que je te vais décrire d'après les qualités que tu as reçues, que ton éducation et tes habitudes ont pu dépraver, mais qu'elles n'ont pu détruire. Il y a, je le sens, un âge auquel l'homme individuel voudroit s'arrêter : tu chercheras l'âge auquel tu désirerois que ton espèce se fût arrêtée. Mécontent de ton état présent par des raisons qui annoncent à ta postérité malheureuse de plus grands mécontentements encore, peut-être voudrois-tu pouvoir rétrograder; et ce sentiment doit faire l'éloge de tes premiers aïeux, la critique de tes contemporains, et l'effroi de ceux qui auront le malheur de vivre après toi.

PREMIÈRE PARTIE.

Quelque important qu'il soit, pour bien juger

de l'état naturel de l'homme, de le considérer dès son origine et de l'examiner, pour ainsi dire, dans le premier embryon de l'espèce, je ne suivrai point son organisation à travers ses développements successifs : je ne m'arrêterai pas à rechercher dans le système animal ce qu'il put être au commencement pour devenir enfin ce qu'il est. Je n'examinerai pas si, comme le pense Aristote, ses ongles alongés ne furent point d'abord des griffes crochues; s'il n'étoit point velu comme un ours; et si, marchant à quatre pieds, ses regards dirigés vers la terre, et bornés à un horizon de quelques pas, ne marquoient point à la fois le caractère et les limites de ses idées. Je ne pourrois former sur ce sujet que des conjectures vagues et presque imaginaires. L'anatomie comparée a fait encore trop peu de progrès, les observations des naturalistes sont encore trop incertaines, pour qu'on puisse établir sur de pareils fondements la base d'un raisonnement solide : ainsi, sans avoir recours aux connoissances surnaturelles que nous avons sur ce point, et sans avoir égard aux changements qui ont dû survenir dans la conformation tant intérieure qu'extérieure de l'homme, à mesure qu'il appliquoit ses membres à de nouveaux usages et qu'il se nourrissoit de nouveaux aliments, je le supposerai conformé de tout temps comme je le vois aujourd'hui, marchant à deux pieds, se servant de ses mains comme nous faisons des nôtres, portant ses regards sur toute la nature, et mesurant des yeux la vaste étendue du ciel.

En dépouillant cet être ainsi constitué de tous les dons surnaturels qu'il a pu recevoir, et de toutes les facultés artificielles qu'il n'a pu acquérir que par de longs progrès; en le considérant en un mot tel qu'il a dû sortir des mains de la nature, je vois un animal moins fort que les uns, moins agile que les autres, mais, à tout prendre, organisé le plus avantageusement de tous : je le vois se rassasiant sous un chêne, se désaltérant au premier ruisseau, trouvant son lit au pied du même arbre qui lui a fourni son repas; et voilà ses besoins satisfaits.

La terre, abandonnée à sa fertilité naturelle, et couverte de forêts immenses que la cognée ne mutila jamais, offre à chaque pas des magasins et des retraites aux animaux de toute espèce. Les hommes, dispersés parmi eux, observent, imitent leur industrie, et s'élèvent ainsi jusqu'à l'instinct des bêtes; avec cet avantage que chaque espèce n'a que le sien propre, et que l'homme, n'en ayant peut-être aucun qui lui appartienne, se les approprie tous; se nourrit également de la plupart des aliments divers que les autres animaux se partagent, et trouve par conséquent sa subsistance plus aisément que ne peut faire aucun d'eux.

Accoutumés dès l'enfance aux intempéries de l'air et à la rigueur des saisons, exercés à la fatigue, et forcés de défendre nus et sans armes leur vie et leur proie contre les autres bêtes féroces, ou de leur échapper à la course, les hommes se forment un tempérament robuste et presque inaltérable; les enfants, apportant au monde l'excellente constitution de leurs pères, et la fortifiant par les mêmes exercices qui l'ont produite, acquièrent ainsi toute la vigueur dont l'espèce humaine est capable [1]. La nature en use précisément avec eux comme la loi de Sparte avec les enfants des citoyens; elle rend forts et robustes ceux qui sont bien constitués, et fait périr tous les autres : différente en cela de nos sociétés, où l'état, en rendant les enfants onéreux aux pères, les tue indistinctement avant leur naissance.

Le corps de l'homme sauvage étant le seul instrument qu'il connoisse, il l'emploie à divers usages, dont, par le défaut d'exercice, les nôtres sont incapables; et c'est notre industrie qui nous ôte la force et l'agilité que la nécessité l'oblige d'acquérir. S'il avoit eu une hache, son poignet romproit-il de si fortes branches? s'il avoit eu une fronde, lanceroit-il de la main une pierre avec tant de roideur? S'il avoit eu une échelle, grim-

[1] *On connoît les expériences comparatives et si curieuses faites à l'aide du dynamomètre, pour déterminer la force relative de quelques sauvages de la terre de Van-Diemen, et celle des François et des Anglois présents à ces expériences. Les sauvages, sous ce rapport, se sont trouvés inférieurs à tous les hommes des deux équipages. Voyez le Voyage de Péron aux Terres Australes, tome Ier.

peroit-il si légèrement sur un arbre? s'il avoit eu un cheval, seroit-il si vite à la course? Laissez à l'homme civilisé le temps de rassembler toutes ces machines autour de lui, on ne peut douter qu'il ne surmonte facilement l'homme sauvage : mais si vous voulez voir un combat plus inégal encore, mettez-les nus et désarmés vis-à-vis l'un de l'autre, et vous reconnoîtrez bientôt quel est l'avantage d'avoir sans cesse toutes ses forces à sa disposition, d'être toujours prêt à tout événement, et de se porter, pour ainsi dire, toujours tout entier avec soi [f].

Hobbes prétend que l'homme est naturellement intrépide, et ne cherche qu'à attaquer et combattre. Un philosophe illustre pense au contraire, et Cumberland et Puffendorf l'assurent aussi, que rien n'est si timide que l'homme dans l'état de nature, et qu'il est toujours tremblant et prêt à fuir au moindre bruit qui le frappe, au moindre mouvement qu'il aperçoit. Cela peut être ainsi pour les objets qu'il ne connoît pas; et je ne doute point qu'il ne soit effrayé par tous les nouveaux spectacles qui s'offrent à lui toutes les fois qu'il ne peut distinguer le bien et le mal physiques qu'il en doit attendre, ni comparer ses forces avec les dangers qu'il a à courir; circonstances rares dans l'état de nature, où toutes choses marchent d'une manière si uniforme, et où la face de la terre n'est point sujette à ces changements brusques et continuels qu'y causent les passions et l'inconstance des peuples réunis. Mais l'homme sauvage, vivant dispersé parmi les animaux, et se trouvant de bonne heure dans le cas de se mesurer avec eux, il en fait bientôt la comparaison ; et, sentant qu'il les surpasse plus en adresse qu'ils ne le surpassent en force, il apprend à ne les plus craindre. Mettez un ours ou un loup aux prises avec un sauvage robuste, agile, courageux, comme ils sont tous, armé de pierres et d'un bon bâton, et vous verrez que le péril sera tout au moins réciproque, et qu'après plusieurs expériences pareilles, les bêtes féroces, qui n'aiment point à s'attaquer l'une à l'autre, s'attaqueront peu volontiers à l'homme, qu'elles auront trouvé tout aussi féroce qu'elles. A l'égard des animaux qui ont réellement plus de force qu'il n'a d'adresse, il est vis-à-vis d'eux dans le cas des autres espèces plus foibles, qui ne laissent pas de subsister ; avec cet avantage pour l'homme que, non moins dispos qu'eux à la course, et trouvant sur les arbres un refuge presque assuré, il a partout le prendre et le laisser dans la rencontre, et le choix de la fuite ou du combat. Ajoutons qu'il ne paroît pas qu'aucun animal fasse naturellement la guerre à l'homme hors le cas de sa propre défense ou d'une extrême faim, ni témoigne contre lui de ces violentes antipathies qui semblent annoncer qu'une espèce est destinée par la nature à servir de pâture à l'autre.

Voilà sans doute les raisons pourquoi les nègres et les sauvages se mettent si peu en peine des bêtes féroces qu'ils peuvent rencontrer dans les bois. Les Caraïbes de Venezuela vivent entre autres à cet égard dans la plus profonde sécurité et sans le moindre inconvénient. Quoiqu'ils soient presque nus, dit François Corréal, ils ne laissent pas de s'exposer hardiment dans les bois, armés seulement de la flèche et de l'arc; mais on n'a jamais ouï dire qu'aucun d'eux ait été dévoré des bêtes.

D'autres ennemis plus redoutables, et dont l'homme n'a pas les mêmes moyens de se défendre, sont les infirmités naturelles, l'enfance, la vieillesse, et les maladies de toute espèce; tristes signes de notre foiblesse, dont les deux premiers sont communs à tous les animaux, et dont le dernier appartient principalement à l'homme vivant en société. J'observe même, au sujet de l'enfance, que la mère, portant partout son enfant avec elle, a beaucoup plus de facilité à le nourrir que n'ont les femelles de plusieurs animaux, qui sont forcées d'aller et venir sans cesse avec beaucoup de fatigue, d'un côté pour chercher leur pâture, et de l'autre, pour allaiter ou nourrir leurs petits. Il est vrai que, si la femme vient à périr, l'enfant risque fort de périr avec elle; mais ce danger est commun à cent autres espèces dont les petits ne sont de long-temps en état d'aller chercher eux-mêmes leur nourriture; et si l'enfance est plus longue parmi nous, la vie étant plus longue aussi, tout est encore à peu près égal en ce point [g]; quoiqu'il y ait sur la durée du premier âge, et sur le nombre des petits [h], d'autres règles qui ne sont pas de mon sujet. Chez les vieillards, qui agissent et transpirent peu, le besoin d'aliments diminue avec la faculté d'y pourvoir; et comme la vie sauvage éloigne d'eux la goutte et les rhumatismes, et que la vieillesse est de tous les maux celui que les secours humains peuvent le moins soulager, ils s'éteignent enfin, sans qu'on s'aperçoive qu'ils cessent d'être, et presque sans s'en apercevoir eux-mêmes.

A l'égard des maladies, je ne répéterai point les vaines et fausses déclamations que font contre la médecine la plupart des gens en santé; mais je demanderai s'il y a quelque observation solide de laquelle on puisse conclure que, dans les pays où cet art est le plus négligé, la vie moyenne de l'homme soit plus courte que dans ceux où il est cultivé avec le plus de soin. Et comment cela pourroit-il être, si nous nous donnons plus de maux que la médecine ne peut nous fournir de remèdes? L'extrême inégalité dans la manière de vivre, l'excès d'oisiveté dans les uns, l'excès de travail dans les autres, la facilité d'irriter et de satisfaire nos appétits et notre sensualité, les aliments trop recherchés des riches, qui les nourrissent de sucs échauffants et les accablent d'indigestions, la mauvaise nourriture des pauvres, dont ils manquent même souvent, et dont le défaut les porte à surcharger avidement leur estomac dans l'occasion, les veilles, les excès de toute espèce, les transports immodérés de toutes les passions, les fatigues et l'épuisement d'esprit, les chagrins et les peines sans nombre qu'on éprouve dans tous les états, et dont les ames sont perpétuellement rongées : voilà les funestes garants que la plupart de nos maux sont notre propre ouvrage, et que nous les aurions presque tous évités en conservant la manière de vivre simple, uniforme et solitaire qui nous étoit prescrite par la nature. Si elle nous a destinés à être sains, j'ose presque assurer que l'état de réflexion est un état contre nature, et que l'homme qui médite est un animal dépravé. Quand on songe à la bonne constitution des sauvages, au moins de ceux que nous n'avons pas perdus avec nos liqueurs fortes; quand on sait qu'ils ne connoissent presque d'autres maladies que les blessures et la vieillesse, on est très-porté à croire qu'on feroit aisément l'histoire des maladies humaines en suivant celle des sociétés civiles. C'est au moins l'avis de Platon [1], qui juge, sur certains remèdes employés ou approuvés par Podalyre et Macaon au siége de Troie, que diverses maladies que ces remèdes devoient exciter n'étoient point

---

[1] * De Rep., lib. III. (Tom. VI, p. 301, édit. de Deux-Ponts.)

encore alors connues parmi les hommes ; et Celse rapporte que la diète, aujourd'hui si nécessaire, ne fut inventée que par Hippocrate.

Avec si peu de sources de maux, l'homme dans l'état de nature n'a donc guère besoin de remèdes, moins encore de médecins ; l'espèce humaine n'est point non plus à cet égard de pire condition que toutes les autres, et il est aisé de savoir des chasseurs si dans leurs courses ils trouvent beaucoup d'animaux infirmes. Plusieurs en trouvent qui ont reçu des blessures considérables très-bien cicatrisées, qui ont eu des os et même des membres rompus, et repris sans autre chirurgien que le temps, sans autre régime que leur vie ordinaire, et qui n'en sont pas moins parfaitement guéris pour n'avoir point été tourmentés d'incisions, empoisonnés de drogues, ni exténués de jeûnes. Enfin, quelque utile que puisse être parmi nous la médecine bien administrée, il est toujours certain que si le sauvage malade, abandonné à lui-même, n'a rien à espérer que de la nature, en revanche il n'a rien à craindre que de son mal ; ce qui rend souvent sa situation préférable à la nôtre.

Gardons-nous donc de confondre l'homme sauvage avec les hommes que nous avons sous les yeux. La nature traite tous les animaux abandonnés à ses soins avec une prédilection qui semble montrer combien elle est jalouse de ce droit. Le cheval, le chat, le taureau, l'âne même, ont la plupart une taille plus haute, tous une constitution plus robuste, plus de vigueur, de force et de courage dans les forêts que dans nos maisons : ils perdent la moitié de ces avantages en devenant domestiques, et l'on diroit que tous nos soins à bien traiter et nourrir ces animaux n'aboutissent qu'à les abâtardir. Il en est ainsi de l'homme même : en devenant sociable et esclave il devient foible, craintif, rampant; et sa manière de vivre molle et efféminée achève d'énerver à la fois sa force et son courage. Ajoutons qu'entre les conditions sauvage et domestique la différence d'homme à homme doit être plus grande encore que celle de bête à bête : car l'animal et l'homme ayant été traités également par la nature, toutes les commodités que l'homme se donne de plus qu'aux animaux qu'il apprivoise sont autant de causes particulières qui le font dégénérer plus sensiblement.

Ce n'est donc pas un si grand malheur à ces premiers hommes, ni surtout un si grand obstacle à leur conservation, que la nudité, le défaut d'habitation, et la privation de toutes ces inutilités que nous croyons si nécessaires. S'ils n'ont pas la peau velue, ils n'en ont aucun besoin dans les pays chauds; et ils savent bientôt, dans les pays froids, s'approprier celles des bêtes qu'ils ont vaincues : s'ils n'ont que deux pieds pour courir, ils ont deux, bras pour pourvoir à leur défense et à leurs besoins. Leurs enfants marchent peut-être tard et avec peine, mais les mères les portent avec facilité; avantage qui manque aux autres espèces, où la mère, étant poursuivie, se voit contrainte d'abandonner ses petits ou de régler son pas sur le leur[1]. Enfin, à moins de supposer ces concours singuliers et fortuits de circonstances dont je parlerai dans la suite, et qui pouvoient fort bien ne jamais arriver, il est clair, en tout état de cause, que le premier qui se fit des habits ou un logement se donna en cela des choses peu nécessaires, puisqu'il s'en étoit passé jusqu'alors, et qu'on ne voit pas pourquoi il n'eût pu supporter, homme fait, un genre de vie qu'il supportoit dès son enfance.

Seul, oisif, et toujours voisin du danger, l'homme sauvage doit aimer à dormir, et avoir le sommeil léger, comme les animaux, qui, pensant peu, dorment, pour ainsi dire, tout le temps qu'ils ne pensent point. Sa propre conservation faisant presque son unique soin, ses facultés les plus exercées doivent être celles qui ont pour objet

[1] Il peut y avoir à ceci quelques exceptions : celle, par exemple, de cet animal de la province de Nicaragá, qui ressemble à un renard, qui a les pieds comme les mains d'un homme, et qui, selon Corréal, a sous le ventre un sac où la mère met ses petits lorsqu'elle est obligée de fuir. C'est sans doute le même animal qu'on appelle tlaquatzin au Mexique, et à la femelle duquel Laët donne un semblable sac pour le même usage.

principal l'attaque et la défense, soit pour subjuguer sa proie, soit pour se garantir d'être celle d'un autre animal; au contraire, les organes qui ne se perfectionnent que par la mollesse et la sensualité doivent rester dans un état de grossièreté qui exclut en lui toute espèce de délicatesse; et ses sens se trouvant partagés sur ce point, il aura le toucher et le goût d'une rudesse extrême, la vue, l'ouïe et l'odorat, de la plus grande subtilité. Tel est l'état animal en général, et c'est aussi, selon le rapport des voyageurs, celui de la plupart des peuples sauvages. Ainsi il ne faut point s'étonner que les Hottentots du cap de Bonne-Espérance découvrent à la simple vue des vaisseaux en haute mer d'aussi loin que les Hollandois avec des lunettes; ni que les sauvages de l'Amérique sentissent les Espagnols à la piste comme auroient pu faire les meilleurs chiens; ni que toutes ces nations barbares supportent sans peine leur nudité, aiguisent leur goût à force de piment, et boivent les liqueurs européennes comme de l'eau.

Je n'ai considéré jusqu'ici que l'homme physique; tâchons de le regarder maintenant par le côté métaphysique et moral.

Je ne vois dans tout animal qu'une machine ingénieuse, à qui la nature a donné des sens pour se remonter elle-même, et pour se garantir, jusqu'à un certain point, de tout ce qui tend à la détruire ou à la déranger. J'aperçois précisément les mêmes choses dans la machine humaine, avec cette différence que la nature seule fait tout dans les opérations de la bête, au lieu que l'homme concourt aux siennes en qualité d'agent libre. L'une choisit ou rejette par instinct, et l'autre par un acte de liberté; ce qui fait que la bête ne peut s'écarter de la règle qui lui est prescrite, même quand il lui seroit avantageux de le faire, et que l'homme s'en écarte souvent à son préjudice. C'est ainsi qu'un pigeon mourroit de faim près d'un bassin rempli des meilleures viandes, et un chat sur des tas de fruits ou de grains, quoique l'un et l'autre pût très-bien se nourrir de l'aliment qu'il dédaigne, s'il s'étoit avisé d'en essayer; c'est ainsi que les hommes dissolus se livrent à des excès qui leur causent la fièvre et la mort, parce que l'esprit déprave les sens, et que la volonté parle encore quand la nature se tait.

Tout animal a des idées, puisqu'il a des sens; il combine même ses idées jusqu'à un certain point: et l'homme ne diffère à cet égard de la bête que du plus au moins; quelques philosophes ont même avancé qu'il y a plus de différence de tel homme à tel homme, que de tel homme à telle bête. Ce n'est donc pas tant l'entendement qui fait parmi les animaux la distinction spécifique de l'homme que sa qualité d'agent libre. La nature commande à tout animal, et la bête obéit. L'homme éprouve la même impression, mais il se reconnoît libre d'acquiescer ou de résister; et c'est surtout dans la conscience de cette liberté que se montre la spiritualité de son ame; car la physique explique en quelque manière le mécanisme des sens et la formation des idées; mais dans la puissance de vouloir ou plutôt de choisir, et dans le sentiment de cette puissance, on ne trouve que des actes purement spirituels, dont on n'explique rien par les lois de la mécanique.

Mais, quand les difficultés qui environnent toutes ces questions laisseroient quelque lieu de disputer sur cette différence de l'homme et de l'animal, il y a une autre qualité très-spécifique qui les distingue, et sur laquelle il ne peut y avoir de contestation; c'est la faculté de se perfectionner, faculté qui, à l'aide des circonstances, développe successivement toutes les autres, et réside parmi nous tant dans l'espèce que dans l'individu; au lieu qu'un animal est au bout de quelques mois ce qu'il sera toute sa vie, et son espèce au bout de mille ans ce qu'elle étoit la première année de ces mille ans. Pourquoi l'homme seul est-il sujet à devenir imbécile? N'est-ce point qu'il retourne ainsi dans son état primitif, et que, tandis que la bête, qui n'a rien acquis et qui n'a rien non plus à perdre, reste toujours avec son instinct, l'homme, reperdant par la vieillesse ou d'autres accidents tout ce que sa *perfectibilité* lui avoit fait acquérir, retombe ainsi plus bas que la bête même? Il seroit triste pour nous d'être forcés de convenir que cette faculté distinctive et presque illimitée est la source de tous les malheurs de l'homme; que c'est elle qui le tire à force de temps de cette condition originaire dans laquelle il couleroit des jours tranquilles et innocents; que c'est elle qui, faisant éclore avec les siècles ses lumières et ses erreurs, ses vices et ses vertus, le rend à la longue le tyran de lui-même et de la nature *i*. Il seroit affreux d'être obligé de louer comme un être bienfaisant celui qui le premier suggéra à l'habitant des rives de l'Orénoque l'usage de ces ais qu'il applique sur les tempes de ses enfants, et qui leur assurent du moins une partie de leur imbécillité et de leur bonheur originel.

L'homme sauvage, livré par la nature au seul instinct, ou plutôt dédommagé de celui qui lui manque peut-être par des facultés capables d'y suppléer d'abord et de l'élever ensuite fort au-dessus de celle-là, commencera donc par les fonctions purement animales *k*. Apercevoir et sentir sera son premier état, qui lui sera commun avec tous les animaux; vouloir et ne pas vouloir, désirer et craindre, seront les premières et presque les seules opérations de son ame, jusqu'à ce que de nouvelles circonstances y causent de nouveaux développements.

Quoi qu'en disent les moralistes, l'entendement humain doit beaucoup aux passions, qui, d'un commun aveu, lui doivent beaucoup aussi : c'est par leur activité que notre raison se perfectionne ; nous ne cherchons à connoître que parce que nous désirons de jouir ; et il n'est pas possible de concevoir pourquoi celui qui n'auroit ni désirs ni craintes se donneroit la peine de raisonner. Les passions à leur tour tirent leur origine de nos besoins, et leur progrès de nos connoissances ; car on ne peut désirer ou craindre les choses que sur les idées qu'on en peut avoir, ou par la simple impulsion de la nature ; et l'homme sauvage, privé de toute sorte de lumières, n'éprouve que les passions de cette dernière espèce ; ses désirs ne passent pas ses besoins physiques ; les seuls biens qu'il connoisse dans l'univers sont la nourriture, une femelle et le repos ; les seuls maux qu'il craigne sont la douleur et la faim. Je dis la douleur et non la mort ; car jamais l'animal ne saura ce que c'est que mourir ; et la connoissance de la mort et de ses terreurs est une des premières acquisitions que l'homme ait faites en s'éloignant de la condition animale.

Il me seroit aisé, si cela m'étoit nécessaire, d'appuyer ce sentiment par les faits, et de faire voir que chez toutes les nations du monde les progrès de l'esprit se sont précisément proportionnés aux besoins que les peuples avoient reçus de la nature, ou auxquels les circonstances les avoient assujettis, et par conséquent aux passions qui les portoient à pourvoir à ces besoins. Je montrerois en Égypte les arts naissant et s'étendant avec le débordement du Nil ; je suivrois leur progrès chez les Grecs, où l'on les vit germer, croître, et s'elever jusqu'aux cieux parmi les sables et les rochers de l'Attique, sans pouvoir prendre racine sur les bords fertiles de l'Eurotas; je remarquerois qu'en général les peuples du Nord sont plus industrieux que ceux du Midi, parce qu'ils peuvent moins se passer de l'être; comme si la nature vouloit ainsi égaliser les choses en donnant aux esprits la fertilité qu'elle refuse à la terre.

Mais, sans recourir aux témoignages incertains de l'histoire, qui ne voit que tout semble éloigner de l'homme sauvage la tentation et les moyens de cesser de l'être? Son imagination ne lui peint rien ; son cœur ne lui demande rien. Ses modiques besoins se trouvent si aisément sous sa main, et il est si loin du degré de connoissances nécessaire pour désirer d'en acquérir de plus grandes, qu'il ne peut avoir ni prévoyance ni curiosité. Le spectacle de la nature lui devient indifférent à force de lui devenir familier : c'est toujours le même ordre, ce sont toujours les mêmes révolutions; il n'a pas l'esprit de s'étonner des plus grandes merveilles; et ce n'est pas chez lui qu'il faut chercher la philosophie dont l'homme a besoin pour savoir observer une fois ce qu'il a vu tous les jours. Son ame, que rien n'agite, se livre au seul sentiment de son existence actuelle sans aucune idée de l'avenir, quelque prochain qu'il puisse être ; et ses projets, bornés comme ses vues, s'étendent à peine jusqu'à la fin de la journée. Tel est encore aujourd'hui le degré de prévoyance du Caraïbe : il vend le matin son lit de coton, et vient pleurer le soir pour le racheter, faute d'avoir prévu qu'il en auroit besoin pour la nuit prochaine.

Plus on médite sur ce sujet, plus la distance des pures sensations aux plus simples connoissances s'agrandit à nos regards; et il est impossible de concevoir comment un homme auroit pu par ses seules forces, sans le secours de la communication et sans l'aiguillon de la nécessité, franchir un si grand intervalle. Combien de siècles se sont peut-être écoulés avant que les hommes aient été à portée de voir d'autre feu que celui du ciel! combien ne leur a-t-il pas fallu de différents hasards pour apprendre les usages les plus communs de cet élément! combien de fois ne l'ont-ils pas laissé éteindre avant que d'avoir acquis l'art de le reproduire! et combien de fois peut-être chacun de ces secrets n'est-il pas mort avec celui qui l'avoit découvert! Que dirons-nous de l'agriculture, art qui demande tant de travail et de prévoyance, qui tient à tant d'autres arts, qui très-évidemment n'est praticable que dans une société au moins commencée, et qui ne nous sert pas tant à tirer de la terre des aliments qu'elle fourniroit bien sans cela, qu'à la forcer aux préférences qui sont le plus de notre goût? Mais supposons que les hommes eussent tellement multiplié que les productions naturelles n'eussent plus suffi pour les nourrir, supposition qui, pour le dire en passant, montreroit un grand avantage pour l'espèce humaine dans cette manière de vivre; supposons que sans forges et sans ateliers, les instruments du labourage fussent tombés du ciel entre les mains des sauvages; que ces hommes eussent vaincu la haine mortelle qu'ils ont tous pour un travail continu; qu'ils eussent appris à prévoir de si loin leurs besoins; qu'ils eussent deviné comment il faut cultiver la terre, semer les grains, et planter les arbres; qu'ils eussent trouvé l'art de moudre le blé et de mettre le raisin en fermentation; toutes choses qu'il leur a fallu faire enseigner par les dieux, faute de concevoir comment il les auroient apprises d'eux-mêmes : quel seroit après cela l'homme assez insensé pour se tourmenter à la culture d'un champ qui sera dépouillé par le premier venu, homme ou bête indifféremment, à qui cette moisson conviendra? et comment chacun pourra-t-il se résoudre à passer sa vie à un travail pénible, dont il est d'autant plus sûr de ne pas recueillir le prix qu'il lui sera plus nécessaire? En un mot, comment cette situation pourra-t-elle porter les hommes à cultiver la terre tant qu'elle ne sera point partagée entre eux, c'est-à-dire tant que l'état de nature ne sera point anéanti?

Quand nous voudrions supposer un homme

sauvage aussi habile dans l'art de penser que nous le font nos philosophes; quand nous en ferions, à leur exemple, un philosophe lui-même, découvrant seul les plus sublimes vérités, se faisant par des suites de raisonnements très-abstraits des maximes de justice et de raison tirées de l'amour de l'ordre en général, ou de la volonté connue de son créateur; en un mot, quand nous lui supposerions dans l'esprit autant d'intelligence et de lumières qu'il doit avoir et qu'on lui trouve en effet de pesanteur et de stupidité, quelle utilité retireroit l'espèce de toute cette métaphysique, qui ne pourroit se communiquer et qui périroit avec l'individu qui l'auroit inventée? quel progrès pourroit faire le genre humain épars dans les bois parmi les animaux? et jusqu'à quel point pourroient se perfectionner et s'éclairer mutuellement des hommes qui, n'ayant ni domicile fixe, ni aucun besoin l'un de l'autre, se rencontreroient peut-être à peine deux fois en leur vie, sans se connoître et sans se parler?

Qu'on songe de combien d'idées nous sommes redevables à l'usage de la parole; combien la grammaire exerce et facilite les opérations de l'esprit; et qu'on pense aux peines inconcevables et au temps infini qu'a dû coûter la première invention des langues: qu'on joigne ces réflexions aux précédentes, et l'on jugera combien il eût fallu de milliers de siècles pour développer successivement dans l'esprit humain, les opérations dont il étoit capable.

Qu'il me soit permis de considérer un instant les embarras de l'origine des langues. Je pourrois me contenter de citer ou de répéter ici les recherches que M. l'abbé de Condillac a faites sur cette matière [1], qui toutes confirment pleinement mon sentiment, et qui peut-être m'en ont donné la première idée. Mais la manière dont ce philosophe résout les difficultés qu'il se fait à lui-même sur l'origine des signes institués, montrant qu'il a supposé ce que je mets en question, savoir, une sorte de société déjà établie entre les inventeurs du langage, je crois, en renvoyant à ses réflexions, devoir y joindre les miennes, pour exposer les mêmes difficultés dans le jour qui convient à mon sujet. La première qui se présente est d'imaginer comment elles purent devenir nécessaires; car les hommes n'ayant nulle correspondance entre eux, ni aucun besoin d'en avoir, on ne conçoit ni la nécessité de cette invention, ni sa possibilité, si elle ne fut pas indispensable. Je dirois bien, comme beaucoup d'autres, que les langues sont nées dans le commerce domestique des pères, des mères et des enfants; mais, outre que cela ne résoudroit point les objections, ce seroit commettre la faute de ceux qui, raisonnant sur l'état de nature, y

---

[1] * Voyez sa *Grammaire*, première partie, chap. II.

transportent les idées prises dans la société, voient toujours la famille rassemblée dans une même habitation, et ses membres gardant entre eux une union aussi intime et aussi permanente que parmi nous, où tant d'intérêts communs les réunissent ; au lieu que, dans cet état primitif, n'ayant ni maisons, ni cabanes, ni propriétés d'aucune espèce, chacun se logeoit au hasard, et souvent pour une seule nuit ; les mâles et les femelles s'unissoient fortuitement, selon la rencontre, l'occasion et le désir, sans que la parole fût un interprète fort nécessaire des choses qu'ils avoient à se dire : ils se quittoient avec la même facilité *m*. La mère allaitoit d'abord ses enfants pour son propre besoin ; puis l'habitude les lui ayant rendus chers, elle les nourrissoit ensuite pour le leur : sitôt qu'ils avoient la force de chercher leur pâture, ils ne tardoient pas à quitter la mère elle-même ; et, comme il n'y avoit presque point d'autre moyen de se retrouver que de ne se pas perdre de vue, ils en étoient bientôt au point de ne pas même se reconnoître les uns les autres. Remarquez encore que l'enfant ayant tous ses besoins à expliquer, et par conséquent plus de choses à dire à la mère que la mère à l'enfant, c'est lui qui doit faire les plus grands frais de l'invention, et que la langue qu'il emploie doit être en grande partie son propre ouvrage ; ce qui multiplie autant les langues qu'il y a d'individus pour les parler ; à quoi contribue encore la vie errante et vagabonde, qui ne laisse à aucun idiome le temps de prendre de la consistance ; car de dire que la mère dicte à l'enfant les mots dont il devra se servir pour lui demander telle ou telle chose, cela montre bien comment on enseigne des langues déjà formées, mais cela n'apprend point comment elles se forment.

Supposons cette première difficulté vaincue ; franchissons pour un moment l'espace immense qui dut se trouver entre le pur état de nature et le besoin des langues ; et cherchons, en les supposant nécessaires [n], comment elles purent commencer à s'établir. Nouvelle difficulté pire encore que la précédente : car si les hommes ont eu besoin de la parole pour apprendre à penser, ils ont eu bien plus besoin encore de savoir penser pour trouver l'art de la parole ; et quand on comprendroit comment les sons de la voix ont été pris pour les interprètes conventionnels de nos idées, il resteroit toujours à savoir quels ont pu être les interprètes mêmes de cette convention pour les idées qui, n'ayant point un objet sensible, ne pouvoient s'indiquer ni par le geste ni par la voix ; de sorte qu'à peine peut-on former des conjectures supportables sur la naissance de cet art de communiquer ses pensées et d'établir un commerce entre les esprits ; art sublime, qui est déjà si loin de son origine, mais que le philosophe voit encore à une si prodigieuse distance de sa perfection, qu'il n'y a point d'homme assez hardi pour assurer qu'il y arriveroit jamais, quand les révolutions que le temps amène nécessairement seroient suspendues en sa faveur, que les préjugés sortiroient des académies ou se tairoient devant elles, et qu'elles pourroient s'occuper de cet objet épineux durant des siècles entiers sans interruption.

Le premier langage de l'homme, le langage le plus universel, le plus énergique, et le seul dont il eut besoin avant qu'il fallût persuader des hommes assemblés, est le cri de la nature: Comme ce cri n'étoit arraché que par une sorte d'instinct dans les occasions pressantes, pour implorer du secours dans les grands dangers ou du soulagement dans les maux violents, il n'étoit pas d'un grand usage dans le cours ordinaire de la vie, où règnent des sentiments plus modérés. Quand les idées des hommes commencèrent à s'étendre et à se multiplier, et qu'il s'établit entre eux une communication plus étroite, ils cherchèrent des signes plus nombreux et un langage plus étendu; ils multiplièrent les inflexions de la voix, et y joignirent les gestes qui, par leur nature, sont plus expressifs, et dont le sens dépend moins d'une détermination antérieure. Ils exprimoient donc les objets visibles et mobiles par des gestes, et ceux qui frappent l'ouïe par des sons imitatifs : mais comme le geste n'indique guère que les objets présents ou faciles à décrire et les actions visibles; qu'il n'est pas d'un usage universel, puisque l'obscurité ou l'interposition d'un corps le rendent inutile, et qu'il exige l'attention plutôt qu'il ne l'excite ; on s'avisa enfin de lui substituer les articulations de la voix, qui, sans avoir le même rapport avec certaines idées, sont plus propres à les représenter toutes comme signes institués ; substitution qui ne put se faire que d'un commun consentement et d'une manière assez difficile à pratiquer pour des hommes dont les organes grossiers n'avoient encore aucun exercice, et plus difficile encore à concevoir en elle-même, puisque cet accord unanime dut être motivé, et que la parole paroît avoir été fort nécessaire pour établir l'usage de la parole.

On doit juger que les premiers mots dont les hommes firent usage eurent dans leur esprit une signification beaucoup plus étendue que n'ont ceux qu'on emploie dans les langues déjà formées, et qu'ignorant la division du discours en ses parties constitutives, ils donnèrent d'abord à chaque mot le sens d'une proposition entière. Quand ils commencèrent à distinguer le sujet d'avec l'attribut, et le verbe d'avec le nom, ce qui ne fut pas un médiocre effort de génie, les substantifs ne furent d'abord qu'autant de noms propres, le présent de l'infinitif fut le seul temps des verbes ; et à l'égard des adjectifs, la notion ne s'en dut développer que fort difficilement, parce que tout adjectif est un mot abstrait, et que les abstractions sont des opérations pénibles et peu naturelles.

Chaque objet reçut d'abord un nom particulier, sans égard aux genres et aux espèces, que ces premiers instituteurs n'étoient pas en état de distinguer; et tous les individus se présentèrent isolés à leur esprit comme ils le sont dans le tableau de la nature. Si un chêne s'appeloit A, un autre chêne s'appeloit B; car la première idée qu'on tire de deux choses, c'est qu'elles ne sont pas la même; et il faut souvent beaucoup de temps pour observer ce qu'elles ont de commun : de sorte que plus les connoissances étoient bornées, et plus le dictionnaire devint étendu. L'embarras de toute cette nomenclature ne put être levé facilement : car, pour ranger les êtres sous des dénominations communes et génériques, il en falloit connoître les propriétés et les différences; il falloit des observations et des définitions, c'est-à-dire de l'histoire naturelle et de la métaphysique, beaucoup plus que les hommes de ces temps-là n'en pouvoient avoir [1].

D'ailleurs les idées générales ne peuvent s'introduire dans l'esprit qu'à l'aide des mots; et l'entendement ne les saisit que par des propositions. C'est une des raisons pourquoi les animaux ne sauroient se former de telles idées ni jamais acquérir la perfectibilité qui en dépend. Quand un singe

---

[1] * Cette opinion a été combattue par Condillac. Voyez le chapitre de sa *Grammaire* précédemment cité.

va sans hésiter d'une noix à l'autre, pense-t-on qu'il ait l'idée générale de cette sorte de fruit, et qu'il compare son archétype à ces deux individus? Non, sans doute; mais la vue de l'une de ces noix rappelle à sa mémoire les sensations qu'il a reçues de l'autre; et ses yeux, modifiés d'une certaine manière, annoncent à son goût la modification qu'il va recevoir. Toute idée générale est purement intellectuelle; pour peu que l'imagination s'en mêle, l'idée devient aussitôt particulière. Essayez de vous tracer l'image d'un arbre en général, jamais vous n'en viendrez à bout; malgré vous il faudra le voir petit ou grand, rare ou touffu, clair ou foncé; et s'il dépendoit de vous de n'y voir que ce qui se trouve en tout arbre, cette image ne ressembleroit plus à un arbre. Les êtres purement abstraits se voient de même, ou ne se conçoivent que par le discours. La définition seule du triangle vous en donne la véritable idée : sitôt que vous en figurez un dans votre esprit, c'est un tel triangle et non pas un autre, et vous ne pouvez éviter d'en rendre les lignes sensibles ou le plan coloré. Il faut donc énoncer des propositions, il faut donc parler pour avoir des idées générales : car, sitôt que l'imagination s'arrête, l'esprit ne marche plus qu'à l'aide du discours. Si donc les premiers inventeurs n'ont pu donner des noms qu'aux idées qu'ils avoient déjà, il s'ensuit que les premiers substantifs n'ont jamais pu être que des noms propres.

Mais lorsque, par des moyens que je ne conçois pas, nos nouveaux grammairiens commencèrent à étendre leurs idées et à généraliser leurs mots, l'ignorance des inventeurs dut assujettir cette méthode à des bornes fort étroites ; et, comme ils avoient d'abord trop multiplié les noms des individus faute de connoître les genres et les espèces, ils firent ensuite trop peu d'espèces et de genres, faute d'avoir considéré les êtres par toutes leurs différences. Pour pousser les divisions assez loin, il eût fallu plus d'expérience et de lumières qu'ils n'en pouvoient avoir, et plus de recherches et de travail qu'ils n'y en vouloient employer. Or, si, même aujourd'hui, l'on découvre chaque jour de nouvelles espèces qui avoient échappé jusqu'ici à toutes nos observations, qu'on pense combien il dut s'en dérober à des hommes qui ne jugeoient des choses que sur le premier aspect. Quant aux classes primitives et aux notions les plus générales, il est superflu d'ajouter qu'elles durent leur échapper encore. Comment, par exemple, auroient-ils imaginé ou entendu les mots de matière, d'esprit, de substance, de mode, de figure, de mouvement, puisque nos philosophes qui s'en servent depuis si long-temps ont bien de la peine à les entendre eux-mêmes ; et que, les idées qu'on attache à ces mots étant purement métaphysiques, ils n'en trouvoient aucun modèle dans la nature ?

Je m'arrête à ces premiers pas, et je supplie mes juges de suspendre ici leur lecture pour considérer, sur l'invention des seuls substantifs physiques, c'est-à-dire sur la partie de la langue la plus facile à trouver, le chemin qui lui reste à faire pour exprimer toutes les pensées des hommes, pour prendre une forme constante, pour pouvoir être parlée en public, et influer sur la société : je les supplie de réfléchir à ce qu'il a fallu de temps et de connoissances pour trouver les nombres °, les mots abstraits, les aoristes, et tous les temps des verbes, les particules, la syntaxe, lier les propositions, les raisonnements, et former toute la logique du discours. Quant à moi, effrayé des difficultés qui se multiplient, et convaincu de l'impossibilité presque démontrée que les langues aient pu naître et s'établir par des moyens purement humains, je laisse à qui voudra l'entreprendre la discussion de ce difficile problème, lequel a été le plus nécessaire de la société déjà liée à l'institution des langues, ou des langues déjà inventées à l'établissement de la société.

Quoi qu'il en soit de ces origines, on voit du moins, au peu de soin qu'a pris la nature de rapprocher les hommes par des besoins mutuels et de leur faciliter l'usage de la parole, combien elle a peu préparé leur sociabilité, et combien elle a peu mis du sien dans tout ce qu'ils ont fait pour en établir les liens. En effet, il est impossible d'imaginer pourquoi, dans cet état primitif, un homme auroit plutôt besoin d'un autre homme, qu'un singe ou un loup de son semblable; ni, ce besoin supposé, quel motif pourroit engager l'autre à y pourvoir, ni même, en ce dernier cas, comment ils pourroient convenir entre eux des conditions. Je sais qu'on nous répète sans cesse que rien n'eût été si misérable que l'homme dans cet état; et s'il est vrai, comme je crois l'avoir prouvé, qu'il n'eût pu qu'après bien des siècles avoir le désir et l'occasion d'en sortir, ce seroit un procès à faire à la nature, et non à celui qu'elle auroit ainsi constitué. Mais si j'entends bien ce terme de *misérable*, c'est un mot qui n'a aucun sens, ou qui ne signifie qu'une privation douloureuse, et la souffrance du corps ou de l'ame : or, je voudrois bien qu'on m'expliquât quel peut être le genre de misère d'un être libre dont le cœur est en paix et le corps en santé. Je demande laquelle, de la vie civile ou naturelle, est la plus sujette à devenir insupportable à ceux qui en jouissent. Nous ne voyons presque autour de nous que des gens qui se plaignent de leur existence, plusieurs même qui s'en privent autant qu'il est en eux; et la réunion des lois divine et humaine suffit à peine pour arrêter ce désordre. Je demande si jamais on a ouï dire qu'un sauvage en liberté ait seulement songé à se plaindre de la vie et à se donner la mort. Qu'on juge donc, avec moins d'orgueil, de quel côté est la véritable misère. Rien au contraire n'eût été si misérable que l'homme sauvage ébloui par des lumières, tourmenté par des passions, et raisonnant sur un état différent du sien. Ce fut par une providence très-sage que les facultés qu'il avoit en puissance ne devoient se développer qu'avec les occasions de les exercer, afin qu'elles ne lui fussent ni superflues et à charge avant le temps, ni tardives et inutiles au besoin. Il avoit dans le seul instinct tout ce qu'il lui falloit pour vivre dans l'état de nature ; il n'a dans une raison cultivée que ce qu'il lui faut pour vivre en société.

Il paroît d'abord que les hommes dans cet état, n'ayant entre eux aucune sorte de relation morale ni de devoirs connus, ne pouvoient être ni bons ni méchants, et n'avoient ni vices ni vertus, à moins que, prenant ces mots dans un sens physique, on n'appelle vices dans l'individu les qualités qui peuvent nuire à sa propre conservation, et vertus celles qui peuvent y contribuer ; auquel cas il faudroit appeler le plus vertueux celui qui résisteroit le moins aux simples impulsions de la nature. Mais, sans nous écarter du sens ordinaire, il est à propos de suspendre le jugement que nous pourrions porter sur une telle situation, et de nous défier de nos préjugés jusqu'à ce que, la balance à la main, on ait examiné s'il y a plus de vertus que de vices parmi les hommes civilisés, ou si leurs vertus sont plus avantageuses que leurs vices ne sont funestes, ou si le progrès de leurs connoissances est un dédommagement suffisant des maux qu'ils se font mutuellement à mesure qu'ils s'instruisent du bien qu'ils devroient se faire, ou s'ils ne seroient pas, à tout prendre, dans une situation plus heureuse de n'avoir ni mal à craindre ni bien à espérer de personne, que de s'être soumis à une dépendance universelle, et de s'obliger à tout recevoir de ceux qui ne s'obligent à leur rien donner.

N'allons pas surtout conclure avec Hobbes que, pour n'avoir aucune idée de la bonté, l'homme soit naturellement méchant; qu'il soit vicieux, parce qu'il ne connoît pas la vertu; qu'il refuse toujours à ses semblables des services qu'il ne croit pas leur devoir; ni qu'en vertu du droit qu'il s'attribue avec raison aux choses dont il a besoin, il s'imagine follement être le seul propriétaire de tout l'univers. Hobbes a très-bien vu le défaut de toutes les définitions modernes du droit naturel: mais les conséquences qu'il tire de la sienne montrent qu'il la prend dans un sens qui n'est pas moins faux. En raisonnant sur les principes qu'il établit, cet auteur devoit dire que l'état de nature étant celui où le soin de notre conservation est le moins préjudiciable à celle d'autrui, cet état étoit par conséquent le plus propre à la paix et le plus convenable au genre humain. Il dit précisément le contraire, pour avoir fait entrer mal à propos dans le soin de la conservation de l'homme sauvage le besoin de satisfaire une multitude de passions qui sont l'ouvrage de la société, et qui ont rendu les lois nécessaires. Le méchant, dit-il, est un enfant robuste. Il reste à savoir si l'homme sauvage est un enfant robuste. Quand on le lui accorderoit, qu'en concluroit-il? Que si, quand il est robuste, cet homme étoit aussi dépendant des autres que quand il est foible, il n'y a sorte d'excès auxquels il ne se portât; qu'il ne battît sa mère lorsqu'elle tarderoit trop à lui donner la mamelle; qu'il n'étranglât un de ses jeunes frères lorsqu'il en seroit incommodé; qu'il ne mordît la jambe à l'autre lorsqu'il en seroit heurté ou troublé : mais ce sont deux suppositions contradictoires dans l'état de nature qu'être robuste et dépendant. L'homme est foible quand il est dépendant, et il est émancipé avant que d'être robuste. Hobbes n'a pas vu que la même cause qui empêche les sauvages d'user de leur raison, comme le prétendent nos jurisconsultes, les empêche en même temps d'abuser de leurs facultés, comme il le prétend lui-même ; de sorte qu'on pourroit dire que les sauvages ne sont pas méchants précisément parce qu'ils ne savent pas ce que c'est qu'être bons; car ce n'est ni le développement des lumières, ni le frein de la loi, mais le calme des passions et l'ignorance du vice, qui les empêchent de malfaire : *Tanto plus in illis proficit vitiorum ignoratio,*

---

[1] * JUSTIN., *Histor.*, *lib. II.*, *cap. II.*—Le passage entier qui s'ap-

quam in his cognitio virtutis[1]. Il y a d'ailleurs un autre principe que Hobbes n'a point aperçu, et qui, ayant été donné à l'homme pour adoucir en certaines circonstances la férocité de son amour-propre ou le désir de se conserver avant la naissance de cet amour[p], tempère l'ardeur qu'il a pour son bien-être par une répugnance innée à voir souffrir son semblable. Je ne crois pas avoir aucune contradiction à craindre en accordant à l'homme la seule vertu naturelle qu'ait été forcé de reconnoître le détracteur le plus outré des vertus humaines. Je parle de la pitié, disposition convenable à des êtres aussi foibles et sujets à autant de maux que nous le sommes; vertu d'autant plus universelle et d'autant plus utile à l'homme, qu'elle précède en lui l'usage de toute réflexion, et si naturelle, que les bêtes mêmes en donnent quelquefois des signes sensibles. Sans parler de la tendresse des mères pour leurs petits, et des périls qu'elles bravent pour les en garantir, on observe tous les jours la répugnance qu'ont les chevaux à fouler aux pieds un corps vivant. Un animal ne passe point sans inquiétude auprès d'un animal mort de son espèce : il y en a même qui leur donnent une sorte de sépulture; et les tristes mugissements du bétail

---

plique aux Scythes mérite d'être rapporté. *Prorsus ut admirabile videatur hoc illis naturam dare, quod Græci longa sapientium doctrina præceptisque philosophorum consequi nequeunt, cultosque mores incultæ barbariæ collatione superari : tanto plus, etc.*

entrant dans une boucherie annoncent l'impression qu'il reçoit de l'horrible spectacle qui le frappe. On voit avec plaisir l'auteur de la Fable des Abeilles¹, forcé de reconnoître l'homme pour un être compatissant et sensible, sortir, dans l'exemple qu'il en donne, de son style froid et subtil, pour nous offrir la pathétique image d'un homme enfermé qui aperçoit au-dehors une bête féroce arrachant un enfant du sein de sa mère, brisant sous sa dent meurtrière ses foibles membres, et déchirant de ses ongles les entrailles palpitantes de cet enfant. Quelle affreuse agitation n'éprouve point ce témoin d'un événement auquel il ne prend aucun intérêt personnel! quelles angoisses ne souffre-t-il pas à cette vue, de ne pouvoir porter aucun secours à la mère évanouie, ni à l'enfant expirant!

Tel est le pur mouvement de la nature, antérieur à toute réflexion; telle est la force de la pitié naturelle, que les mœurs les plus dépravées ont encore peine à détruire; puisqu'on voit tous les jours dans nos spectacles s'attendrir et pleurer, aux malheurs d'un infortuné, tel qui, s'il étoit à la place du tyran, aggraveroit encore les tourments de son ennemi; semblable au sanguinaire Sylla,

¹ * Mandeville, médecin hollandois établi en Angleterre, mort en 1733. La *Fable des Abeilles* fut publiée à Londres, en 1723, en anglois; la traduction françoise, imprimée dans la même ville, est de 1740, 4 vol. *in-*8°. Mandeville prétend, dans cet ouvrage, que le luxe et les vices des particuliers tournent au bien et à l'avantage de la société.

si sensible aux maux qu'il n'avoit pas causés, ou à cet Alexandre de Phère qui n'osoit assister à la représentation d'aucune tragédie, de peur qu'on ne le vît gémir avec Andromaque et Priam, tandis qu'il écoutoit sans émotion les cris de tant de citoyens qu'on égorgeoit tous les jours par ses ordres.

> *Mollissima corda*
> *Humano generi dare se natura fatetur,*
> *Quæ lacrymas dedit* [1].

Mandeville a bien senti qu'avec toute leur morale les hommes n'eussent jamais été que des monstres, si la nature ne leur eût donné la pitié à l'appui de la raison : mais il n'a pas vu que de cette seule qualité découlent toutes les vertus sociales qu'il veut disputer aux hommes. En effet, qu'est-ce que la générosité, la clémence, l'humanité, sinon la pitié appliquée aux foibles, aux coupables, ou à l'espèce humaine en général ? La bienveillance et l'amitié même sont, à le bien prendre, des productions d'une pitié constante, fixée sur un objet particulier : car désirer que quelqu'un ne souffre point, qu'est-ce autre chose que désirer qu'il soit heureux ? Quand il seroit vrai que la commisération ne seroit qu'un sentiment qui nous met à la place de celui qui souffre, sentiment obscur et vif dans l'homme sauvage, développé mais foible dans l'homme civil, qu'importeroit cette idée à la vérité de ce que je dis, sinon de lui don-

---

[1] * Juven., sat XV, v. 131.

ner plus de force? En effet, la commisération sera d'autant plus énergique que l'animal spectateur s'identifiera plus intimement avec l'animal souffrant. Or, il est évident que cette identification a dû être infiniment plus étroite dans l'état de nature que dans l'état de raisonnement. C'est la raison qui engendre l'amour-propre, et c'est la réflexion qui le fortifie; c'est elle qui replie l'homme sur lui-même; c'est elle qui le sépare de tout ce qui le gêne et l'afflige. C'est la philosophie qui l'isole; c'est par elle qu'il dit en secret, à l'aspect d'un homme souffrant : Péris, si tu veux ; je suis en sûreté. Il n'y a plus que les dangers de la société entière qui troublent le sommeil tranquille du philosophe et qui l'arrachent de son lit. On peut impunément égorger son semblable sous sa fenêtre; il n'a qu'à mettre ses mains sur ses oreilles, et s'argumenter un peu, pour empêcher la nature qui se révolte en lui de l'identifier avec celui qu'on assassine. L'homme sauvage n'a point cet admirable talent; et, faute de sagesse et de raison, on le voit toujours se livrer étourdiment au premier sentiment de l'humanité. Dans les émeutes, dans les querelles des rues, la populace s'assemble, l'homme prudent s'éloigne; c'est la canaille, ce sont les femmes des halles qui séparent les combattants, et qui empêchent les honnêtes gens de s'entr'égorger [1].

[1] * Dans le livre VIII de ses *Confessions*, Rousseau nous ap-

Il est donc bien certain que la pitié est un sentiment naturel, qui, modérant dans chaque individu l'activité de l'amour de soi-même, concourt à la conservation mutuelle de toute l'espèce. C'est elle qui nous porte sans réflexion au secours de ceux que nous voyons souffrir; c'est elle qui, dans l'état de nature, tient lieu de lois, de mœurs et de vertu, avec cet avantage que nul n'est tenté de désobéir à sa douce voix : c'est elle qui détournera tout sauvage robuste d'enlever à un foible enfant ou à un vieillard infirme sa subsistance acquise avec peine, si lui-même espère pouvoir trouver la sienne ailleurs : c'est elle qui, au lieu de cette maxime sublime de justice raisonnée, *Fais à autrui comme tu veux qu'on te fasse*, inspire à tous les hommes cette autre maxime de bonté naturelle, bien moins parfaite, mais plus utile peut-être que la précédente, *Fais ton bien avec le moindre mal d'autrui qu'il est possible*. C'est, en un mot, dans ce sentiment naturel, plutôt que dans des arguments subtils, qu'il faut chercher la cause de la répugnance que tout homme éprouveroit à mal-

prend que ce portrait du philosophe, qui s'argumente en se bouchant les oreilles, est Diderot. Il l'accuse à cette occasion d'*avoir abusé de sa confiance, pour donner à ses écrits ce ton dur et cet air noir qu'ils n'eurent plus quand Diderot cessa de le diriger.* —D'après une déclaration si formelle, ce seroit donc à Diderot encore qu'il faudroit attribuer, au moins en grande partie, cette longue et fameuse diatribe sur la société et sur tous les maux qu'elle entraîne, qui fait l'objet de la note *i* ci-après.

faire, même indépendamment des maximes de l'éducation. Quoiqu'il puisse appartenir à Socrate et aux esprits de sa trempe d'acquérir de la vertu par raison, il y a long-temps que le genre humain ne seroit plus, si sa conservation n'eût dépendu que des raisonnements de ceux qui le composent.

Avec des passions si peu actives, et un frein si salutaire, les hommes, plutôt farouches que méchants, et plus attentifs à se garantir du mal qu'ils pouvoient recevoir, que tentés d'en faire à autrui, n'étoient pas sujets à des démêlés fort dangereux : comme ils n'avoient entre eux aucune espèce de commerce, qu'ils ne connoissoient par conséquent ni la vanité, ni la considération, ni l'estime, ni le mépris ; qu'ils n'avoient pas la moindre notion du tien et du mien, ni aucune véritable idée de la justice ; qu'ils regardoient les violences qu'ils pouvoient essuyer comme un mal facile à réparer, et non comme une injure qu'il faut punir, et qu'ils ne songeoient pas même à la vengeance, si ce n'est peut-être machinalement et sur-le-champ, comme le chien qui mord la pierre qu'on lui jette, leurs disputes eussent eu rarement des suites sanglantes, si elles n'eussent point eu de sujet plus sensible que la pâture. Mais j'en vois un plus dangereux dont il me reste à parler.

Parmi les passions qui agitent le cœur de l'homme, il en est une ardente, impétueuse, qui rend un sexe nécessaire à l'autre ; passion terrible qui brave tous les dangers, renverse tous les obstacles, et qui, dans ses fureurs, semble propre à détruire le genre humain, qu'elle est destinée à conserver. Que deviendront les hommes en proie à cette rage effrénée et brutale, sans pudeur, sans retenue, et se disputant chaque jour leurs amours au prix de leur sang?

Il faut convenir d'abord que plus les passions sont violentes, plus les lois sont nécessaires pour les contenir: mais, outre que les désordres et les crimes que ces passions causent tous les jours parmi nous montrent assez l'insuffisance des lois à cet égard, il seroit encore bon d'examiner si ces désordres ne sont point nés avec les lois mêmes; car alors, quand elles seroient capables de les réprimer, ce seroit bien le moins qu'on en dût exiger que d'arrêter un mal qui n'existeroit point sans elles.

Commençons par distinguer le moral du physique dans le sentiment de l'amour. Le physique est ce désir général qui porte un sexe à s'unir à l'autre. Le moral est ce qui détermine ce désir et le fixe sur un seul objet exclusivement, ou qui du moins lui donne pour cet objet préféré un plus grand degré d'énergie. Or, il est facile de voir que le moral de l'amour est un sentiment factice né de l'usage de la société, et célébré par les femmes avec beaucoup d'habileté et de soin pour établir leur empire, et rendre dominant le sexe qui devroit obéir. Ce sentiment étant fondé sur certaines notions du mérite ou de la beauté, qu'un sauvage n'est point en état d'avoir, et sur des comparaisons qu'il n'est point en état de faire, doit être presque nul pour lui : car comme son esprit n'a pu se former des idées abstraites de régularité et de proportion, son cœur n'est point non plus susceptible des sentiments d'admiration et d'amour, qui, même sans qu'on s'en aperçoive, naissent de l'application de ces idées : il écoute uniquement le tempérament qu'il a reçu de la nature, et non le goût qu'il n'a pu acquérir, et toute femme est bonne pour lui.

Bornés au seul physique de l'amour, et assez heureux pour ignorer ces préférences qui en irritent le sentiment et en augmentent les difficultés, les hommes doivent sentir moins fréquemment et moins vivement les ardeurs du tempérament, et par conséquent avoir entre eux des disputes plus rares et moins cruelles. L'imagination, qui fait tant de ravages parmi nous, ne parle point à des cœurs sauvages ; chacun attend paisiblement l'impulsion de la nature, s'y livre sans choix, avec plus de plaisir que de fureur ; et, le besoin satisfait, tout le désir est éteint.

C'est donc une chose incontestable que l'amour même, ainsi que toutes les autres passions, n'a acquis que dans la société cette ardeur impétueuse qui le rend si souvent funeste aux hommes ; et il est d'autant plus ridicule de représenter les sauvages comme s'entr'égorgeant sans cesse pour assouvir leur brutalité, que cette opinion est directement contraire à l'expérience, et que les Caraïbes, celui de tous les peuples existants qui jusqu'ici s'est écarté le moins de l'état de nature, sont précisément les plus paisibles dans leurs amours, et les moins sujets à la jalousie, quoique vivant sous un climat brûlant qui semble toujours donner à ces passions une plus grande activité.

A l'égard des inductions qu'on pourroit tirer, dans plusieurs espèces d'animaux, des combats des mâles qui ensanglantent en tout temps nos basses-cours, ou qui font retentir au printemps nos forêts de leurs cris en se disputant la femelle, il faut commencer par exclure toutes les espèces où la nature a manifestement établi dans la puissance relative des sexes d'autres rapports que parmi nous : ainsi les combats des coqs ne forment point une induction pour l'espèce humaine. Dans les espèces où la proportion est mieux observée, ces combats ne peuvent avoir pour causes que la rareté des femelles eu égard au nombre des mâles, ou les intervalles exclusifs durant lesquels la femelle refuse constamment l'approche du mâle, ce qui revient à la première cause; car si chaque femelle ne souffre le mâle que durant deux mois de l'année, c'est à cet égard comme si le nombre des femelles étoit moindre des cinq sixièmes. Or, aucun de ces deux cas n'est applicable à l'espèce humaine, où le nombre des femelles surpasse généralement celui des mâles, et où l'on n'a jamais observé que, même parmi les sauvages, les femelles aient, comme celles des autres espèces, des temps de chaleur et d'exclusion. De plus, parmi plusieurs de ces animaux, toute l'espèce entrant à la fois en effervescence, il vient un moment terrible d'ardeur commune, de tumulte, de désordre et de combat; moment qui n'a point lieu parmi l'espèce humaine, où l'amour n'est jamais périodique. On ne peut donc pas conclure des combats de certains animaux pour la possession des femelles, que la même chose arriveroit à l'homme dans l'état de nature; et quand même on pourroit tirer cette conclusion, comme ces dissensions ne détruisent point les autres espèces, on doit penser au moins qu'elles ne seroient pas plus funestes à la nôtre; et il est très-apparent qu'elles y causeroient encore moins de ravages qu'elles ne font dans la société, surtout dans les pays où, les mœurs étant encore comptées pour quelque chose, la jalousie des amants et la vengeance des époux causent chaque jour des duels, des meurtres; et pis encore; où le devoir d'une éternelle fidélité ne sert qu'à faire des adultères, et où les lois mêmes de la continence et de l'honneur étendent nécessairement la débauche et multiplient les avortements.

Concluons qu'errant dans les forêts, sans industrie, sans parole, sans domicile, sans guerre et sans liaison, sans nul besoin de ses semblables comme sans nul désir de leur nuire, peut-être même sans jamais en reconnoître aucun individuellement, l'homme sauvage, sujet à peu de passions, et se suffisant à lui-même, n'avoit que les sentiments et les lumières propres à cet état; qu'il ne sentoit que ses vrais besoins, ne regardoit que ce qu'il croyoit avoir intérêt de voir, et que son intelligence ne faisoit pas plus de progrès que sa vanité. Si par hasard il faisoit quelque découverte, il pouvoit d'autant moins la communiquer qu'il ne reconnoissoit pas même ses enfants. L'art périssoit avec l'inventeur. Il n'y avoit ni éducation, ni progrès; les générations se multiplioient inutilement; et chacune partant toujours du même point, les siècles s'écouloient dans toute la grossièreté des premiers âges, l'espèce étoit déjà vieille, et l'homme restoit toujours enfant.

Si je me suis étendu si long-temps sur la supposition de cette condition primitive, c'est qu'ayant d'anciennes erreurs et des préjugés invétérés à détruire, j'ai cru devoir creuser jusqu'à la racine, et montrer, dans le tableau du véritable état de nature, combien l'inégalité, même naturelle, est loin d'avoir dans cet état autant de réalité et d'influence que le prétendent nos écrivains.

En effet, il est aisé de voir qu'entre les différences qui distinguent les hommes plusieurs passent pour naturelles qui sont uniquement l'ouvrage de l'habitude et des divers genres de vie que les hommes adoptent dans la société. Ainsi un tempérament robuste ou délicat, la force ou la foiblesse qui en dépendent, viennent souvent plus de la manière dure ou efféminée dont on a été élevé, que de la constitution primitive des corps. Il en est de même des forces de l'esprit; et non seulement l'éducation met de la différence entre les esprits cultivés et ceux qui ne le sont pas, mais elle augmente celle qui se trouve entre les premiers à proportion de la culture; car qu'un géant et un nain marchent sur la même route, chaque pas qu'ils feront l'un et l'autre donnera un nouvel avantage au géant. Or, si l'on compare la diversité prodigieuse d'éducations et de genres de vie qui règne dans les différents ordres de l'état civil avec la simplicité et l'uniformité de la vie animale et sauvage, où tous se nourrissent des mêmes aliments, vivent de la même manière, et font exactement les mêmes choses, on comprendra combien la différence d'homme à homme doit être moindre dans l'état de nature que dans celui de société, et combien l'inégalité naturelle doit augmenter dans l'espèce humaine par l'inégalité d'institution.

Mais, quand la nature affecteroit dans la distribution de ses dons autant de préférences qu'on le prétend, quel avantage les plus favorisés en tire-roient-ils au préjudice des autres dans un état de choses qui n'admettroit presque aucune sorte de relation entre eux? Là où il n'y a point d'amour, de quoi servira la beauté? Que sert l'esprit à des gens qui ne parlent point, et la ruse à ceux qui n'ont point d'affaires? J'entends toujours répéter que les plus forts opprimeront les foibles. Mais qu'on m'explique ce qu'on veut dire par ce mot d'oppression. Les uns domineront avec violence, les autres gémiront asservis à tous leurs caprices. Voilà précisément ce que j'observe parmi nous ; mais je ne vois pas comment cela pourroit se dire des hommes sauvages, à qui l'on auroit même bien de la peine à faire entendre ce que c'est que servitude et domination. Un homme pourra bien s'emparer des fruits qu'un autre a cueillis, du gibier qu'il a tué, de l'antre qui lui servoit d'asile ; mais comment viendra-t-il jamais à bout de s'en faire obéir? et quelles pourront être les chaînes de la dépendance parmi des hommes qui ne possèdent rien? Si l'on me chasse d'un arbre, j'en suis quitte pour aller à un autre ; si l'on me tourmente dans un lieu, qui m'empêchera de passer ailleurs? Se trouve-t-il un homme d'une force assez supérieure à la mienne, et de plus assez dépravé, assez paresseux et assez féroce, pour me contraindre à pourvoir à sa subsistance pendant qu'il demeure oisif ; il faut qu'il se résolve à ne pas me perdre de vue un seul instant, à me tenir lié avec un très-grand soin durant son sommeil, de peur que je ne m'échappe ou que je ne le tue ; c'est-à-dire qu'il est obligé de s'exposer volontairement à une peine beaucoup plus grande que celle qu'il veut éviter, et que celle qu'il me donne à moi-même. Après tout cela, sa vigilance se relâche-t-elle un moment, un bruit imprévu lui fait-il détourner la tête ; je fais vingt pas dans la forêt, mes fers sont brisés, et il ne me revoit de sa vie.

Sans prolonger inutilement ces détails, chacun doit voir que les liens de la servitude n'étant formés que de la dépendance mutuelle des hommes et des besoins réciproques qui les unissent, il est impossible d'asservir un homme sans l'avoir mis auparavant dans le cas de ne pouvoir se passer d'un autre ; situation qui, n'existant pas dans l'état de nature, y laisse chacun libre du joug, et rend vaine la loi du plus fort.

Après avoir prouvé que l'inégalité est à peine sensible dans l'état de nature, et que son influence y est presque nulle, il me reste à montrer son origine et ses progrès dans les développements successifs de l'esprit humain. Après avoir montré que la *perfectibilité*, les vertus sociales, et les autres facultés que l'homme naturel avoit reçues en puissance, ne pouvoient jamais se développer d'elles-mêmes ; qu'elles avoient besoin pour cela du concours fortuit de plusieurs causes étrangères, qui pouvoient ne jamais naître, et sans lesquelles il fût demeuré éternellement dans sa condition primitive, il me reste à considérer et à rapprocher les différents hasards qui ont pu perfectionner la raison humaine en détériorant l'espèce, rendre un être méchant en le rendant sociable, et d'un terme si éloigné, amener enfin l'homme et le monde au point où nous les voyons.

J'avoue que les événements que j'ai à décrire ayant pu arriver de plusieurs manières, je ne puis me déterminer sur le choix que par des conjectures; mais, outre que ces conjectures deviennent des raisons quand elles sont les plus probables qu'on puisse tirer de la nature des choses, et les seuls moyens qu'on puisse avoir de découvrir la vérité, les conséquences que je veux déduire des miennes ne seront point pour cela conjecturales, puisque, sur les principes que je viens d'établir, on ne sauroit former aucun autre système qui ne me fournisse les mêmes résultats, et dont je ne puisse tirer les mêmes conclusions.

Ceci me dispensera d'étendre mes réflexions sur la manière dont le laps de temps compense le peu de vraisemblance des événements; sur la puissance surprenante des causes très-légères, lorsqu'elles agissent sans relâche; sur l'impossibilité où l'on est d'un côté, de détruire certaines hypothèses, si de l'autre on se trouve hors d'état de leur donner le degré de certitude des faits; sur ce que deux faits étant donnés comme réels à lier par une suite de faits intermédiaires, inconnus, ou regardés comme tels, c'est à l'histoire, quand on l'a, de donner les faits qui les lient; c'est à la philosophie, à son défaut, de déterminer les faits semblables qui peuvent les lier; enfin, sur ce qu'en matière d'événements, la similitude réduit les faits à un beaucoup plus petit nombre de classes différentes qu'on ne se l'imagine. Il me suffit d'offrir ces objets à la considération de mes juges; il me suffit d'avoir fait en sorte que les lecteurs vulgaires n'eussent pas besoin de les considérer.

SECONDE PARTIE.

Le premier qui ayant enclos un terrain s'avisa de dire *ceci est à moi*, et trouva des gens assez simples pour le croire, fut le vrai fondateur de la société civile[1]. Que de crimes, de guerres, de meurtres, que de misères et d'horreurs n'eût point épargnés au genre humain celui qui, arrachant les pieux ou comblant le fossé, eût crié à ses semblables : Gardez-vous d'écouter cet imposteur; vous êtes perdus si vous oubliez que les fruits sont à tous, et que la terre n'est à personne ! Mais il y a grande apparence qu'alors les choses en étoient déjà venues au point de ne pouvoir plus durer comme elles étoient : car cette idée de propriété, dépen-

---

[1] « Ce chien est à moi, disoient ces pauvres enfants; c'est là « ma place au soleil : voilà le commencement et l'image de l'usur- « pation de toute la terre. » PASCAL, *Pensées*, Ire partie, art. 9, § 53.

dant de beaucoup d'idées antérieures qui n'ont pu naître que successivement, ne se forma pas tout d'un coup dans l'esprit humain : il fallut faire bien des progrès, acquérir bien de l'industrie et des lumières, les transmettre et les augmenter d'âge en âge, avant que d'arriver à ce dernier terme de l'état de nature. Reprenons donc les choses de plus haut, et tâchons de rassembler sous un seul point de vue cette lente succession d'événements et de connoissances dans leur ordre le plus naturel.

Le premier sentiment de l'homme fut celui de son existence ; son premier soin, celui de sa conservation. Les productions de la terre lui fournissoient tous les secours nécessaires ; l'instinct le porta à en faire usage. La faim, d'autres appétits, lui faisant éprouver tour à tour diverses manières d'exister, il y en eut une qui l'invita à perpétuer son espèce ; et ce penchant aveugle, dépourvu de tout sentiment du cœur, ne produisoit qu'un acte purement animal : le besoin satisfait, les deux sexes ne se reconnoissoient plus, et l'enfant même n'étoit plus rien à la mère sitôt qu'il pouvoit se passer d'elle.

Telle fut la condition de l'homme naissant ; telle fut la vie d'un animal borné d'abord aux pures sensations, et profitant à peine des dons que lui offroit la nature, loin de songer à lui rien arracher. Mais il se présenta bientôt des difficultés ; il fallut apprendre à les vaincre : la hauteur des arbres qui l'empêchoit d'atteindre à leurs fruits, la concurrence des animaux qui cherchoient à s'en nourrir, la férocité de ceux qui en vouloient à sa propre vie, tout l'obligea de s'appliquer aux exercices du corps; il fallut se rendre agile, vite à la course, vigoureux au combat. Les armes naturelles, qui sont les branches d'arbres et les pierres, se trouvèrent bientôt sous sa main. Il apprit à surmonter les obstacles de la nature, à combattre au besoin les autres animaux, à disputer sa subsistance aux hommes mêmes, ou à se dédommager de ce qu'il falloit céder au plus fort.

A mesure que le genre humain s'étendit, les peines se multiplièrent avec les hommes. La différence des terrains, des climats, des saisons, put les forcer à en mettre dans leurs manières de vivre. Des années stériles, des hivers longs et rudes, des étés brûlants, qui consument tout, exigèrent d'eux une nouvelle industrie. Le long de la mer et des rivières ils inventèrent la ligne et l'hameçon, et devinrent pêcheurs et ichthyophages. Dans les forêts ils se firent des arcs et des flèches, et devinrent chasseurs et guerriers. Dans les pays froids ils se couvrirent des peaux des bêtes qu'ils avoient tuées. Le tonnerre, un volcan, ou quelque heureux hasard, leur fit connoître le feu, nouvelle ressource contre la rigueur de l'hiver : ils apprirent à conserver cet élément, puis à le reproduire, et enfin à en préparer les viandes qu'auparavant ils dévoroient crues.

Cette application réitérée des êtres divers à lui-même, et des uns aux autres, dut naturellement engendrer dans l'esprit de l'homme les perceptions de certains rapports. Ces relations que nous exprimons par les mots de grand, de petit, de fort, de foible, de vite, de lent, de peureux, de hardi, et d'autres idées pareilles, comparées au besoin, et presque sans y songer, produisirent enfin chez lui quelque sorte de réflexion, ou plutôt une prudence machinale qui lui indiquoit les précautions les plus nécessaires à sa sûreté.

Les nouvelles lumières qui résultèrent de ce développement augmentèrent sa supériorité sur les autres animaux en la lui faisant connoître. Il s'exerça à leur dresser des piéges, il leur donna le change en mille manières; et quoique plusieurs le surpassassent en force au combat, ou en vitesse à la course, de ceux qui pouvoient lui servir ou lui nuire, il devint avec le temps le maître des uns et le fléau des autres. C'est ainsi que le premier regard qu'il porta sur lui-même y produisit le premier mouvement d'orgueil; c'est ainsi que sachant encore à peine distinguer les rangs, et se contemplant au premier par son espèce, il se préparoit de loin à y prétendre par son individu.

Quoique ses semblables ne fussent pas pour lui ce qu'ils sont pour nous, et qu'il n'eût guère plus de commerce avec eux qu'avec les autres animaux, ils ne furent pas oubliés dans ses observations. Les conformités que le temps put lui faire apercevoir entre eux, sa femelle et lui-même, lui firent juger de celles qu'il n'apercevoit pas; et, voyant qu'ils se conduisoient tous comme il auroit fait en pareilles circonstances, il conclut que leur manière de penser et de sentir étoit entièrement conforme à la sienne; et cette importante vérité, bien établie dans son esprit, lui fit suivre, par un pressentiment aussi sûr et plus prompt que la dialectique, les meilleures règles de conduite que, pour son avantage et sa sûreté, il lui convînt de garder avec eux.

Instruit par l'expérience que l'amour du bien-être est le seul mobile des actions humaines, il se trouva en état de distinguer les occasions rares où l'intérêt commun devoit le faire compter sur l'assistance de ses semblables, et celles plus rares encore où la concurrence devoit le faire défier d'eux. Dans le premier cas, il s'unissoit avec eux en troupeau, ou tout au plus par quelque sorte d'association libre qui n'obligeoit personne, et qui ne duroit qu'autant que le besoin passager qui l'avoit formée. Dans le second, chacun cherchoit à prendre ses avantages, soit à force ouverte, s'il croyoit le pouvoir, soit par adresse et subtilité, s'il se sentoit le plus foible.

Voilà comment les hommes purent insensiblement acquérir quelque idée grossière des engagements mutuels, et de l'avantage de les remplir;

mais seulement autant que pouvoit l'exiger l'intérêt présent et sensible; car la prévoyance n'étoit rien pour eux; et, loin de s'occuper d'un avenir éloigné, ils ne songeoient pas même au lendemain. S'agissoit-il de prendre un cerf, chacun sentoit bien qu'il devoit pour cela garder fidèlement son poste; mais si un lièvre venoit à passer à la portée de l'un d'eux, il ne faut pas douter qu'il ne le poursuivît sans scrupule, et qu'ayant atteint sa proie il ne se souciât fort peu de faire manquer la leur à ses compagnons.

Il est aisé de comprendre qu'un pareil commerce n'exigeoit pas un langage beaucoup plus raffiné que celui des corneilles ou des singes qui s'attroupent à peu près de même. Des cris inarticulés, beaucoup de gestes, et quelques bruits imitatifs, durent composer pendant long-temps la langue universelle; à quoi joignant dans chaque contrée quelques sons articulés et conventionnels, dont, comme je l'ai déjà dit, il n'est pas trop facile d'expliquer l'institution, on eut des langues particulières, mais grossières, imparfaites, et telles à peu près qu'en ont encore aujourd'hui diverses nations sauvages.

Je parcours comme un trait des multitudes de siècles, forcé par le temps qui s'écoule, par l'abondance des choses que j'ai à dire, et par le progrès presque insensible des commencements; car plus les événements étoient lents à se succéder, plus ils sont prompts à décrire.

Ces premiers progrès mirent enfin l'homme à portée d'en faire de plus rapides. Plus l'esprit s'éclairoit, et plus l'industrie se perfectionna. Bientôt, cessant de s'endormir sous le premier arbre, ou de se retirer dans des cavernes, on trouva quelques sortes de haches de pierres dures et tranchantes qui servirent à couper du bois, creuser la terre, et faire des huttes de branchages qu'on s'avisa ensuite d'enduire d'argile et de boue. Ce fut là l'époque d'une première révolution qui forma l'établissement et la distinction des familles, et qui introduisit une sorte de propriété, d'où peut-être naquirent déjà bien des querelles et des combats. Cependant, comme les plus forts furent vraisemblablement les premiers à se faire des logements qu'ils se sentoient capables de défendre, il est à croire que les foibles trouvèrent plus court et plus sûr de les imiter que de tenter de les déloger : et quant à ceux qui avoient déjà des cabanes, aucun d'eux ne dut chercher[1] à s'approprier celle de son voisin, moins parcequ'elle ne lui appartenoit pas, que parce qu'elle lui étoit inutile, et qu'il ne pouvoit s'en emparer sans s'exposer à un combat très-vif avec la famille qui l'occupoit.

Les premiers développements du cœur furent l'effet d'une situation nouvelle qui réunissoit dans une habitation commune les maris et les femmes,

---

[1] * Texte de l'édition de 1801. L'édition originale et celle de Genève portent : *chacun dut peu chercher.*

les pères et les enfants. L'habitude de vivre ensemble fit naître les plus doux sentiments qui soient connus des hommes, l'amour conjugal et l'amour paternel. Chaque famille devint une petite société d'autant mieux unie, que l'attachement réciproque et la liberté en étoient les seuls liens; et ce fut alors que s'établit la première différence dans la manière de vivre des deux sexes, qui jusqu'ici n'en avoient eu qu'une. Les femmes devinrent plus sédentaires, et s'accoutumèrent à garder la cabane et les enfants, tandis que l'homme alloit chercher la subsistance commune. Les deux sexes commencèrent aussi, par une vie un peu plus molle, à perdre quelque chose de leur férocité et de leur vigueur. Mais si chacun séparément devint moins propre à combattre les bêtes sauvages, en revanche il fut plus aisé de s'assembler pour leur résister en commun.

Dans ce nouvel état, avec une vie simple et solitaire, des besoins très-bornés, et les instruments qu'ils avoient inventés pour y pourvoir, les hommes, jouissant d'un fort grand loisir, l'employèrent à se procurer plusieurs sortes de commodités inconnues à leurs pères; et ce fut là le premier joug qu'ils s'imposèrent sans y songer, et la première source de maux qu'ils préparèrent à leur descendants; car, outre qu'ils continuèrent ainsi à s'amollir le corps et l'esprit, ces commodités ayant par l'habitude perdu presque tout leur agrément, et étant en même temps dégénérées en de vrais besoins, la privation en devint beaucoup plus cruelle que la possession n'en étoit douce; et l'on étoit malheureux de les perdre, sans être heureux de les posséder.

On entrevoit un peu mieux ici comment l'usage de la parole s'établit ou se perfectionna insensiblement dans le sein de chaque famille, et l'on peut conjecturer encore comment diverses causes particulières purent étendre le langage et en accélérer le progrès en le rendant plus nécessaire. De grandes inondations ou des tremblements de terre environnèrent d'eaux ou de précipices des cantons habités; des révolutions du globe détachèrent et coupèrent en îles des portions du continent. On conçoit qu'entre des hommes ainsi rapprochés, et forcés de vivre ensemble, il dut se former un idiome commun, plutôt qu'entre ceux qui erroient librement dans les forêts de la terre ferme. Ainsi il est très-possible qu'après leurs premiers essais de navigation, des insulaires aient porté parmi nous l'usage de la parole; et il est au moins très-vraisemblable que la société et les langues ont pris naissance dans les îles, et s'y sont perfectionnées avant que d'être connues dans le continent.

Tout commence à changer de face. Les hommes errant jusqu'ici dans les bois, ayant pris une assiette plus fixe, se rapprochent lentement, se réunissent en diverses troupes, et forment enfin dans chaque contrée une nation particulière, unie de mœurs et de caractères, non par des réglements et des lois, mais par le même genre de vie et d'aliments, et par l'influence commune du climat. Un voisinage permanent ne peut manquer d'engendrer enfin quelque liaison entre diverses familles. De jeunes gens de différents sexes habitent des cabanes voisines; le commerce passager que demande la nature en amène bientôt un autre non moins doux et plus permanent par la fréquentation mutuelle. On s'accoutume à considérer différents objets et à faire des comparaisons; on acquiert insensiblement des idées de mérite et de beauté qui produisent des sentiments de préférence. A force de se voir, on ne peut plus se passer de se voir encore. Un sentiment tendre et doux s'insinue dans l'ame, et par la moindre opposition devient une fureur impétueuse : la jalousie s'éveille avec l'amour; la discorde triomphe, et la plus douce des passions reçoit des sacrifices de sang humain.

A mesure que les idées et les sentiments se succèdent, que l'esprit et le cœur s'exercent, le genre humain continue à s'apprivoiser, les liaisons s'étendent et les liens se resserrent. On s'accoutuma à s'assembler devant les cabanes ou autour d'un grand arbre : le chant et la danse, vrais enfants de l'amour et du loisir, devinrent l'amusement ou plutôt l'occupation des hommes et des femmes oisifs et attroupés. Chacun commença à regarder les autres et à vouloir être regardé soi-même, et l'estime publique eut un prix. Celui qui chantoit ou dansoit le mieux, le plus beau, le plus fort, le plus adroit, ou le plus éloquent, devint le plus considéré ; et ce fut là le premier pas vers l'inégalité, et vers le vice en même temps : de ces premières préférences naquirent d'un côté la vanité et le mépris, de l'autre, la honte et l'envie ; et la fermentation causée par ces nouveaux levains produisit enfin des composés funestes au bonheur et à l'innocence.

Sitôt que les hommes eurent commencé à s'apprécier mutuellement, et que l'idée de la considération fut formée dans leur esprit, chacun prétendit y avoir droit, et il ne fut plus possible d'en manquer impunément pour personne. De là sortirent les premiers devoirs de la civilité, même parmi les sauvages ; et de là tout tort volontaire devint un outrage, parce qu'avec le mal qui résultoit de l'injure l'offensé y voyoit le mépris de sa personne, souvent plus insupportable que le mal même. C'est ainsi que, chacun punissant le mépris qu'on lui avoit témoigné d'une manière proportionnée au cas qu'il faisoit de lui-même, les vengeances devinrent terribles, et les hommes sanguinaires et cruels. Voilà précisément le degré où étoient parvenus la plupart des peuples sauvages qui nous sont connus ; et c'est faute d'avoir suffisamment distingué les idées, et remarqué combien ces peuples étoient déjà loin du premier état de nature, que plusieurs se sont hâtés de conclure que l'homme est naturellement cruel, et qu'il a besoin de police pour l'adoucir; tandis que rien n'est si doux que lui dans son état primitif, lorsque, placé par la nature à des distances égales de la stupidité des brutes et des lumières funestes de l'homme civil, et borné également par l'instinct et par la raison à se garantir du mal qui le menace, il est retenu par la pitié naturelle de faire lui-même du mal à personne, sans y être porté par rien, même après en avoir reçu. Car, selon l'axiome du sage Locke, *il ne sauroit y avoir d'injure où il n'y a point de propriété.*

Mais il faut remarquer que la société commencée et les relations déjà établies entre les hommes exigeoient en eux des qualités différentes de celles qu'ils tenoient de leur constitution primitive; que la moralité commençant à s'introduire dans les actions humaines, et chacun, avant les lois, étant seul juge et vengeur des offenses qu'il avoit reçues, la bonté convenable au pur état de nature n'étoit plus celle qui convenoit à la société naissante; qu'il falloit que les punitions devinssent plus sévères à mesure que les occasions d'offenser devenoient plus fréquentes; et que c'étoit à la terreur des vengeances de tenir lieu du frein des lois. Ainsi, quoique les hommes fussent devenus moins endurants, et que la pitié naturelle eût déjà souffert quelque altération, ce période du développement des facultés humaines, tenant un juste milieu entre l'indolence de l'état primitif et la pétulante activité de notre amour-propre, dut être l'époque la plus heureuse et la plus durable. Plus on y réfléchit, plus on trouve que cet état étoit le moins sujet aux révolutions, le meilleur à l'homme [9], et qu'il n'en a dû sortir que par quelque funeste hasard, qui, pour l'utilité commune, eût dû ne jamais arriver. L'exemple des sauvages, qu'on a presque tous trouvés à ce point, semble confirmer que le genre humain étoit fait pour y rester toujours, que cet état est la véritable jeunesse du monde, et que tous les progrès ultérieurs ont été, en apparence, autant de pas vers la perfection de l'individu, et, en effet, vers la décrépitude de l'espèce.

Tant que les hommes se contentèrent de leurs cabanes rustiques, tant qu'ils se bornèrent à coudre leurs habits de peaux avec des épines ou des arêtes, à se parer de plumes et de coquillages, à se peindre le corps de diverses couleurs, à perfectionner ou embellir leurs arcs et leurs flèches, à tailler avec des pierres tranchantes quelques canots de pêcheurs ou quelques grossiers instruments de musique; en un mot, tant qu'ils ne s'appliquèrent qu'à des ouvrages qu'un seul pouvoit faire, et qu'à des arts qui n'avoient pas besoin du concours de plusieurs mains; ils vécurent libres, sains, bons et heureux autant qu'ils pouvoient l'être par leur nature, et continuèrent à jouir entre eux des douceurs d'un commerce indépendant : mais dès l'instant qu'un homme eut besoin du secours d'un autre, dès qu'on s'aperçut qu'il étoit utile à un seul d'avoir des provisions pour deux, l'égalité disparut, la propriété s'introduisit, le travail devint nécessaire, et les vastes forêts se changèrent en des campagnes riantes qu'il fallut arroser de la sueur des hommes, et dans lesquelles on vit bientôt l'esclavage et la misère germer et croître avec les moissons.

La métallurgie et l'agriculture furent les deux arts dont l'invention produisit cette grande révolution. Pour le poète, c'est l'or et l'argent ; mais pour le philosophe, ce sont le fer et le blé qui ont civilisé les hommes et perdu le genre humain. Aussi l'un et l'autre étoient-ils inconnus aux sauvages de l'Amérique, qui pour cela sont toujours demeurés tels ; les autres peuples semblent même être restés barbares tant qu'ils ont pratiqué l'un de ces arts sans l'autre. Et l'une des meilleures raisons peut-être pourquoi l'Europe a été, sinon plus tôt, du moins plus constamment et mieux policée que les autres parties du monde, c'est qu'elle est à la fois la plus abondante en fer et la plus fertile en blé.

Il est très-difficile de conjecturer comment les hommes sont parvenus à connoître et employer le fer ; car il n'est pas croyable qu'ils aient imaginé d'eux-mêmes de tirer la matière de la mine, et de lui donner les préparations nécessaires pour la mettre en fusion avant que de savoir ce qui en résulteroit. D'un autre côté, on peut d'autant moins attribuer cette découverte à quelque incendie accidentel, que les mines ne se forment que dans les lieux arides et dénués d'arbres et de plantes; de sorte qu'on diroit que la nature avoit pris des précautions pour nous dérober ce fatal secret. Il ne reste donc que la circonstance extraordinaire de quelque volcan, qui vomissant des matières métalliques en fusion, aura donné aux observateurs l'idée d'imiter cette opération de la nature ; encore faut-il leur supposer bien du courage et de la prévoyance pour entreprendre un travail aussi pénible, et envisager d'aussi loin les avantages qu'ils en pouvoient retirer ; ce qui ne convient guère qu'à des esprits déjà plus exercés que ceux-ci ne le devoient être.

Quant à l'agriculture, le principe en fut connu long-temps avant que la pratique en fût établie, et il n'est guère possible que les hommes, sans cesse occupés à tirer leur subsistance des arbres et des plantes, n'eussent assez promptement l'idée des voies que la nature emploie pour la génération des végétaux; mais leur industrie ne se tourna probablement que fort tard de ce côté-là, soit parce que les arbres qui, avec la chasse et la pêche, fournissoient à leur nourriture, n'avoient pas besoin de leurs soins, soit faute de connoître l'usage du blé, soit faute d'instruments pour le cultiver, soit faute de prévoyance pour le besoin à venir, soit enfin faute de moyens pour empêcher les autres de s'approprier le fruit de leur travail. Devenus plus industrieux, on peut croire qu'avec des pierres aiguës et des bâtons pointus ils commencèrent par cultiver quelques légumes ou racines autour de leurs cabanes, long-temps avant que de savoir préparer le blé et d'avoir les instruments nécessaires pour la culture en grand; sans compter que, pour se livrer à cette occupation et ensemencer des terres, il faut se résoudre à perdre d'abord quelque chose pour gagner beaucoup dans la suite; précaution fort éloignée du tour d'esprit de l'homme sauvage, qui, comme je l'ai dit, a bien de la peine à songer le matin à ses besoins du soir.

L'invention des autres arts fut donc nécessaire pour forcer le genre humain de s'appliquer à celui de l'agriculture. Dès qu'il fallut des hommes pour fondre et forger le fer, il fallut d'autres hommes pour nourrir ceux-là. Plus le nombre des ouvriers vint à se multiplier, moins il y eut de mains employées à fournir à la subsistance commune, sans qu'il y eût moins de bouches pour la consommer; et, comme il fallut aux uns des denrées en échange de leur fer, les autres trouvèrent enfin le secret d'employer le fer à la multiplication des denrées. De là naquirent d'un côté le labourage et l'agriculture, et de l'autre l'art de travailler les métaux et d'en multiplier les usages.

De la culture des terres s'ensuivit nécessairement leur partage, et de la propriété une fois reconnue les premières règles de justice : car, pour rendre à chacun le sien, il faut que chacun puisse avoir quelque chose; de plus, les hommes commençant à porter leurs vues dans l'avenir, et se voyant tous quelques biens à perdre, il n'y en avoit aucun qui n'eût à craindre pour soi la représaille des torts qu'il pouvoit faire à autrui. Cette origine est d'autant plus naturelle, qu'il est impossible de concevoir l'idée de la propriété naissante d'ailleurs que de la main-d'œuvre ; car on ne voit pas ce que, pour s'approprier les choses qu'il n'a point faites, l'homme y peut mettre de plus que son travail. C'est le seul travail qui, donnant droit au cultivateur sur le produit de la terre qu'il a labourée, lui en donne par conséquent sur le fonds, au moins jusqu'à la récolte, et ainsi d'année en année; ce qui, faisant une possession continue, se transforme aisément en propriété. Lorsque les anciens, dit Grotius, ont donné à Cérès l'épithète de législatrice, et à une fête célébrée en son honneur le nom de Thesmophorie [1], ils ont fait entendre par là que le partage des terres a produit une nouvelle sorte de droit, c'est-à-dire le droit

---

[1] * On disoit *Cérès Thesmophore*, de τεσμος, *loi*, et de φερω, *je porte*. Les *Thesmophories* n'étoient célébrées que par des femmes.

de propriété, différent de celui qui résulte de la loi naturelle.

Les choses en cet état eussent pu demeurer égales si les talents eussent été égaux, et que, par exemple, l'emploi du fer et la consommation des denrées eussent toujours fait une balance exacte : mais la proportion que rien ne maintenoit fut bientôt rompue; le plus fort faisoit plus d'ouvrage; le plus adroit tiroit meilleur parti du sien; le plus ingénieux trouvoit des moyens d'abréger le travail; le laboureur avoit plus besoin de fer, ou le forgeron plus besoin de blé; et en travaillant également, l'un gagnoit beaucoup, tandis que l'autre avoit peine à vivre. C'est ainsi que l'inégalité naturelle se déploie insensiblement avec celle de combinaison, et que les différences des hommes, développées par celles des circonstances, se rendent plus sensibles, plus permanentes dans leurs effets, et commencent à influer dans la même proportion sur le sort des particuliers.

Les choses étant parvenues à ce point, il est facile d'imaginer le reste. Je ne m'arrêterai pas à décrire l'invention successive des autres arts, le progrès des langues, l'épreuve et l'emploi des talents, l'inégalité des fortunes, l'usage ou l'abus des richesses, ni tous les détails qui suivent ceux-ci, et que chacun peut aisément suppléer. Je me bornerai seulement à jeter un coup d'œil sur le genre humain placé dans ce nouvel ordre de choses.

Voilà donc toutes nos facultés développées, la mémoire et l'imagination en jeu, l'amour-propre intéressé, la raison rendue active, et l'esprit arrivé presque au terme de la perfection dont il est susceptible. Voilà toutes les qualités naturelles mises en action, le rang et le sort de chaque homme établis, non seulement sur la quantité des biens et le pouvoir de servir ou de nuire, mais sur l'esprit, la beauté, la force ou l'adresse, sur le mérite ou les talents; et ces qualités étant les seules qui pouvoient attirer de la considération, il fallut bientôt les avoir ou les affecter. Il fallut, pour son avantage, se montrer autre que ce qu'on étoit en effet. Être et paroître devinrent deux choses tout-à-fait différentes; et de cette distinction sortirent le faste imposant, la ruse trompeuse, et tous les vices qui en sont le cortége. D'un autre côté, de libre et indépendant qu'étoit auparavant l'homme, le voilà, par une multitude de nouveaux besoins, assujetti pour ainsi dire à toute la nature, et surtout à ses semblables, dont il devient l'esclave en un sens, même en devenant leur maître : riche, il a besoin de leurs services; pauvre, il a besoin de leurs secours, et la médiocrité ne le met point en état de se passer d'eux. Il faut donc qu'il cherche sans cesse à les intéresser à son sort, et à leur faire trouver, en effet ou en apparence, leur profit à travailler pour le sien : ce qui le rend fourbe et artificieux avec les uns, impérieux et dur avec les autres, et le met dans la nécessité d'abuser tous ceux dont il a besoin quand il ne peut s'en faire craindre, et qu'il ne trouve pas son intérêt à les servir utilement. Enfin l'ambition dévorante, l'ardeur d'élever sa fortune relative, moins par un véritable besoin que pour se mettre au-dessus des autres, inspire à tous les hommes un noir penchant à se nuire mutuellement, une jalousie secrète d'autant plus dangereuse, que, pour faire son coup plus en sûreté, elle prend souvent le masque de la bienveillance; en un mot, concurrence et rivalité d'une part, de l'autre opposition d'intérêts, et toujours le désir caché de faire son profit aux dépens d'autrui : tous ces maux sont le premier effet de la propriété et le cortége inséparable de l'inégalité naissante.

Avant qu'on eût inventé les signes représentatifs des richesses, elles ne pouvoient guère consister qu'en terres et en bestiaux, les seuls biens réels que les hommes puissent posséder. Or, quand les héritages se furent accrus en nombre et en étendue au point de couvrir le sol entier et de se toucher tous, les uns ne purent plus s'agrandir qu'aux dépens des autres, et les surnuméraires que la foiblesse ou l'indolence avoient empêchés d'en acquérir à leur tour, devenus pauvres sans avoir rien perdu, parce que, tout changeant autour d'eux, eux seuls n'avoient point changé, furent obligés de recevoir ou de ravir leur subsistance de la main des riches; et de là commencèrent à naître, selon les divers caractères des uns et des autres, la domination et la servitude, ou la violence et les rapines. Les riches, de leur côté, connurent à peine le plaisir de dominer, qu'ils dédaignèrent bientôt tous les autres, et, se servant de leurs anciens esclaves pour en soumettre de nouveaux, ils ne songèrent qu'à subjuguer et asservir leurs voisins : semblables à ces loups affamés qui, ayant une fois goûté de la chair humaine, rebutent toute autre nourriture, et ne veulent plus que dévorer des hommes.

C'est ainsi que, les plus puissants ou les plus misérables se faisant de leurs forces ou de leurs besoins une sorte de droit au bien d'autrui, équivalant, selon eux, à celui de propriété, l'égalité rompue fut suivie du plus affreux désordre; c'est ainsi que les usurpations des riches, les brigandages des pauvres, les passions effrénées de tous, étouffant la pitié naturelle et la voix encore foible de la justice, rendirent les hommes avares, ambitieux et méchants. Il s'élevoit entre le droit du plus fort et le droit du premier occupant un conflit perpétuel qui ne se terminoit que par des combats et des meurtres [1]. La société naissante fit place au plus horrible état de guerre : le genre humain, avili et désolé, ne pouvant plus retourner sur ses pas, ni renoncer aux acquisitions malheureuses qu'il avoit faites, et ne travaillant qu'à sa honte, par l'abus des facultés qui l'honorent, se mit lui-même à la veille de sa ruine.

Attonitus novitate mali, divesque, miserque,
Effugere optat opes, et quæ modo voverat odit [1].

Il n'est pas possible que les hommes n'aient fait enfin des réflexions sur une situation aussi misérable et sur les calamités dont ils étoient accablés. Les riches surtout durent bientôt sentir combien leur étoit désavantageuse une guerre perpétuelle dont ils faisoient seuls tous les frais, et dans laquelle le risque de la vie étoit commun, et celui des biens particulier. D'ailleurs, quelque couleur qu'ils pussent donner à leurs usurpations, ils sentoient assez qu'elles n'étoient établies que sur un droit précaire et abusif, et que, n'ayant été acquises que par la force, la force pouvoit les leur ôter sans qu'ils eussent raison de s'en plaindre. Ceux même que la seule industrie avoit enrichis ne pouvoient guère fonder leur propriété sur de meilleurs titres. Ils avoient beau dire : C'est moi qui ai bâti ce mur ; j'ai gagné ce terrain par mon travail. Qui vous a donné les alignements, leur pouvoit-on répondre, et en vertu de quoi prétendez-vous être payés à nos dépens d'un travail que nous ne vous avons point imposé ? Ignorez-vous qu'une multitude de vos frères périt ou souffre du

---

[1] * Ovid., Metam., lib. XI, v. 127, cité par Montaigne, liv. II, chap. XII.

besoin de ce que vous avez de trop, et qu'il vous falloit un consentement exprès et unanime du genre humain pour vous approprier sur la subsistance commune tout ce qui alloit au-delà de la vôtre ? Destitué de raisons valables pour se justifier et de forces suffisantes pour se défendre; écrasant facilement un particulier, mais écrasé lui-même par des troupes de bandits; seul contre tous, et ne pouvant, à cause des jalousies mutuelles, s'unir avec ses égaux contre des ennemis unis par l'espoir commun du pillage; le riche, pressé par la nécessité, conçut enfin le projet le plus réfléchi qui soit jamais entré dans l'esprit humain; ce fut d'employer en sa faveur les forces mêmes de ceux qui l'attaquoient, de faire ses défenseurs de ses adversaires, de leur inspirer d'autres maximes, et de leur donner d'autres institutions qui lui fussent aussi favorables que le droit naturel lui étoit contraire.

Dans cette vue, après avoir exposé à ses voisins l'horreur d'une situation qui les armoit tous les uns contre les autres, qui leur rendoit leurs possessions aussi onéreuses que leurs besoins, et où nul ne trouvoit sa sûreté ni dans la pauvreté ni dans la richesse, il inventa aisément des raisons spécieuses pour les amener à son but. « Unissons-« nous, leur dit-il, pour garantir de l'oppression « les foibles, contenir les ambitieux, et assurer à « chacun la possession de ce qui lui appartient :

« instituons des réglements de justice et de paix
« auxquels tous soient obligés de se conformer,
« qui ne fassent acception de personne, et qui ré-
« parent en quelque sorte les caprices de la for-
« tune, en soumettant également le puissant et le
« foible à des devoirs mutuels. En un mot, au lieu
« de tourner nos forces contre nous-mêmes, ras-
« semblons-les en un pouvoir suprême qui nous
« gouverne selon de sages lois, qui protége et dé-
« fende tous les membres de l'association, repousse
« les ennemis communs, et nous maintienne dans
« une concorde éternelle. »

Il en fallut beaucoup moins que l'équivalent de ce discours pour entraîner des hommes grossiers, faciles à séduire, qui d'ailleurs avoient trop d'affaires à démêler entre eux pour pouvoir se passer d'arbitres, et trop d'avarice et d'ambition pour pouvoir long-temps se passer de maîtres. Tous coururent au-devant de leurs fers, croyant assurer leur liberté; car, avec assez de raison pour sentir les avantages d'un établissement politique, ils n'avoient pas assez d'expérience pour en prévoir les dangers : les plus capables de pressentir les abus étoient précisément ceux qui comptoient d'en profiter; et les sages mêmes virent qu'il falloit se résoudre à sacrifier une partie de leur liberté à la conservation de l'autre, comme un blessé se fait couper le bras pour sauver le reste du corps.

Telle fut ou dut être l'origine de la société et des lois, qui donnèrent de nouvelles entraves au foible et de nouvelles forces au riche [1], détruisirent sans retour la liberté naturelle, fixèrent pour jamais la loi de la propriété et de l'inégalité, d'une adroite usurpation firent un droit irrévocable, et, pour le profit de quelques ambitieux, assujettirent désormais tout le genre humain au travail, à la servitude et à la misère. On voit aisément comment l'établissement d'une seule société rendit indispensable celui de toutes les autres, et comment, pour faire tête à des forces unies, il fallut s'unir à son tour. Les sociétés, se multipliant ou s'étendant rapidement, couvrirent bientôt toute la surface de la terre; et il ne fut plus possible de trouver un seul coin dans l'univers où l'on pût s'affranchir du joug, et soustraire sa tête au glaive souvent mal conduit que chaque homme vit perpétuellement suspendu sur la sienne. Le droit civil étant ainsi devenu la règle commune des citoyens, la loi de nature n'eut plus lieu qu'entre les diverses sociétés, où, sous le nom de droit des gens, elle fut tempérée par quelques conventions tacites pour rendre le commerce possible et suppléer à la commisération naturelle, qui, perdant de société à société presque toute la force qu'elle avoit d'homme à homme, ne réside plus que dans quelques grandes ames cosmopolites qui franchissent les barrières imaginaires qui séparent les peuples, et qui, à l'exemple de l'Être souverain qui les a créées, embrassent tout le genre humain dans leur bienveillance.

Les corps politiques, restant ainsi entre eux dans l'état de nature, se ressentirent bientôt des inconvénients qui avoient forcé les particuliers d'en sortir; et cet état devint encore plus funeste entre ces grands corps qu'il ne l'avoit été auparavant entre les individus dont ils étoient composés. De là sortirent les guerres nationales, les batailles, les meurtres, les représailles, qui font frémir la nature et choquent la raison, et tous ces préjugés horribles qui placent au rang des vertus l'honneur de répandre le sang humain. Les plus honnêtes gens apprirent à compter parmi leurs devoirs celui d'égorger leurs semblables : on vit enfin les hommes se massacrer par milliers sans savoir pourquoi; et il se commettoit plus de meurtres en un seul jour de combat, et plus d'horreurs à la prise d'une seule ville, qu'il ne s'en étoit commis dans l'état de nature, durant des siècles entiers, sur toute la face de la terre. Tels sont les premiers effets qu'on entrevoit de la division du genre humain en différentes sociétés. Revenons à leur institution.

Je sais que plusieurs ont donné d'autres origines aux sociétés politiques, comme les conquêtes du plus puissant, ou l'union des foibles; et le choix entre ces causes est indifférent à ce que je veux établir : cependant celle que je viens d'exposer me paroît la plus naturelle par les raisons suivantes : 1° Que, dans le premier cas, le droit de conquête n'étant point un droit n'en a pu fonder aucun autre, le conquérant et les peuples conquis restant toujours entre eux dans l'état de guerre, à moins que la nation remise en pleine liberté ne choisisse volontairement son vainqueur pour son chef : jusque-là, quelques capitulations qu'on ait faites, comme elles n'ont été fondées que sur la violence, et que par conséquent elles sont nulles par le fait même, il ne peut y avoir, dans cette hypothèse, ni véritable société, ni corps politique, ni d'autre loi que celle du plus fort. 2° Que ces mots de *fort* et de *foible* sont équivoques dans le second cas ; que, dans l'intervalle qui se trouve entre l'établissement du droit de propriété ou de premier occupant et celui des gouvernements politiques, le sens de ces termes est mieux rendu par ceux de *pauvre* et de *riche*, parce qu'en effet un homme n'avoit point, avant les lois, d'autre moyen d'assujettir ses égaux qu'en attaquant leur bien, ou leur faisant quelque part du sien. 3° Que les pauvres n'ayant rien à perdre que leur liberté, c'eût été une grande folie à eux de s'ôter volontairement le seul bien qui leur restoit pour ne rien gagner en échange ; qu'au contraire les riches étant, pour ainsi dire, sensibles dans toutes les parties de leurs biens, il étoit beaucoup plus aisé de leur faire du mal; qu'ils avoient par conséquent plus de précautions à prendre pour s'en garantir; et qu'enfin il est raisonnable de croire qu'une chose a été inventée par ceux à qui elle est utile plutôt que par ceux à qui elle fait du tort.

Le gouvernement naissant n'eut point une forme constante et régulière. Le défaut de philosophie et d'expérience ne laissoit apercevoir que les inconvénients présents; et l'on ne songeoit à remédier aux autres qu'à mesure qu'ils se présentoient. Malgré tous les travaux des plus sages législateurs, l'état politique demeura toujours imparfait, parce qu'il étoit presque l'ouvrage du hasard, et que, mal commencé, le temps, en découvrant les défauts et suggérant des remèdes, ne put jamais réparer les vices de la constitution : on raccommodoit sans cesse, au lieu qu'il eût fallu commencer par nettoyer l'aire et écarter tous les vieux matériaux, comme fit Lycurgue à Sparte, pour élever ensuite un bon édifice. La société ne consista d'abord qu'en quelques conventions générales que tous les particuliers s'engageoient à observer, et dont la communauté se rendoit garante envers chacun d'eux. Il fallut que l'expérience montrât combien une pareille constitution étoit foible, et combien il étoit facile aux infracteurs d'éviter la conviction ou le châtiment des fautes dont le public seul devoit être le témoin et le juge; il fallut que la loi fût éludée de mille manières; il fallut que les inconvénients et les désordres se multipliassent continuellement pour qu'on songeât enfin à confier à des particuliers le dangereux dépôt de l'autorité publique, et qu'on commît à des magistrats le soin de faire observer les délibérations du peuple ; car de dire que les chefs furent choisis avant que la confédération fût faite, et que les ministres des lois existèrent avant les lois mêmes, c'est une supposition qu'il n'est pas permis de combattre sérieusement.

Il ne seroit pas plus raisonnable de croire que les peuples se sont d'abord jetés entre les bras d'un maître absolu, sans conditions et sans retour, et que le premier moyen de pourvoir à la sûreté commune qu'aient imaginé des hommes fiers et indomptés, a été de se précipiter dans l'esclavage. En effet, pourquoi se sont-ils donné des supérieurs, si ce n'est pour les défendre contre l'oppression, et protéger leurs biens, leurs libertés et leurs vies, qui sont, pour ainsi dire, les éléments constitutifs de leur être ? Or, dans les relations d'homme à homme, le pis qui puisse arriver à l'un étant de se voir à la discrétion de l'autre, n'eût-il pas été contre le bon sens de commencer par se dépouiller entre les mains d'un chef des seules choses pour la conservation desquelles ils avoient besoin de son secours ? Quel équivalent eût-il pu leur offrir pour la concession d'un si beau droit ? et s'il eût osé l'exiger sous le prétexte de les défendre, n'eût-il pas aussitôt reçu la réponse de l'apologue : Que nous fera de plus l'ennemi ? Il est donc incontestable, et c'est la maxime fondamentale de tout le droit politique, que les peuples se sont donné des chefs pour défendre leur liberté et non pour les asservir. *Si nous avons un prince,* disoit Pline à Trajan, *c'est afin qu'il nous préserve d'avoir un maître* [1].

Les politiques font sur l'amour de la liberté les mêmes sophismes que les philosophes ont faits sur l'état de nature : par les choses qu'ils voient ils jugent des choses très-différentes qu'ils n'ont pas vues ; et ils attribuent aux hommes un penchant naturel à la servitude par la patience avec laquelle ceux qu'ils ont sous les yeux supportent la leur ; sans songer qu'il en est de la liberté comme de l'innocence et de la vertu, dont on ne sent le prix qu'autant qu'on en jouit soi-même, et dont le goût se perd sitôt qu'on les a perdues. *Je connois les délices de ton pays,* disoit Brasidas à un satrape qui comparoit la vie de Sparte à celle de

---

[1] *Ce n'est pas là précisément l'idée de Pline dans le passage ci-après, le seul auquel ceci puisse être appliqué : Scis, ut sunt diversa natura dominatio et principatus, ita non aliis esse principem gratiorem, quam qui maxime dominum graventur.* (Paneg., cap. XLV.) « Comme la différence qui se trouve naturellement « entre le pouvoir despotique et le gouvernement légitime ne vous « est pas inconnue, vous n'avez pas de peine à comprendre qu'il « n'y a point d'hommes plus attachés à un prince juste que ceux « qui abhorrent les tyrans. » *Traduction de Sacy*.

Persépolis; mais tu ne peux connoître les plaisirs du mien.

Comme un coursier indompté hérisse ses crins, frappe la terre du pied et se débat impétueusement à la seule approche du mors, tandis qu'un cheval dressé souffre patiemment la verge et l'éperon, l'homme barbare ne plie point sa tête au joug que l'homme civilisé porte sans murmure, et il préfère la plus orageuse liberté à un assujettissement tranquille. Ce n'est donc pas par l'avilissement des peuples asservis qu'il faut juger des dispositions naturelles de l'homme pour ou contre la servitude, mais par les prodiges qu'ont faits tous les peuples libres pour se garantir de l'oppression. Je sais que les premiers ne font que vanter sans cesse la paix et le repos dont ils jouissent dans leurs fers, et que *miserrimam servitutem pacem appellant*[1]: mais quand je vois les autres sacrifier les plaisirs, le repos, la richesse, la puissance, et la vie même, à la conservation de ce seul bien si dédaigné de ceux qui l'ont perdu; quand je vois des animaux nés libres, et abhorrant la captivité, se briser la tête contre les barreaux de leur prison; quand je vois des multitudes de sauvages tout nus mépriser les voluptés européennes, et braver la faim, le feu, le fer et la mort, pour ne conserver que leur indépendance, je sens que ce

---

[1] * Tacit., Hist., lib. IV, c. xvii.

n'est pas à des esclaves qu'il appartient de raisonner de liberté.

Quant à l'autorité paternelle, dont plusieurs ont fait dériver le gouvernement absolu et toute la société, sans recourir aux preuves contraires de Locke et de Sidney, il suffit de remarquer que rien au monde n'est plus éloigné de l'esprit féroce du despotisme que la douceur de cette autorité, qui regarde plus à l'avantage de celui qui obéit qu'à l'utilité de celui qui commande; que, par la loi de nature, le père n'est le maître de l'enfant qu'aussi long-temps que son secours lui est nécessaire; qu'au-delà de ce terme ils deviennent égaux, et qu'alors le fils, parfaitement indépendant du père, ne lui doit que du respect et non de l'obéissance; car la reconnoissance est bien un devoir qu'il faut rendre, mais non pas un droit qu'on puisse exiger. Au lieu de dire que la société civile dérive du pouvoir paternel, il falloit dire au contraire que c'est d'elle que ce pouvoir tire sa principale force. Un individu ne fut reconnu pour le père de plusieurs que quand ils restèrent assemblés autour de lui. Les biens du père, dont il est véritablement le maître, sont les liens qui retiennent ses enfants dans sa dépendance, et il peut ne leur donner part à sa succession qu'à proportion qu'ils auront bien mérité de lui par une continuelle déférence à ses volontés. Or, loin que les sujets aient quelque faveur semblable à attendre de leur despote, comme ils lui appartiennent en propre, eux et tout ce qu'ils possèdent, ou du moins qu'il le prétend ainsi, ils sont réduits à recevoir comme une faveur ce qu'il leur laisse de leur propre bien : il fait justice quand il les dépouille ; il fait grâce quand il les laisse vivre.

En continuant d'examiner ainsi les faits par le droit, on ne trouveroit pas plus de solidité que de vérité dans l'établissement volontaire de la tyrannie ; et il seroit difficile de montrer la validité d'un contrat qui n'obligeroit qu'une des parties, où l'on mettroit tout d'un côté et rien de l'autre, et qui ne tourneroit qu'au préjudice de celui qui s'engage. Ce système odieux est bien éloigné d'être, même aujourd'hui, celui des sages et bons monarques, et surtout des rois de France, comme on peut le voir en divers endroits de leurs édits, et en particulier dans le passage suivant d'un écrit célèbre, publié en 1667, au nom et par les ordres de Louis XIV : « Qu'on ne dise donc point que le
« souverain ne soit pas sujet aux lois de son état,
« puisque la proposition contraire est une vérité
« du droit des gens, que la flatterie a quelquefois
« attaquée, mais que les bons princes ont toujours
« défendue comme une divinité tutélaire de leurs
« états. Combien est-il plus légitime de dire, avec
« le sage Platon, que la parfaite félicité d'un
« royaume est qu'un prince soit obéi de ses su-
« jets, que le prince obéisse à la loi, et que la loi

« soit droite et toujours dirigée au bien public¹ ! »
Je ne m'arrêterai point à rechercher si, la liberté
étant la plus noble des facultés de l'homme, ce
n'est pas dégrader sa nature, se mettre au niveau
des bêtes esclaves de l'instinct, offenser même
l'auteur de son être, que de renoncer sans réserve
au plus précieux de tous ses dons, que de se soumettre à commettre tous les crimes qu'il nous défend, pour complaire à un maître féroce ou insensé, et si cet ouvrier sublime doit être plus irrité
de voir détruire que déshonorer son plus bel ouvrage. Je négligerai, si l'on veut, l'autorité de
Barbeyrac, qui déclare nettement, d'après Locke,
que nul ne peut vendre sa liberté jusqu'à se sou-

---

¹ * Ce passage d'un écrit publié *au nom et par les ordres* d'un prince qui, dans tous ses actes d'administration intérieure comme dans sa conduite personnelle, a manifesté des principes directement contraires, n'étonnera point quand on saura quel est cet écrit, dans quelles circonstances et dans quelles vues il a été publié. Ce n'est autre que l'espèce de manifeste publié en effet au nom du roi, sous le titre de *Traité des Droits de la Reine très-chrétienne sur divers états de la monarchie d'Espagne* (1667, in-4°, de l'imprimerie royale), lorsqu'après la mort de Philippe IV, et malgré les renonciations formelles consenties par Louis XIV dans son contrat de mariage, il se préparoit à faire une invasion dans les Pays-Bas. En se faisant considérer comme *sujet aux lois de son état*, et conséquemment mis par elles-mêmes dans la nécessité de prendre les armes, il ne craignoit pas de se donner ce lien aux yeux des puissances étrangères, bien sûr de n'être pas pris au mot par ses sujets. Au reste, dans ce même écrit, qui peut passer pour un modèle dans l'art de déguiser un manque de foi à l'aide de distinctions subtiles et de raisonnements captieux, on voit l'auteur se hâter de prévenir

mettre à une puissance arbitraire qui le traite à sa fantaisie : *Car*, ajoute-t-il, *ce seroit vendre sa propre vie, dont on n'est pas le maître.* Je demanderai seulement de quel droit ceux qui n'ont pas craint de s'avilir eux-mêmes jusqu'à ce point, ont pu soumettre leur postérité à la même ignominie, et renoncer pour elle à des biens qu'elle ne tient point de leur libéralité, et sans lesquels la vie même est onéreuse à tous ceux qui en sont dignes.

Puffendorff dit que, tout de même qu'on transfère son bien à autrui par des conventions et des contrats, on peut aussi se dépouiller de sa liberté en faveur de quelqu'un. C'est là, ce me semble, un fort mauvais raisonnement : car, premièrement,

les conséquences de la *vérité* qu'il vient d'énoncer, quand on y lit immédiatement après le passage cité par Rousseau, que *les rois sont les auteurs des lois dans leurs états* (page 273); et quand cet axiome de droit politique est d'ailleurs formellement consacré et établi à plusieurs reprises dans le cours de l'ouvrage. « Ce n'est pas qu'on « doute que les rois n'aient la puissance de faire et d'abroger des « lois; ce droit est, sans difficulté, l'un des plus beaux fleurons « de leur couronne (p. 140).... La sagesse d'un grand prince con- « siste principalement à former de bonnes lois; sa puissance, à « les faire observer par ses sujets, et sa gloire, à s'y assujettir lui- « même (page 164). » Ce dont il ne falloit conclure autre chose qu'un devoir pour le prince de s'assujettir à sa loi, *tant qu'il lui convenoit*, et la conduite de Louis XIV en cette occasion prouve bien qu'il ne vouloit pas en effet donner de ce devoir une autre idée.

Dans le Discours de Rousseau, le passage présenté isolément a, comme on voit, un tout autre caractère, et sans doute on ne pouvoit plus adroitement s'y prendre pour donner une leçon au gouvernement alors existant.

le bien que j'aliène me devient une chose tout-à-fait étrangère, et dont l'abus m'est indifférent ; mais il m'importe qu'on n'abuse point de ma liberté, et je ne puis, sans me rendre coupable du mal qu'on me forcera de faire, m'exposer à devenir l'instrument du crime. De plus, le droit de propriété n'étant que de convention et d'institution humaine, tout homme peut à son gré disposer de ce qu'il possède : mais il n'en est pas de même des dons essentiels de la nature, tels que la vie et la liberté, dont il est permis à chacun de jouir, et dont il est au moins douteux qu'on ait droit de se dépouiller : en s'ôtant l'une on dégrade son être, en s'ôtant l'autre on l'anéantit autant qu'il est en soi : et, comme nul bien temporel ne peut dédommager de l'une et de l'autre, ce seroit offenser à la fois la nature et la raison que d'y renoncer à quelque prix que ce fût. Mais quand on pourroit aliéner sa liberté comme ses biens, la différence seroit très-grande pour les enfants, qui ne jouissent des biens du père que par la transmission de son droit ; au lieu que la liberté étant un don qu'ils tiennent de la nature en qualité d'hommes, leurs parents n'ont eu aucun droit de les en dépouiller : de sorte que, comme pour établir l'esclavage il a fallu faire violence à la nature, il a fallu la changer pour perpétuer ce droit : et les jurisconsultes qui ont gravement prononcé que l'enfant d'une esclave naîtroit esclave, ont décidé en d'autres termes qu'un homme ne naîtroit pas homme.

Il me paroît donc certain que non seulement les gouvernements n'ont point commencé par le pouvoir arbitraire, qui n'en est que la corruption, le terme extrême, et qui les ramène enfin à la seule loi du plus fort, dont ils furent d'abord le remède ; mais encore que quand même ils auroient ainsi commencé, ce pouvoir, étant par sa nature illégitime, n'a pu servir de fondement aux lois de la société, ni par conséquent à l'inégalité d'institution.

Sans entrer aujourd'hui dans les recherches qui sont encore à faire sur la nature du pacte fondamental de tout gouvernement, je me borne, en suivant l'opinion commune, à considérer ici l'établissement du corps politique comme un vrai contrat entre le peuple et les chefs qu'il se choisit; contrat par lequel les deux parties s'obligent à l'observation des lois qui y sont stipulées et qui forment les liens de leur union. Le peuple ayant, au sujet des relations sociales, réuni toutes ses volontés en une seule, tous les articles sur lesquels cette volonté s'explique deviennent autant de lois fondamentales qui obligent tous les membres de l'état sans exception, et l'une desquelles règle le choix et le pouvoir des magistrats chargés de veiller à l'exécution des autres. Ce pouvoir s'étend à tout ce qui peut maintenir la constitution, sans aller jusqu'à la changer. On y joint des honneurs qui rendent respectables les lois et leurs ministres, et pour ceux-ci personnellement, des prérogatives qui les dédommagent des pénibles travaux que coûte une bonne administration. Le magistrat, de son côté, s'oblige à n'user du pouvoir qui lui est confié que selon l'intention des commettants, à maintenir chacun dans la paisible jouissance de ce qui lui appartient, et à préférer en toute occasion l'utilité publique à son propre intérêt.

Avant que l'expérience eût montré, ou que la connoissance du cœur humain eût fait prévoir les abus inévitables d'une telle constitution, elle dut paroître d'autant meilleure que ceux qui étoient chargés de veiller à sa conservation y étoient eux-mêmes les plus intéressés [1] : car la magistrature et ses droits n'étant établis que sur les lois fondamentales, aussitôt qu'elles seroient détruites, les magistrats cesseroient d'être légitimes, le peuple ne seroit plus tenu de leur obéir ; et comme ce n'auroit pas été le magistrat, mais la loi, qui auroit constitué l'essence de l'état, chacun rentreroit de droit dans sa liberté naturelle.

Pour peu qu'on y réfléchît attentivement, ceci se confirmeroit par de nouvelles raisons ; et par la nature du contrat on verroit qu'il ne sauroit être irrévocable ; car s'il n'y avoit point de pouvoir supérieur qui pût être garant de la fidélité des

---

[1] * L'édition originale porte : *le plus intéressés ;* mais elle est la seule qui offre cette variante.

contractants, ni les forcer à remplir leurs engagements réciproques ; les parties demeureroient seules juges dans leur propre cause, et chacune d'elles auroit toujours le droit de renoncer au contrat sitôt qu'elle trouveroit que l'autre enfreint les conditions, ou qu'elles cesseroient de lui convenir. C'est sur ce principe qu'il semble que le droit d'abdiquer peut être fondé. Or, à ne considérer, comme nous faisons, que l'institution humaine, si le magistrat, qui a tout le pouvoir en main et qui s'approprie tous les avantages du contrat, avoit pourtant le droit de renoncer à l'autorité, à plus forte raison le peuple, qui paie toutes les fautes des chefs, devroit avoir le droit de renoncer à la dépendance. Mais les dissensions affreuses, les désordres infinis qu'entraîneroit nécessairement ce dangereux pouvoir, montrent, plus que toute autre chose, combien les gouvernements humains avoient besoin d'une base plus solide que la seule raison, et combien il étoit nécessaire au repos public que la volonté divine intervînt pour donner à l'autorité souveraine un caractère sacré et inviolable qui ôtât aux sujets le funeste droit d'en disposer. Quand la religion n'auroit fait que ce bien aux hommes, c'en seroit assez pour qu'ils dussent tous la chérir et l'adopter, même avec ses abus, puisqu'elle épargne encore plus de sang que le fanatisme n'en fait couler. Mais suivons le fil de notre hypothèse.

Les diverses formes de gouvernements tirent leur origine des différences plus ou moins grandes qui se trouvèrent entre les particuliers au moment de l'institution. Un homme étoit-il éminent en pouvoir, en vertu, en richesse ou en crédit, il fut seul élu magistrat, et l'état devint monarchique. Si plusieurs, à peu près égaux entre eux, l'emportoient sur tous les autres, ils furent élus conjointement, et l'on eut une aristocratie. Ceux dont la fortune ou les talents étoient moins disproportionnés, et qui s'étoient le moins éloignés de l'état de nature, gardèrent en commun l'administration suprême, et formèrent une démocratie. Le temps vérifia laquelle de ces formes étoit la plus avantageuse aux hommes. Les uns restèrent uniquement soumis aux lois, les autres obéirent bientôt à des maîtres. Les citoyens voulurent garder leur liberté; les sujets ne songèrent qu'à l'ôter à leurs voisins, ne pouvant souffrir que d'autres jouissent d'un bien dont ils ne jouissoient plus eux-mêmes. En un mot, d'un côté furent les richesses et les conquêtes, et de l'autre le bonheur et la vertu.

Dans ces divers gouvernements, toutes les magistratures furent d'abord électives; et quand la richesse ne l'emportoit pas, la préférence étoit accordée au mérite qui donne un ascendant naturel, et à l'âge, qui donne l'expérience dans les affaires, et le sang froid dans les délibérations.

Les anciens des Hébreux, les gérontes de Sparte, le sénat de Rome, et l'étymologie même de notre mot *seigneur*, montrent combien autrefois la vieillesse étoit respectée. Plus les élections tomboient sur des hommes avancés en âge, plus elles devenoient fréquentes, et plus leurs embarras se faisoient sentir : les brigues s'introduisirent, les factions se formèrent, les partis s'aigrirent, les guerres civiles s'allumèrent, enfin le sang des citoyens fut sacrifié au prétendu bonheur de l'état, et l'on fut à la veille de retomber dans l'anarchie des temps antérieurs. L'ambition des principaux profita de ces circonstances pour perpétuer leurs charges dans leurs familles; le peuple, déjà accoutumé à la dépendance, au repos et aux commodités de la vie, et déjà hors d'état de briser ses fers, consentit à laisser augmenter sa servitude pour affermir sa tranquillité : et c'est ainsi que les chefs, devenus heréditaires, s'accoutumèrent à regarder leur magistrature, comme un bien de famille, à se regarder eux-mêmes comme les propriétaires de l'état, dont ils n'étoient d'abord que les officiers ; à appeler leurs concitoyens leurs esclaves; à les compter, comme du bétail, au nombre des choses qui leur appartenoient ; et à s'appeler eux-mêmes égaux aux dieux, et rois des rois.

Si nous suivons le progrès de l'inégalité dans ces différentes révolutions, nous trouverons que l'établissement de la loi et du droit de propriété fut son premier terme, l'institution de la magistrature le second, que le troisième et dernier fut le changement du pouvoir légitime en pouvoir arbitraire; en sorte que l'état de riche et de pauvre fut autorisé par la première époque, celui de puissant et de foible par la seconde, et par la troisième celui de maître et d'esclave, qui est le dernier degré de l'inégalité, et le terme auquel aboutissent enfin tous les autres, jusqu'à ce que de nouvelles révolutions dissolvent tout-à-fait le gouvernement, ou le rapprochent de l'institution légitime.

Pour comprendre la nécessité de ce progrès, il faut moins considérer les motifs de l'établissement du corps politique, que la forme qu'il prend dans son exécution et les inconvénients qu'il entraîne après lui; car les vices qui rendent nécessaires les institutions sociales sont les mêmes qui en rendent l'abus inévitable : et comme, excepté la seule Sparte, où la loi veilloit principalement à l'éducation des enfants, et où Lycurgue établit des mœurs qui le dispensoient presque d'y ajouter des lois, les lois, en général moins fortes que les passions, contiennent les hommes sans les changer; il seroit aisé de prouver que tout gouvernement qui, sans se corrompre ni s'altérer, marcheroit toujours exactement selon la fin de son institution, auroit été institué sans nécessité, et qu'un pays où personne n'éluderoit les lois et n'abuseroit de la magistrature, n'auroit besoin ni de magistrats ni de lois.

Les distinctions politiques amènent nécessairement les distinctions civiles. L'inégalité, croissant entre le peuple et ses chefs, se fait bientôt sentir parmi les particuliers, et s'y modifie en mille manières selon les passions, les talents et les occurrences. Le magistrat ne sauroit usurper un pouvoir illégitime sans se faire des créatures auxquelles il est forcé d'en céder quelque partie. D'ailleurs les citoyens ne se laissent opprimer qu'autant qu'entraînés par une aveugle ambition, et regardant plus au-dessous qu'au-dessus d'eux, la domination leur devient plus chère que l'indépendance, et qu'ils consentent à porter des fers pour en pouvoir donner à leur tour. Il est très-difficile de réduire à l'obéissance celui qui ne cherche point à commander, et le politique le plus adroit ne viendroit pas à bout d'assujettir des hommes qui ne voudroient qu'être libres. Mais l'inégalité s'étend sans peine parmi des ames ambitieuses et lâches, toujours prêtes à courir les risques de la fortune, et à dominer ou servir presque indifféremment, selon qu'elle leur devient favorable ou contraire. C'est ainsi qu'il dut venir un temps où les yeux du peuple furent fascinés à tel point que ses conducteurs n'avoient qu'à dire au plus petit des hommes : Sois grand, toi et toute ta race; aussitôt il paroissoit grand à tout le monde ainsi qu'à ses propres yeux, et ses descendants s'élevoient encore à mesure qu'ils s'éloignoient de lui; plus la cause étoit reculée et incertaine, plus l'effet augmentoit; plus on pouvoit compter de fainéants dans une famille, et plus elle devenoit illustre.

Si c'étoit ici le lieu d'entrer en des détails, j'expliquerois facilement comment, sans même que le gouvernement s'en mêle, l'inégalité de crédit et d'autorité devient inévitable entre les particuliers, sitôt que, réunis en une même société, ils sont forcés de se comparer entre eux, et de tenir compte des différences qu'ils trouvent dans l'usage continuel qu'ils ont à faire les uns des autres. Ces différences sont de plusieurs espèces. Mais, en général, la richesse, la noblesse ou le rang, la puissance et le mérite personnel, étant les distinctions principales par lesquelles on se mesure dans la société, je prouverois que l'accord ou le conflit de ces forces diverses est l'indication la plus sûre d'un état bien ou mal constitué : je ferois voir qu'entre ces quatre sortes d'inégalité, les qualités personnelles étant l'origine de toutes les autres, la richesse est la dernière à laquelle elles se réduisent à la fin, parce que étant la plus immédiatement utile au bien-être et la plus facile à communiquer, on s'en sert aisément pour acheter tout le reste; observation qui peut faire juger assez exactement de la mesure dont chaque peuple s'est éloigné de son institution primitive, et du chemin qu'il a fait vers le terme extrême de la corruption. Je remarquerois combien ce désir universel de réputation, d'honneurs et de préférences, qui nous dévore tous, exerce et compare les talents et les forces; combien il excite et multiplie les passions; et combien, rendant tous les hommes concurrents, rivaux, ou plutôt ennemis, il cause tous les jours de revers, de succès et de catastrophes de toute espèce, en faisant courir la même lice à tant de prétendants. Je montrerois que c'est à cette ardeur de faire parler de soi, à cette fureur de se distinguer qui nous tient presque toujours hors de nous-mêmes, que nous devons ce qu'il y a de meilleur et de pire parmi les hommes, nos vertus et nos vices, nos sciences et nos erreurs, nos conquérants et nos philosophes, c'est-à-dire une multitude de mauvaises choses sur un petit nombre de bonnes. Je prouverois enfin que si l'on voit une poignée de puissants et de riches au faîte des grandeurs et de la fortune, tandis que la foule rampe dans l'obscurité et dans la misère, c'est que les premiers n'estiment les choses dont ils jouissent qu'autant que les autres en sont privés, et que, sans changer d'état, ils cesseroient d'être heureux si le peuple cessoit d'être misérable.

Mais ces détails seroient seuls la matière d'un ouvrage considérable dans lequel on pèseroit les avantages et les inconvénients de tout gouvernement, relativement aux droits de l'état de nature, et où l'on dévoileroit toutes les faces différentes sous lesquelles l'inégalité s'est montrée jusqu'à ce jour, et pourra se montrer dans les siècles futurs, selon la nature de ces gouvernements et les révolutions que le temps y amènera nécessairement. On verroit la multitude opprimée au-dedans par une suite des précautions mêmes qu'elle avoit prises contre ce qui la menaçoit au-dehors; on verroit l'oppression s'accroître continuellement sans que les opprimés pussent jamais savoir quel terme elle auroit, ni quels moyens légitimes il leur resteroit pour l'arrêter; on verroit les droits des citoyens et les libertés nationales s'éteindre peu à peu, et les réclamations des foibles traitées de murmures séditieux; on verroit la politique restreindre à une portion mercenaire du peuple l'honneur de défendre la cause commune; on verroit de là sortir la nécessité des impôts, le cultivateur découragé quitter son champ, même durant la paix, et laisser la charrue pour ceindre l'épée; on verroit naître les règles funestes et bizarres du point d'honneur; on verroit les défenseurs de la patrie en devenir tôt ou tard les ennemis, tenir sans cesse le poignard levé sur leurs concitoyens; et il viendroit un temps où on les entendroit dire à l'oppresseur de leur pays,

Pectore si fratris gladium juguloque parentis
Condere me jubeas, gravidæque in viscera partu

Conjugis, invita peragam tamen omnia dextra [1].

De l'extrême inégalité des conditions et des fortunes, de la diversité des passions et des talents, des arts inutiles, des arts pernicieux, des sciences frivoles, sortiroient des foules de préjugés, également contraires à la raison, au bonheur et à la vertu : on verroit fomenter par les chefs tout ce qui peut affoiblir des hommes rassemblés en les désunissant, tout ce qui peut donner à la société un air de concorde apparente et y semer un germe de division réelle, tout ce qui peut inspirer aux différents ordres une défiance et une haine mutuelle par l'opposition de leurs droits et de leurs intérêts, et fortifier par conséquent le pouvoir qui les contient tous.

C'est du sein de ce désordre et de ces révolutions que le despotisme, élevant par degrés sa tête hideuse, et dévorant tout ce qu'il auroit aperçu de bon et de sain dans toutes les parties de l'état, parviendroit enfin à fouler aux pieds les lois et le peuple, et à s'établir sur les ruines de la république. Les temps qui précéderoient ce dernier changement seroient des temps de troubles et de calamités ; mais à la fin tout seroit englouti par le monstre, et les peuples n'auroient plus de chefs ni de lois, mais seulement des tyrans. Dès cet instant aussi il cesseroit d'être question de mœurs et de vertu :

[1] * Lucan., lib. I, v. 376.

car partout ou règne le despotisme, *cui ex honesto nulla est spes*, il ne souffre aucun autre maître; sitôt qu'il parle, il n'y a ni probité ni devoir à consulter, et la plus aveugle obéissance est la seule vertu qui reste aux esclaves.

C'est ici le dernier terme de l'inégalité, et le point extrême qui ferme le cercle et touche au point d'où nous sommes partis : c'est ici que tous les particuliers redeviennent égaux, parce qu'ils ne sont rien, et que les sujets n'ayant plus d'autre loi que la volonté du maître, ni le maître d'autre règle que ses passions, les notions du bien et les principes de la justice s'évanouissent derechef : c'est ici que tout se ramène à la seule loi du plus fort, et par conséquent à un nouvel état de nature différent de celui par lequel nous avons commencé, en ce que l'un étoit l'état de nature dans sa pureté, et que ce dernier est le fruit d'un excès de corruption. Il y a si peu de différence d'ailleurs entre ces deux états, et le contrat de gouvernement est tellement dissous par le despotisme, que le despote n'est le maître qu'aussi long-temps qu'il est le plus fort; et que sitôt qu'on peut l'expulser, il n'a point à réclamer contre la violence. L'émeute qui finit par étrangler ou détrôner un sultan est un acte aussi juridique que ceux par lesquels il disposoit la veille des vies et des biens de ses sujets. La seule force le maintenoit, la seule force le renverse : toutes choses se passent ainsi selon l'ordre naturel; et, quel que puisse être l'événement de ces courtes et fréquentes révolutions, nul ne peut se plaindre de l'injustice d'autrui, mais seulement de sa propre imprudence ou de son malheur.

En découvrant et suivant ainsi les routes oubliées et perdues qui de l'état naturel ont dû mener l'homme à l'état civil; en rétablissant, avec les positions intermédiaires que je viens de marquer, celles que le temps qui me presse m'a fait supprimer, ou que l'imagination ne m'a point suggérées, tout lecteur attentif ne pourra qu'être frappé de l'espace immense qui sépare ces deux états. C'est dans cette lente succession des choses qu'il verra la solution d'une infinité de problèmes de morale et de politique que les philosophes ne peuvent résoudre. Il sentira que le genre humain d'un âge n'étant pas le genre humain d'un autre âge, la raison pourquoi Diogène ne trouvoit point d'homme, c'est qu'il cherchoit parmi ses contemporains l'homme d'un temps qui n'étoit plus. Caton, dira-t-il, périt avec Rome et la liberté, parce qu'il fut déplacé dans son siècle; et le plus grand des hommes ne fit qu'étonner le monde qu'il eût gouverné cinq cents ans plus tôt. En un mot, il expliquera comment l'ame et les passions humaines, s'altérant insensiblement, changent pour ainsi dire de nature; pourquoi nos besoins et nos plaisirs changent d'objets à la longue; pourquoi, l'homme originel s'évanouissant par degrés, la société n'offre plus aux yeux du sage qu'un assemblage d'hommes artificiels et de passions factices qui sont l'ouvrage de toutes ces nouvelles relations, et n'ont aucun vrai fondement dans la nature. Ce que la réflexion nous apprend là-dessus, l'observation le confirme parfaitement : l'homme sauvage et l'homme policé diffèrent tellement par le fond du cœur et des inclinations, que ce qui fait le bonheur suprême de l'un réduiroit l'autre au désespoir. Le premier ne respire que le repos et la liberté; il ne veut que vivre et rester oisif, et l'ataraxie même du stoïcien n'approche pas de sa profonde indifférence pour tout autre objet. Au contraire, le citoyen, toujours actif, sue, s'agite, se tourmente sans cesse pour chercher des occupations encore plus laborieuses; il travaille jusqu'à la mort, il y court même pour se mettre en état de vivre, ou renonce à la vie pour acquérir l'immortalité : il fait sa cour aux grands qu'il hait, et aux riches qu'il méprise; il n'épargne rien pour obtenir l'honneur de les servir; il se vante orgueilleusement de sa bassesse et de leur protection; et, fier de son esclavage, il parle avec dédain de ceux qui n'ont pas l'honneur de le partager. Quel spectacle pour un Caraïbe que les travaux pénibles et enviés d'un ministre européen ! Combien de morts cruelles ne préféreroit pas cet indolent sauvage à l'horreur d'une pareille vie, qui souvent n'est pas même adoucie par le plaisir de bien faire ! Mais, pour voir le but de tant de soins, il faudroit que ces mots, *puissance* et *réputation*, eussent un sens dans son esprit ; qu'il apprît qu'il y a une sorte d'hommes qui comptent pour quelque chose les regards du reste de l'univers, qui savent être heureux et contents d'eux-mêmes sur le témoignage d'autrui plutôt que sur le leur propre. Telle est, en effet, la véritable cause de toutes ces différences : le sauvage vit en lui-même ; l'homme sociable, toujours hors de lui, ne sait que vivre dans l'opinion des autres, et c'est pour ainsi dire de leur seul jugement qu'il tire le sentiment de sa propre existence. Il n'est pas de mon sujet de montrer comment d'une telle disposition naît tant d'indifférence pour le bien et le mal, avec de si beaux discours de morale ; comment, tout se réduisant aux apparences, tout devient factice et joué, honneur, amitié, vertu, et souvent jusqu'aux vices mêmes, dont on trouve enfin le secret de se glorifier ; comment, en un mot, demandant toujours aux autres ce que nous sommes, et n'osant jamais nous interroger là-dessus nous-mêmes, au milieu de tant de philosophie, d'humanité, de politesse et de maximes sublimes, nous n'avons qu'un extérieur trompeur et frivole, de l'honneur sans vertu, de la raison sans sagesse, et du plaisir sans bonheur. Il me suffit d'avoir prouvé que ce n'est point là l'état originel de l'homme, et que c'est le seul esprit de la société et l'inégalité qu'elle engendre, qui changent et altèrent ainsi toutes nos inclinations naturelles.

J'ai tâché d'exposer l'origine et le progrès de l'inégalité, l'établissement et l'abus des sociétés politiques, autant que ces choses peuvent se déduire de la nature de l'homme par les seules lumières de la raison, et indépendamment des dogmes sacrés qui donnent à l'autorité souveraine la sanction du droit divin. Il suit de cet exposé que l'inégalité, étant presque nulle dans l'état de nature, tire sa force et son accroissement du développement de nos facultés et des progrès de l'esprit humain, et devient enfin stable et légitime par l'établissement de la propriété et des lois. Il suit encore que l'inégalité morale, autorisée par le seul droit positif, est contraire au droit naturel toutes les fois qu'elle ne concourt pas en même proportion avec l'inégalité physique; distinction qui détermine suffisamment ce qu'on doit penser à cet égard de la sorte d'inégalité qui règne parmi tous les peuples policés, puisqu'il est manifestement contre la loi de nature, de quelque manière qu'on la définisse, qu'un enfant commande à un vieillard, qu'un imbécile conduise un homme sage, et qu'une poignée de gens regorge de superfluités, tandis que la multitude affamée manque du nécessaire [1].

[1] * La question mise au concours par l'Académie de Dijon, et qui a donné lieu à ce Discours, étoit posée ainsi : *Quelle est l'origine de l'inégalité parmi les hommes, et si elle est autorisée par la loi naturelle ?*

Au reste, il y a à s'étonner que Rousseau qui, dans son *Émile*, et même dans les *notes* qui sont jointes à ce Discours, s'appuie souvent du témoignage de Buffon, et qui le cite toujours avec un haut degré d'estime, n'ait pas, soit dans ses notes, soit dans le cours de son Discours, rappelé le passage suivant, qui offre comme la substance de ce discours même. « L'homme sauvage est de tous les « animaux le plus singulier, le moins connu et le plus difficile à « décrire : mais nous distinguons si peu ce que la nature seule nous « a donné, de ce que l'éducation, l'imitation, l'art et l'exemple « nous ont communiqué, ou nous les confondons si bien, qu'il ne « seroit pas étonnant que nous nous méconnussions totalement au « portrait d'un sauvage, s'il nous étoit présenté avec les vraies « couleurs et les seuls traits naturels qui doivent en faire le carac- « tère. »

« Un sauvage absolument sauvage.... seroit un spectacle curieux « pour un philosophe; il pourroit, en observant son sauvage, éva- « luer au juste la force des appétits de la nature; il y verroit l'ame « à découvert, il en distingueroit tous les mouvements naturels, et « peut-être y reconnoîtroit-il plus de douceur, de tranquillité et de « calme que dans la sienne; peut-être verroit-il clairement que la « vertu appartient à l'homme sauvage plus qu'à l'homme civilisé, « et que le vice n'a pris naissance que dans la société. » HISTOIRE NATURELLE, *Variétés dans l'espèce humaine.* (Tome III, p. 492, édition in-4°, 1749.)

NOTES.

DÉDICACE, page 215.

« Hérodote raconte qu'après le meurtre du faux Smerdis, les sept libérateurs de la Perse s'étant assemblés pour délibérer sur la forme du gouvernement qu'ils donneroient à l'état, Otanès opina fortement pour la république; avis d'autant plus extraordinaire dans la bouche d'un satrape, qu'outre la prétention qu'il pouvoit avoir à l'empire, les grands craignent plus que la mort une sorte de gouvernement qui les force à respecter les hommes. Otanès, comme on peut bien croire, ne fut point écouté; et voyant qu'on alloit procéder à l'élection d'un monarque, lui, qui ne vouloit ni obéir ni commander, céda volontairement aux autres concurrents son droit à la couronne, demandant pour tout dédommagement d'être libre et indépendant, lui et sa postérité; ce qui lui fut accordé. Quand Hérodote ne nous apprendroit pas la restriction qui fut mise à ce privilége, il faudroit nécessairement la supposer¹; autrement Otanès, ne reconnoissant aucune sorte de loi, et n'ayant de compte à rendre à personne, auroit été tout-puissant dans l'état et plus puissant que le roi même. Mais il n'y avoit guère d'apparence

---

¹ * Voyez Hérodote, liv. III, c. LXXXIII. Montaigne aussi rapporte ce fait, et fait connoître la *restriction* dont il s'agit, en disant d'Otanès « qu'il quitta à ses compaignons son droit d'y pouvoir arriver « (à l'empire) par élection ou par sort, pourveu que lui et les siens « vescussent en cet empire hors de toute subjection et maistrise, « sauf celle des loix antiques, et y eussent toute liberté qui ne por-« teroit préjudice à icelles, impatient de commander comme d'estre « commandé. » Liv. III, chap. VII.

qu'un homme capable de se contenter, en pareil cas, d'un tel privilége fût capable d'en abuser. En effet, on ne voit pas que ce droit ait jamais causé le moindre trouble dans le royaume, ni par le sage Otanès, ni par aucun de ses descendants.

PRÉFACE, page 229.

[b] Dès mon premier pas je m'appuie avec confiance sur une de ces autorités respectables pour les philosophes, parce qu'elles viennent d'une raison solide et sublime qu'eux seuls savent trouver et sentir.

« Quelque intérêt que nous ayons à nous connoître
« nous-mêmes, je ne sais si nous ne connoissons pas
« mieux tout ce qui n'est pas nous. Pourvus par la nature
« d'organes uniquement destinés à notre conservation,
« nous ne les employons qu'à recevoir les impressions
« étrangères : nous ne cherchons qu'à nous répandre au-
« dehors, et à exister hors de nous : trop occupés à mul-
« tiplier les fonctions de nos sens et à augmenter l'éten-
« due extérieure de notre être, rarement faisons-nous
« usage de ce sens intérieur qui nous réduit à nos vraies
« dimensions, et qui sépare de nous tout ce qui n'en est
« pas. C'est cependant de ce sens dont il faut nous servir
« si nous voulons nous connoître ; c'est le seul par lequel
« nous puissions nous juger. Mais comment donner à ce
« sens son activité et toute son étendue? comment déga-
« ger notre ame, dans laquelle il réside, de toutes les
« illusions de notre esprit? Nous avons perdu l'habitude
« de l'employer, elle est demeurée sans exercice au milieu
« du tumulte de nos sensations corporelles, elle s'est
« desséchée par le feu de nos passions; le cœur, l'esprit,
« les sens, tout a travaillé contre elle. » HIST. NAT., *de la Nature de l'homme.*

DISCOURS, page 244.

[c] Les changements qu'un long usage de marcher sur

deux pieds à pu produire dans la conformation de l'homme, les rapports qu'on observe encore entre ses bras et les jambes antérieures des quadrupèdes, et l'induction tirée de leur manière de marcher, ont pu faire naître des doutes sur celle qui devoit nous être la plus naturelle. Tous les enfants commencent par marcher à quatre pieds, et ont besoin de notre exemple et de nos leçons pour apprendre à se tenir debout. Il y a même des nations sauvages, telles que les Hottentots, qui, négligeant beaucoup les enfants, les laissent marcher sur les mains si long-temps qu'ils ont ensuite bien de la peine à les redresser; autant en font les enfants des Caraïbes des Antilles. Il y a divers exemples d'hommes quadrupèdes; et je pourrois entre autres citer celui de cet enfant qui fut trouvé, en 1344, auprès de Hesse, où il avoit été nourri par des loups, et qui disoit depuis, à la cour du prince Henri, que, s'il n'eût tenu qu'à lui, il eût mieux aimé retourner avec eux que de vivre parmi les hommes. Il avoit tellement pris l'habitude de marcher comme ces animaux, qu'il fallut lui attacher des pièces de bois qui le forçoient à se tenir debout et en équilibre sur ses deux pieds. Il en étoit de même de l'enfant qu'on trouva, en 1694, dans les forêts de Lithuanie, et qui vivoit parmi les ours. Il ne donnoit, dit M. de Condillac, aucune marque de raison, marchoit sur ses pieds et sur ses mains, n'avoit aucun langage, et formoit des sons qui ne ressembloient en rien à ceux d'un homme. Le petit sauvage d'Hanovre, qu'on mena il y a plusieurs années à la cour d'Angleterre, avoit toutes les peines du monde à s'assujettir à marcher sur deux pieds; et l'on trouva, en 1719, deux autres sauvages dans les Pyrénées, qui couroient par les montagnes à la manière des quadrupèdes. Quant à ce qu'on pourroit objecter que c'est se priver de l'usage des mains dont nous tirons tant d'avantages; outre que l'exemple des singes montre que la main peut fort bien être employée des deux manières, cela prouveroit seulement que l'homme peut donner à ses membres une destination plus commode que celle de la nature, et non que la nature a destiné l'homme à marcher autrement qu'elle ne lui enseigne.

Mais il y a, ce me semble, de beaucoup meilleures raisons à dire pour soutenir que l'homme est un bipède. Premièrement, quand on feroit voir qu'il a pu d'abord être conformé autrement que nous ne le voyons, et cependant devenir enfin ce qu'il est, ce n'en seroit pas assez pour conclure que cela se soit fait ainsi : car, après avoir montré la possibilité de ces changements, il faudroit encore, avant que de les admettre, en montrer au moins la vraisemblance. De plus, si les bras de l'homme paroissent avoir pu lui servir de jambes au besoin, c'est la seule observation favorable à ce système sur un grand nombre d'autres qui lui sont contraires. Les principales sont, que la manière dont la tête de l'homme est attachée à son corps, au lieu de diriger sa vue horizontalement, comme l'ont tous les autres animaux, et comme il l'a lui-même en marchant debout, lui eût tenu, marchant à quatre pieds, les yeux directement fixés vers la terre, situation très-peu favorable à la conservation de l'individu; que la queue qui lui manque, et dont il n'a que faire marchant à deux pieds, est utile aux quadrupèdes, et qu'aucun d'eux n'en est privé; que le sein de la femme, très-bien situé pour un bipède, qui tient son enfant dans ses bras, l'est si mal pour un quadrupède, que nul ne l'a placé de cette manière; que le train de derrière étant d'une excessive hauteur à proportion des jambes de devant, ce qui fait que marchant à quatre nous nous traînons sur les genoux, le tout eût fait un animal mal proportionné et marchant peu commodément; que s'il eût posé le pied à plat ainsi que la main, il auroit eu dans la jambe postérieure une articulation de moins que les autres animaux, savoir celle qui joint le canon au tibia; et qu'en ne posant que la pointe du pied, comme il auroit sans doute été contraint de le faire, le tarse, sans parler de la pluralité des os qui le composent, paroît trop gros pour tenir lieu de canon, et ses articulations avec le métatarse et le tibia trop rapprochées pour donner à la jambe humaine, dans cette situation, la même flexibilité qu'ont celles des quadrupèdes. L'exemple des enfants, étant pris dans un âge où les forces naturelles ne sont point encore développées ni les membres raffermis, ne conclut rien du tout; et j'aimerois autant dire que les chiens ne sont pas destinés à marcher, parce qu'ils ne font que ramper quelques semaines après leur naissance. Les faits particuliers ont encore peu de force contre la pratique universelle de tous les hommes, même des nations qui, n'ayant eu aucune communication avec les autres, n'avoient pu rien imiter d'elles. Un enfant abandonné dans une forêt avant que de pouvoir marcher, et nourri par quelque bête, aura suivi l'exemple de sa nourrice, en s'exerçant à marcher comme elle; l'habitude lui aura pu donner des facilités qu'il ne tenoit point de la nature, et comme des manchots parviennent, à force d'exercice, à faire avec leurs pieds tout ce que nous faisons de nos mains, il sera parvenu enfin à employer ses mains à l'usage des pieds.

Page 245.

d S'il se trouvoit parmi mes lecteurs quelque assez mauvais physicien pour me faire des difficultés sur la supposition de cette fertilité naturelle de la terre, je vais lui répondre par le passage suivant :

« Comme les végétaux tirent pour leur nourriture

« beaucoup plus de substance de l'air et de l'eau qu'ils
« n'en tirent de la terre, il arrive qu'en pourrissant ils
« rendent à la terre plus qu'ils n'en ont tiré; d'ailleurs
« une forêt détermine les eaux de la pluie en arrêtant les
« vapeurs. Ainsi, dans un bois que l'on conserveroit
« bien long-temps sans y toucher, la couche de terre qui
« sert à la végétation augmenteroit considérablement;
« mais les animaux rendant moins à la terre qu'ils n'en
« tirent, et les hommes faisant des consommations énor-
« mes de bois et de plantes pour le feu et pour d'autres
« usages, il s'ensuit que la couche de terre végétale d'un
« pays habité doit toujours diminuer et devenir enfin
« comme le terrain de l'Arabie Pétrée, et comme celui
« de tant d'autres provinces de l'Orient, qui est en effet
« le climat le plus anciennement habité, où l'on ne
« trouve que du sel et des sables : car le sel fixe des
« plantes et des animaux reste, tandis que toutes les
« autres parties se volatilisent. » HIST. NAT., *Preuves de
la Théorie de la Terre*, art. VII.

On peut ajouter à cela la preuve de fait par la quantité d'arbres et de plantes de toute espèce dont étoient remplies presque toutes les îles désertes qui ont été découvertes dans ces derniers siècles, et par ce que l'histoire nous apprend des forêts immenses qu'il a fallu abattre par toute la terre à mesure qu'elle s'est peuplée ou policée. Sur quoi je ferai encore les trois remarques suivantes : l'une, que s'il y a une sorte de végétaux qui puissent compenser la déperdition de matière végétale qui se fait par les animaux, selon le raisonnement de M. Buffon, ce sont surtout les bois, dont les têtes et les feuilles rassemblent et s'approprient plus d'eaux et de vapeurs que ne font les autres plantes; la seconde, que la destruction du sol, c'est-à-dire la perte de la substance propre à la végétation, doit s'accélérer à proportion que la terre est plus cultivée, et que les habitants plus industrieux consomment en plus grande abondance ses productions de toute espèce. Ma troisième et plus importante remarque est que les fruits des arbres fournissent à l'animal une nourriture plus abondante que ne peuvent faire les autres végétaux; expérience que j'ai faite moi-même, en comparant les produits de deux terrains égaux en grandeur et en qualité, l'un couvert de châtaigniers, et l'autre semé de blé.

Page 245.

Parmi les quadrupèdes, les deux distinctions les plus universelles des espèces voraces se tirent, l'une de la figure des dents, et l'autre de la conformation des intestins. Les animaux qui ne vivent que de végétaux ont tous les dents plates, comme le cheval, le bœuf, le mouton, le lièvre; mais les voraces les ont pointues, comme le chat, le chien, le loup, le renard. Et quant aux intestins, les frugivores en ont quelques-uns, tels que le colon, qui ne se trouvent pas dans les animaux voraces. Il semble donc que l'homme, ayant les dents et les intestins comme les ont les animaux frugivores, devroit naturellement être rangé dans cette classe; et non seulement les observations anatomiques confirment cette opinion, mais les monuments de l'antiquité y sont encore très-favorables. « Dicéarque, dit saint Jérôme, « rapporte dans ses livres des Antiquités grecques, « que, sous le règne de Saturne, où la terre étoit en- « core fertile par elle-même, nul homme ne man- « geoit de chair, mais que tous vivoient des fruits et « des légumes qui croissoient naturellement. » (Lib. II, *adv. Jovinian.*) Cette opinion se peut encore appuyer sur les relations de plusieurs voyageurs modernes. François Corréal témoigne entre autres que la plupart des habitants des Lucayes que les Espagnols transportèrent aux îles de Cuba, de Saint-Domingue et ailleurs, moururent pour avoir mangé de la chair. On peut voir par là que je néglige bien des avantages que je pourrois faire valoir. Car la proie étant presque l'unique sujet de combat entre les animaux carnassiers, et les frugivores vivant entre eux dans une paix continuelle, si l'espèce humaine étoit de ce dernier genre, il est clair qu'elle auroit eu beaucoup plus de facilité à subsister dans l'état de nature, beaucoup moins de besoin et d'occasions d'en sortir.

Page 247.

f Toutes les connoissances qui demandent de la réflexion, toutes celles qui ne s'acquièrent que par l'enchaînement des idées et ne se perfectionnent que successivement, semblent être tout-à-fait hors de la portée de l'homme sauvage, faute de communication avec ses semblables, c'est-à-dire faute de l'instrument qui sert à cette communication et des besoins qui la rendent nécessaire. Son savoir et son industrie se bornent à sauter, courir, se battre, lancer une pierre, escalader un arbre. Mais s'il ne sait que ces choses, en revanche il les sait beaucoup mieux que nous qui n'en avons pas le même besoin que lui; et comme elles dépendent uniquement de l'exercice du corps, et ne sont susceptibles d'aucune communication ni d'aucun progrès d'un individu à l'autre, le premier homme a pu y être tout aussi habile que ses derniers descendants.

Les relations des voyageurs sont pleines d'exemples de la force et de la vigueur des hommes chez les nations barbares et sauvages; elles ne vantent guère moins leur adresse et leur légèreté : et comme il ne faut que des yeux pour observer ces choses, rien n'empêche qu'on n'ajoute foi à ce que certifient là-dessus des témoins oculaires; j'en tire au hasard quelques exemples des premiers livres qui me tombent sous la main.

« Les Hottentots, dit Kolben, entendent mieux la
« pêche que les Européens du Cap. Leur habileté est
« égale au filet, à l'hameçon et au dard, dans les anses
« comme dans les rivières. Ils ne prennent pas moins
« habilement le poisson avec la main. Ils sont d'une
« adresse incomparable à la nage. Leur manière de nager
« a quelque chose de surprenant et qui leur est tout-à-
« fait propre. Ils nagent le corps droit et les mains éten-
« dues hors de l'eau, de sorte qu'ils paroissent marcher
« sur la terre. Dans la plus grande agitation de la mer et
« lorsque les flots forment autant de montagnes, ils
« dansent en quelque sorte sur le dos des vagues, mon-
« tant et descendant comme un morceau de liége.

« Les Hottentots, dit encore le même auteur, sont
« d'une adresse surprenante à la chasse, et la légè-
« reté de leur course passe l'imagination. » Il s'étonne
qu'ils ne fassent pas plus souvent un mauvais usage
de leur agilité; ce qui leur arrive pourtant quelquefois, comme on peut juger par l'exemple qu'il en donne.
« Un matelot hollandois, en débarquant au Cap, char-
« gea, dit-il, un Hottentot de le suivre à la ville avec un
« rouleau de tabac d'environ vingt livres. Lorsqu'ils fu-
« rent tous deux à quelque distance de la troupe, le
« Hottentot demanda au matelot s'il savoit courir.
« Courir? répond le Hollandois; oui, fort bien. Voyons,
« reprit l'Africain; et, fuyant avec le tabac, il disparut
« presque aussitôt. Le matelot, confondu de cette mer-
« veilleuse vitesse, ne pensa point à le poursuivre, et
« ne revit jamais ni son tabac ni son porteur.

« Ils ont la vue si prompte et la main si certaine, que
« les Européens n'en approchent point. A cent pas ils
« toucheront d'un coup de pierre une marque de la

« grandeur d'un demi-sou; et ce qu'il y a de plus éton-
« nant c'est qu'au lieu de fixer comme nous les yeux
« sur le but, ils font des mouvements et des contorsions
« continuelles. Il semble que leur pierre soit portée par
« une main invisible. »

Le P. du Tertre dit à peu près, sur les sauvages des Antilles, les mêmes choses qu'on vient de dire sur les Hottentots du cap de Bonne-Espérance. Il vante surtout leur justesse à tirer avec leurs flèches les oiseaux au vol et les poissons à la nage, qu'ils prennent ensuite en plongeant. Les sauvages de l'Amérique septentrionale ne sont pas moins célèbres par leur force et par leur adresse; et voici un exemple qui pourra faire juger de celle des Indiens de l'Amérique méridionale.

En l'année 1746, un Indien de Buénos-Ayres, ayant été condamné aux galères à Cadix, proposa au gouverneur de racheter sa liberté en exposant sa vie dans une fête publique. Il promit qu'il attaqueroit seul le plus furieux taureau sans autre arme en main qu'une corde; qu'il le terrasseroit, qu'il le saisiroit avec sa corde par telle partie qu'on indiqueroit, qu'il le selleroit, le brideroit, le monteroit, et combattroit, ainsi monté, deux autres taureaux des plus furieux qu'on feroit sortir du Torillo, et qu'il les mettroit tous à mort l'un après l'autre dans l'instant qu'on le lui commanderoit, et sans le secours de personne; ce qui lui fut accordé. L'Indien tint parole, et réussit dans tout ce qu'il avoit promis. Sur la manière dont il s'y prit, et sur tout le détail du combat, on peut consulter le premier tome *in-12* des *Observations sur l'Histoire naturelle,* de M. Gautier, d'où ce fait est tiré, page 262.

Page 250.

5 « La durée de la vie des chevaux, dit M. de Buffon,

« est, comme dans toutes les autres espèces d'animaux,
« proportionnée à la durée du temps de leur accroisse-
« ment. L'homme, qui est quatorze ans à croître, peut
« vivre six ou sept fois autant de temps, c'est-à-dire
« quatre-vingt-dix ou cent ans; le cheval, dont l'accrois-
« sement se fait en quatre ans, peut vivre six ou sept
« fois autant, c'est-à-dire vingt-cinq ou trente ans. Les
« exemples qui pourroient être contraires à cette règle
« sont si rares, qu'on ne doit pas même les regarder
« comme une exception dont on puisse tirer des consé-
« quences; et comme les gros chevaux prennent leur
« accroissement en moins de temps que les chevaux fins,
« ils vivent aussi moins de temps, et sont vieux dès
« l'âge de quinze ans. » HIST. NAT., *du Cheval.*

Page 250.

h Je crois voir entre les animaux carnassiers et les frugivores une autre différence encore plus générale que
celle que j'ai remarquée dans la note *c*, puisque celle-ci
s'étend jusqu'aux oiseaux. Cette différence consiste dans
le nombre des petits, qui n'excède jamais deux à chaque
portée pour les espèces qui ne vivent que de végétaux,
et qui va ordinairement au-delà de ce nombre pour les
animaux voraces. Il est aisé de connoître, à cet égard, la
destination de la nature par le nombre des mamelles,
qui n'est que de deux dans chaque femelle de la première
espèce, comme la jument, la vache, la chèvre, la biche,
la brebis, etc., et qui est toujours de six ou de huit dans
les autres femelles, comme la chienne, la chatte, la
louve, la tigresse, etc. La poule, l'oie, la cane, qui sont
toutes des oiseaux voraces, ainsi que l'aigle, l'épervier,
la chouette, pondent aussi et couvent un grand nombre
d'œufs, ce qui n'arrive jamais à la colombe, à la tour-
terelle, ni aux oiseaux qui ne mangent absolument que

du grain, lesquels ne pondent et ne couvent guère que deux œufs à la fois. La raison qu'on peut donner de cette différence est que les animaux qui ne vivent que d'herbes et de plantes, demeurant presque tout le jour à la pâture, et étant forcés d'employer beaucoup de temps à se nourrir, ne pourroient suffire à allaiter plusieurs petits; au lieu que les voraces, faisant leurs repas presque en un instant, peuvent plus aisément et plus souvent retourner à leurs petits et à leur chasse, et réparer la dissipation d'une si grande quantité de lait. Il y auroit à tout ceci bien des observations particulières et des réflexions à faire; mais ce n'en est pas ici le lieu, et il me suffit d'avoir montré dans cette partie le système le plus général de la nature, système qui fournit une nouvelle raison de tirer l'homme de la classe des animaux carnassiers, et de le ranger parmi les espèces frugivores.

Page 258.

¹ Un auteur célèbre, calculant les biens et les maux de la vie humaine, et comparant les deux sommes, a trouvé que la dernière surpassoit l'autre de beaucoup, et qu'à tout prendre, la vie étoit pour l'homme un assez mauvais présent. Je ne suis point surpris de sa conclusion; il a tiré tous ses raisonnements de la constitution de l'homme civil : s'il fût remonté jusqu'à l'homme naturel, on peut juger qu'il eût trouvé des résultats très-différents; qu'il eût aperçu que l'homme n'a guère de maux que ceux qu'il s'est donnés lui-même, et que la nature eût été justifiée. Ce n'est pas sans peine que nous sommes parvenus à nous rendre si malheureux. Quand d'un côté l'on considère les immenses travaux des hommes, tant de sciences approfondies, tant d'arts inventés; tant de forces employées, des abîmes comblés, des montagnes rasées, des rochers brisés, des fleuves

rendus navigables, des terres défrichées, des lacs creusés, des marais desséchés, des bâtiments énormes élevés sur la terre, la mer couverte de vaisseaux et de matelots; et que de l'autre on recherche avec un peu de méditation les vrais avantages qui ont résulté de tout cela pour le bonheur de l'espèce humaine; on ne peut qu'être frappé de l'étonnante disproportion qui règne entre ces choses, et déplorer l'aveuglement de l'homme, qui, pour nourrir son fol orgueil, et je ne sais quelle vaine admiration de lui-même, le fait courir avec ardeur après toutes les misères dont il est susceptible, et que la bienfaisante nature avoit pris soin d'écarter de lui.

Les hommes sont méchants, une triste et continuelle expérience dispense de la preuve; cependant l'homme est naturellement bon, je crois l'avoir démontré : qu'est-ce donc qui peut l'avoir dépravé à ce point, sinon les changements survenus dans sa constitution, les progrès qu'il a faits, et les connoissances qu'il a acquises? Qu'on admire tant qu'on voudra la société humaine, il n'en sera pas moins vrai qu'elle porte nécessairement les hommes à s'entre-haïr à proportion que leurs intérêts se croisent, à se rendre mutuellement des services apparents, et à se faire en effet tous les maux imaginables. Que peut-on penser d'un commerce où la raison de chaque particulier lui dicte des maximes directement contraires à celles que la raison publique prêche au corps de la société, et où chacun trouve son compte dans le malheur d'autrui? Il n'y a peut-être pas un homme aisé à qui des héritiers avides, et souvent ses propres enfants, ne souhaitent la mort en secret; pas un vaisseau en mer dont le naufrage ne fût une bonne nouvelle pour quelque négociant; pas une maison qu'un débiteur de mauvaise foi ne voulût voir brûler avec tous les papiers qu'elle contient; pas un peuple qui ne se réjouisse des désastres de ses voisins.

C'est ainsi que nous trouvons notre avantage dans le préjudice de nos semblables, et que la perte de l'un fait presque toujours la prospérité de l'autre. Mais ce qu'il y a de plus dangereux encore c'est que les calamités publiques font l'attente et l'espoir d'une multitude de particuliers : les uns veulent des maladies, d'autres la mortalité, d'autres la guerre, d'autres la famine. J'ai vu des hommes affreux pleurer de douleur aux apparences d'une année fertile ; et le grand et funeste incendie de Londres, qui coûta la vie ou les biens à tant de malheureux, fit peut-être la fortune à plus de dix mille personnes. Je sais que Montaigne blâme l'Athénien Démades [1] d'avoir fait punir un ouvrier qui, vendant fort cher des cercueils, gagnoit beaucoup à la mort des citoyens : mais la raison que Montaigne allègue étant qu'il faudroit punir tout le monde, il est évident qu'elle confirme les miennes. Qu'on pénètre donc, au travers de nos frivoles démonstrations de bienveillance, ce qui se passe au fond des cœurs, et qu'on réfléchisse à ce que doit être un état de choses où tous les hommes sont forcés de se caresser et de se détruire mutuellement, et où ils naissent ennemis par devoir et fourbes par intérêt. Si l'on me répond que la société est tellement constituée que chaque homme gagne à servir les autres, je répliquerai que cela seroit fort bien s'il ne gagnoit encore plus à leur nuire. Il n'y a point de profit si légitime qui ne soit surpassé par celui qu'on peut faire illégitimement, et le tort fait au prochain est toujours plus lucratif que les services. Il ne s'agit donc plus que de trouver les moyens de s'assurer l'impunité, et c'est à quoi les puissants emploient toutes leurs forces, et les foibles toutes leurs ruses.

L'homme sauvage, quand il a dîné, est en paix avec toute la nature, et l'ami de tous ses semblables. S'agit-il

---

[1] * Liv. I, chap. XXI.

quelquefois de disputer son repas, il n'en vient jamais aux coups sans avoir auparavant comparé la difficulté de vaincre avec celle de trouver ailleurs sa subsistance; et, comme l'orgueil ne se mêle pas du combat, il se termine par quelques coups de poing; le vainqueur mange, le vaincu va chercher fortune, et tout est pacifié. Mais chez l'homme en société ce sont bien d'autres affaires : il s'agit premièrement de pourvoir au nécessaire, et puis au superflu; ensuite viennent les délices, et puis les immenses richesses, et puis des sujets, et puis des esclaves; il n'a pas un moment de relâche : ce qu'il y a de plus singulier c'est que moins les besoins sont naturels et pressants, plus les passions augmentent, et, qui pis est, le pouvoir de les satisfaire; de sorte qu'après de longues prospérités, après avoir englouti bien des trésors et désolé bien des hommes, mon héros finira par tout égorger jusqu'à ce qu'il soit l'unique maître de l'univers. Tel est en abrégé le tableau moral, sinon de la vie humaine, au moins des prétentions secrètes du cœur de tout homme civilisé.

Comparez sans préjugés l'état de l'homme civil avec celui de l'homme sauvage, et recherchez, si vous le pouvez, combien, outre sa méchanceté, ses besoins et ses misères, le premier a ouvert de nouvelles portes à la douleur et à la mort. Si vous considérez les peines d'esprit qui nous consument, les passions violentes qui nous épuisent et nous désolent, les travaux excessifs dont les pauvres sont surchargés, la mollesse encore plus dangereuse à laquelle les riches s'abandonnent, et qui font mourir les uns de leurs besoins, et les autres de leurs excès; si vous songez aux monstrueux mélanges des aliments, à leurs pernicieux assaisonnements, aux denrées corrompues, aux drogues falsifiées, aux friponneries de ceux qui les vendent, aux erreurs de ceux qui les administrent, au poison des vaisseaux dans lesquels on les préparc; si vous faites attention aux maladies épidémiques engendrées par le mauvais air parmi des multitudes d'hommes rassemblés, à celles qu'occasionent la délicatesse de notre manière de vivre, les passages alternatifs de l'intérieur de nos maisons au grand air, l'usage des habillements pris ou quittés avec trop peu de précaution, et tous les soins que notre sensualité excessive a tournés en habitudes nécessaires, et dont la négligence ou la privation nous coûte ensuite la vie ou la santé; si vous mettez en ligne de compte les incendies et les tremblements de terre qui, consumant ou renversant des villes entières, en font périr les habitants par milliers; en un mot, si vous réunissez les dangers que toutes ces causes assemblent continuellement sur nos têtes, vous sentirez combien la nature nous fait payer cher le mépris que nous avons fait de ses leçons.

Je ne répéterai point ici sur la guerre ce que j'en ai dit ailleurs; mais je voudrois que les gens instruits voulussent ou osassent donner une fois au public le détail des horreurs qui se commettent dans les armées par les entrepreneurs des vivres et des hôpitaux : on verroit que leurs manœuvres, non trop secrètes, par lesquelles les plus brillantes armées se fondent en moins de rien, font plus périr de soldats que n'en moissonne le fer ennemi. C'est encore un calcul non moins étonnant que celui des hommes que la mer engloutit tous les ans, soit par la faim, soit par le scorbut, soit par les pirates, soit par le feu, soit par les naufrages. Il est clair qu'il faut mettre aussi sur le compte de la propriété établie, et par conséquent de la société, les assassinats, les empoisonnements, les vols de grands chemins, et les punitions mêmes de ces crimes, punitions nécessaires pour prévenir de plus grands maux, mais qui, pour le meurtre d'un homme, coûtant la vie à deux ou davantage, ne laissent pas de doubler réellement la perte de l'espèce humaine. Combien de moyens honteux d'empêcher la naissance des hommes, et de tromper la nature; soit par ces goûts brutaux et dépravés qui insultent son plus charmant ouvrage, goûts que les sauvages ni les animaux ne connurent jamais, et qui ne sont nés dans les pays policés que d'une imagination corrompue; soit par ces avortemens secrets, dignes fruits de la débauche et de l'honneur vicieux; soit par l'exposition où le meurtre d'une multitude d'enfants, victimes de la misère de leurs parents, ou de la honte barbare de leurs mères; soit enfin par la mutilation de ces malheureux dont une partie de l'existence et toute la postérité sont sacrifiées à de vaines chansons, ou, ce qui est pis encore, à la brutale jalousie de quelques hommes; mutilation qui, dans ce dernier cas, outrage doublement la nature, et par le traitement que reçoivent ceux qui la souffrent, et par l'usage auquel ils sont destinés!

Mais n'est-il pas mille cas plus fréquents et plus dangereux encore, où les droits paternels offensent ouvertement l'humanité? Combien de talents enfouis et d'inclinations forcées par l'imprudente contrainte des pères! Combien d'hommes se seroient distingués dans un état sortable, qui meurent malheureux et déshonorés dans un autre état pour lequel ils n'avoient aucun goût! Combien de mariages heureux, mais inégaux, ont été rompus ou troublés, et combien de chastes épouses déshonorées, par cet ordre des conditions toujours en contradiction avec celui de la nature! Combien d'autres unions bizarres formées par l'intérêt et désavouées par l'amour et par la raison! Combien même d'époux honnêtes et vertueux font mutuellement leur supplice pour avoir été mal assortis! Combien de jeunes et malheureuses victimes de l'avarice de leurs parents se plongent dans le vice, ou passent leurs tristes jours dans les larmes, et gémissent dans des liens indissolubles que le cœur repousse et que l'or seul a formés! Heureuses quelquefois celles que leur courage et leur vertu même arrachent à la vie avant qu'une violence barbare les force à la passer dans le crime ou dans le désespoir! Pardonnez-le-moi, père et mère à jamais déplorables : j'aigris à regret vos douleurs; mais puissent-elles servir d'exemple éternel et terrible à quiconque ose, au nom même de la nature, violer le plus sacré de ses droits !

Si je n'ai parlé que de ces nœuds mal formés qui sont l'ouvrage de notre police, pense-t-on que ceux où l'amour et la sympathie ont présidé soient eux-mêmes exempts d'inconvénients? Que seroit-ce si j'entreprenois de montrer l'espèce humaine attaquée dans sa source même, et jusque dans le plus saint de tous les liens, où l'on n'ose plus écouter la nature qu'après avoir consulté la fortune, et où, le désordre civil confondant les vertus et les vices, la continence devient une précaution criminelle, et le refus de donner la vie à son semblable un acte d'humanité! Mais, sans déchirer le voile qui couvre tant d'horreurs, contentons-nous d'indiquer le mal auquel d'autres doivent apporter le remède.

Qu'on ajoute à tout cela cette quantité de métiers malsains qui abrègent les jours ou détruisent le tempérament, tels que sont les travaux des mines, les diverses préparations des métaux, des minéraux, surtout du plomb, du cuivre, du mercure, du cobalt, de l'arsenic, du réalgal; ces autres métiers périlleux qui coûtent tous les jours la vie à quantité d'ouvriers, les uns couvreurs, d'autres charpentiers, d'autres maçons, d'autres travaillant aux carrières; qu'on réunisse, dis-je, tous ces objets, et l'on pourra voir dans l'établissement et la perfection des sociétés les raisons de la diminution de l'espèce, observée par plus d'un philosophe.

Le luxe, impossible à prévenir chez des hommes avides de leurs propres commodités et de la considération des autres, achève bientôt le mal que les sociétés ont commencé; et, sous prétexte de faire vivre les pauvres, qu'il n'eût pas fallu faire, il appauvrit tout le reste, et dépeuple l'état tôt ou tard.

Le luxe est un remède beaucoup pire que le mal qu'il prétend guérir; ou plutôt il est lui-même le pire de tous les maux, dans quelque état, grand ou petit, que ce puisse être, et qui, pour nourrir des foules de valets et de misérables qu'il a faits, accable et ruine le laboureur et le citoyen; semblable à ces vents brûlants du midi qui, couvrant l'herbe et la verdure d'insectes dévorants, ôtent la subsistance aux animaux utiles, et portent la disette et la mort dans tous les lieux où ils se font sentir.

De la société et du luxe qu'elle engendre naissent les arts libéraux et mécaniques, le commerce, les lettres, et toutes ces inutilités qui font fleurir l'industrie, enrichissent et perdent les états. La raison de ce dépérissement est très simple. Il est aisé de voir que, par sa nature, l'agriculture doit être le moins lucratif de tous les arts, parce que son produit étant de l'usage le plus indispensable pour tous les hommes, le prix en doit être proportionné aux facultés des plus pauvres. Du même principe on peut tirer cette règle, qu'en général les arts sont lucratifs en raison inverse de leur utilité, et que les plus nécessaires doivent enfin devenir les plus négligés. Par où l'on voit ce qu'il faut penser des vrais avantages de l'industrie, et de l'effet réel qui résulte de ses progrès.

Telles sont les causes sensibles de toutes les misères où l'opulence précipite enfin les nations les plus admirées. À mesure que l'industrie et les arts s'étendent et fleurissent, le cultivateur méprisé, chargé d'impôts nécessaires à l'entretien du luxe, et condamné à passer sa vie entre le travail et la faim, abandonne ses champs pour aller chercher dans les villes le pain qu'il y devroit porter. Plus les capitales frappent d'admiration les yeux stupides du peuple, plus il faudroit gémir de voir les campagnes abandonnées, les terres en friche, et les grands chemins inondés de malheureux citoyens devenus mendiants ou voleurs, et destinés à finir un jour leur misère sur la roue ou sur un fumier. C'est ainsi que l'état s'enrichissant d'un côté s'affoiblit et se dépeuple de l'autre, et que les plus puissantes monarchies, après bien des travaux pour se rendre opulentes et désertes, finissent par devenir la proie des nations pauvres qui succombent à la funeste tentation de les envahir, et qui s'enrichissent et s'affoiblissent à leur tour, jusqu'à ce qu'elles soient elles-mêmes envahies et détruites par d'autres.

Qu'on daigne nous expliquer une fois ce qui avoit pu produire ces nuées de barbares qui, durant tant de siècles, ont inondé l'Europe, l'Asie et l'Afrique. Étoit-ce à l'industrie de leurs arts, à la sagesse de leurs lois, à l'excellence de leur police, qu'ils devoient cette prodigieuse population? Que nos savants veuillent bien nous dire pourquoi, loin de multiplier à ce point, ces hommes féroces et brutaux, sans lumières, sans frein, sans éducation, ne s'entr'égorgeoient pas tous à chaque instant pour se disputer leur pâture ou leur chasse : qu'ils nous expliquent comment ces misérables ont eu seulement la hardiesse de regarder en face de si habiles gens que nous étions, avec une si belle discipline militaire, de si beaux codes et de si sages lois; enfin pourquoi, depuis que la société s'est perfectionnée dans les pays du nord, et qu'on y a tant pris de peine pour apprendre aux hommes leurs devoirs mutuels et l'art de vivre agréablement et paisiblement ensemble, on n'en voit plus rien sortir de semblable à ces multitudes d'hommes qu'il produisoit autrefois. J'ai bien peur que quelqu'un ne s'avise à la fin de me répondre que toutes ces grandes choses, savoir, les arts, les sciences et les lois, ont été très-sagement inventées par les hommes comme une peste salutaire pour prévenir l'excessive multiplication de l'espèce, de peur que ce monde, qui nous est destiné, ne devînt à la fin trop petit pour ses habitants.

Quoi donc! faut-il détruire les sociétés, anéantir le tien et le mien, et retourner vivre dans les forêts avec les ours? conséquence à la manière de mes adversaires, que j'aime autant prévenir que de leur laisser la honte de la tirer. O vous à qui la voix céleste ne s'est point fait entendre, et qui ne reconnoissez pour votre espèce d'autre destination que d'achever en paix cette courte vie; vous qui pouvez laisser au milieu des villes vos funestes acquisitions, vos esprits inquiets, vos cœurs corrompus et vos désirs effrénés; reprenez, puisqu'il dépend de vous, votre antique et première innocence; allez dans les bois perdre la vue et la mémoire des crimes de vos contemporains, et ne craignez point d'avilir votre espèce en renonçant à ses lumières pour renoncer à ses vices. Quant aux hommes semblables à moi, dont les passions ont détruit pour toujours l'originelle simplicité, qui ne peuvent plus se nourrir d'herbes et de glands, ni se passer de lois et de chefs; ceux qui furent honorés dans leur premier père de leçons surnaturelles; ceux qui verront, dans l'intention de donner d'abord aux actions humaines une moralité qu'elles n'eussent de long-temps acquise, la raison d'un précepte indifférent par lui-même et inexplicable dans tout autre système; ceux, en un mot, qui sont convaincus que la voix divine appela tout le genre humain aux lumières et au bonheur des célestes intelligences : tous ceux-là tâcheront, par l'exercice des vertus qu'ils s'obligent à pratiquer en apprenant à les connoître, de mériter le prix éternel qu'ils en doivent attendre ; ils respecteront les sacrés liens des sociétés dont ils sont les membres ; ils aimeront leurs semblables et les serviront de tout leur pouvoir ; ils obéiront scrupuleusement aux lois, et aux hommes qui en sont les auteurs et les ministres ; ils honoreront surtout les bons et sages princes qui sauront prévenir, guérir ou pallier cette foule d'abus et de maux toujours prêts à nous accabler ; ils animeront le zèle de ces dignes chefs, en leur montrant, sans crainte et sans flatterie, la grandeur de leur tâche et la rigueur de leur devoir : mais ils n'en mépriseront pas moins une constitution qui ne peut se maintenir qu'à l'aide de tant de gens respectables qu'on désire plus souvent qu'on ne les obtient, et de laquelle, malgré tous leurs soins, naissent toujours plus de calamités réelles que d'avantages apparents [1].

Page 258.

[k] Parmi les hommes que nous connoissons, ou par nous-mêmes, ou par les historiens, ou par les voyageurs, les uns sont noirs, les autres blancs, les autres rouges ; les uns portent de longs cheveux[e], les autres n'ont que de la laine frisée ; les uns sont presque tout velus, les autres n'ont pas même de barbe. Il y a eu, et il y a peut-être encore, des nations d'hommes d'une taille gigantesque ; et laissant à part la fable des Pygmées, qui peut bien n'être qu'une exagération, on sait que les Lapons, et surtout les Groënlandois, sont fort au-dessous de la taille moyenne de l'homme. On prétend même qu'il y a des peuples entiers qui ont des queues comme les quadrupè-

---

[1] * Voyez ci-devant la note de la page 280.

des. Et, sans ajouter une foi aveugle aux relations d'Hérodote et de Ctésias, on en peut du moins tirer cette opinion très-vraisemblable, que, si l'on avoit pu faire de bonnes observations dans ces temps anciens où les peuples divers suivoient des manières de vivre plus différentes entre elles qu'ils ne font aujourd'hui, on y auroit aussi remarqué, dans la figure et l'habitude du corps, des variétés beaucoup plus frappantes. Tous ces faits, dont il est aisé de fournir des preuves incontestables, ne peuvent surprendre que ceux qui sont accoutumés à ne regarder que les objets qui les environnent, et qui ignorent les puissants effets de la diversité des climats, de l'air, des aliments, de la manière de vivre, des habitudes en général, et surtout la force étonnante des mêmes causes, quand elles agissent continuellement sur de longues suites de générations. Aujourd'hui que le commerce, les voyages et les conquêtes, réunissent davantage les peuples divers, et que leurs manières de vivre se rapprochent sans cesse par la fréquente communication, on s'aperçoit que certaines différences nationales ont diminué; et, par exemple, chacun peut remarquer que les François d'aujourd'hui ne sont plus ces grands corps blancs et blonds décrits par les historiens latins, quoique le temps, joint au mélange des Francs et des Normands, blancs et blonds eux-mêmes, eût dû rétablir ce que la fréquentation des Romains avoit pu ôter à l'influence du climat, dans la constitution naturelle et le teint des habitants. Toutes ces observations sur les variétés que mille causes peuvent produire et ont produites en effet dans l'espèce humaine, me font douter si divers animaux semblables aux hommes, pris par les voyageurs pour des bêtes sans beaucoup d'examen, ou à cause de quelques différences qu'ils remarquoient dans la conformation extérieure, ou seulement parce que ces animaux ne parloient pas, ne seroient point en effet de véritables hommes sauvages, dont la race dispersée anciennement dans les bois n'avoit eu occasion de développer aucune de ses facultés virtuelles, n'avoit acquis aucun degré de perfection, et se trouvoit encore dans l'état primitif de nature. Donnons un exemple de ce que je veux dire.

« On trouve, dit le traducteur de l'*Histoire des Voyages*
« dans le royaume de Congo, quantité de ces grands ani-
« maux qu'on nomme *orangs-outangs* aux Indes orientales,
« qui tiennent comme le milieu entre l'espèce humaine et
« les babouins. Battel raconte que dans les forêts de
« Mayomba, au royaume de Loango, on voit deux sortes
« de monstres dont les plus grands se nomment *pongos*
« et les autres *enjocos*. Les premiers ont une ressemblance
« exacte avec l'homme, mais ils sont beaucoup plus gros
« et de fort haute taille. Avec un visage humain, ils ont
« les yeux fort enfoncés. Leurs mains, leurs joues, leurs
« oreilles, sont sans poil, à l'exception des sourcils qu'ils
« ont fort longs. Quoiqu'ils aient le reste du corps assez
« velu, le poil n'en est pas fort épais, et sa couleur est
« brune. Enfin la seule partie qui les distingue des hom-
« mes est la jambe qu'ils ont sans mollet. Ils marchent
« droits, en se tenant de la main le poil du cou; leur re-
« traite est dans les bois; ils dorment sur les arbres, et s'y
« font une espèce de toit qui les met à couvert de la pluie.
« Leurs aliments sont des fruits ou des noix sauvages. Ja-
« mais ils ne mangent de chair. L'usage des nègres qui
« traversent les forêts est d'y allumer des feux pendant la
« nuit : ils remarquent que le matin, à leur départ, les
« pongos prennent leur place autour du feu, et ne se re-
« tirent pas qu'il ne soit éteint; car, avec beaucoup d'a-
« dresse, ils n'ont point assez de sens pour l'entretenir
« en y apportant du bois.

« Ils marchent quelquefois en troupes, et tuent les

« nègres qui traversent les forêts. Ils tombent même sur
« les éléphants qui viennent paître dans les lieux qu'ils
« habitent, et les incommodent si fort à coups de poing
« ou de bâton, qu'ils les forcent à prendre la fuite en
« poussant des cris. On ne prend jamais de pongos en
« vie, parce qu'ils sont si robustes que dix hommes ne
« suffiroient pas pour les arrêter : mais les nègres en pren-
« nent quantité de jeunes après avoir tué la mère, au
« corps de laquelle le petit s'attache fortement. Lorsqu'un
« de ces animaux meurt, les autres couvrent son corps
« d'un amas de branches ou de feuillages. Purchass ajoute
« que, dans les conversations qu'il avoit eues avec Battel,
« il avoit appris de lui-même qu'un pongo lui enleva un
« petit nègre qui passa un mois entier dans la société
« de ces animaux ; car ils ne font aucun mal aux hommes
« qu'ils surprennent, du moins lorsque ceux-ci ne les
« regardent point, comme le petit nègre l'avoit observé.
« Battel n'a point décrit la seconde espèce de monstre.

« Dapper confirme que le royaume de Congo est plein
« de ces animaux qui portent aux Indes le nom d'orangs-
« outangs, c'est-à-dire habitants des bois, et que les Afri-
« cains nomment *quojas-morros*. Cette bête, dit-il, est
« si semblable à l'homme, qu'il est tombé dans l'esprit
« à quelques voyageurs qu'elle pouvoit être sortie d'une
« femme et d'un singe : chimère que les nègres mêmes
« rejettent. Un de ces animaux fut transporté du Congo
« en Hollande, et présenté au prince d'Orange, Frédéric-
« Henri. Il étoit de la hauteur d'un enfant de trois ans,
« et d'un embonpoint médiocre, mais carré et bien pro-
« portionné, fort agile et fort vif, les jambes charnues et
« robustes, tout le devant du corps nu, mais le derrière
« couvert de poils noirs. A la première vue, son visage
« ressembloit à celui d'un homme, mais il avoit le nez plat
« et recourbé ; ses oreilles étoient aussi celles de l'espèce

« humaine; son sein, car c'étoit une femelle, étoit po-
« telé, son nombril enfoncé, ses épaules fort bien jointes,
« ses mains divisées en doigts et en pouces, ses mollets
« et ses talons gras et charnus. Il marchoit souvent droit
« sur ses jambes, il étoit capable de lever et porter
« des fardeaux assez lourds. Lorsqu'il vouloit boire, il
« prenoit d'une main le couvercle du pot, et tenoit le
« fond de l'autre, ensuite il s'essuyoit gracieusement les
« lèvres. Il se couchoit, pour dormir, la tête sur un
« coussin, se couvrant avec tant d'adresse qu'on l'auroit
« pris pour un homme au lit. Les nègres font d'étranges
« récits de cet animal : ils assurent non seulement qu'il
« force les femmes et les filles, mais qu'il ose attaquer
« des hommes armés. En un mot, il y a beaucoup d'appa-
« rence que c'est le satyre des anciens. Merolla ne parle
« peut-être que de ces animaux, lorsqu'il raconte que
« les nègres prennent quelquefois dans leurs chasses des
« hommes et des femmes sauvages. »

Il est encore parlé de ces espèces d'animaux anthropo-
formes dans le troisième tome de la même histoire des
Voyages, sous le nom de *beggos* et de *mandrills* : mais,
pour nous en tenir aux relations précédentes, on trouve
dans la description de ces prétendus monstres des conformités frappantes avec l'espèce humaine, et des différences moindres que celles qu'on pourroit assigner
d'homme à homme. On ne voit point dans ces passages
les raisons sur lesquelles les auteurs se fondent pour refuser aux animaux en question le nom d'hommes sauvages:
mais il est aisé de conjecturer que c'est à cause de leur
stupidité, et aussi parce qu'ils ne parloient pas; raisons
foibles pour ceux qui savent que, quoique l'organe de la
parole soit naturel à l'homme, la parole elle-même ne lui
est pourtant pas naturelle, et qui connoissent jusqu'à
quel point sa perfectibilité peut avoir élevé l'homme

civil au-dessus de son état originel. Le petit nombre de lignes que contiennent ces descriptions nous peut faire juger combien ces animaux ont été mal observés et avec quels préjugés ils ont été vus. Par exemple, ils sont qualifiés de monstres, et cependant on convient qu'ils engendrent. Dans un endroit, Battel dit que les pongos tuent les nègres qui traversent les forêts; dans un autre, Purchass ajoute qu'ils ne leur font aucun mal, même quand ils les surprennent, du moins lorsque les nègres ne s'attachent pas à les regarder. Les pongos s'assemblent autour des feux allumés par les nègres quand ceux-ci se retirent, et se retirent à leur tour quand le feu est éteint; voilà le fait : voici maintenant le commentaire de l'observateur; *car, avec beaucoup d'adresse, ils n'ont point assez de sens pour l'entretenir en y apportant du bois.* Je voudrois deviner comment Battel, ou Purchass, son compilateur, a pu savoir que la retraite des pongos étoit un effet de leur bêtise plutôt que de leur volonté. Dans un climat tel que Loango, le feu n'est pas une chose fort nécessaire aux animaux ; et si les nègres en allument, c'est moins contre le froid que pour effrayer les bêtes féroces : il est donc très-simple qu'après avoir été quelque temps réjouis par la flamme, ou s'être bien réchauffés, les pongos s'ennuient de rester toujours à la même place, et s'en aillent à leur pâture, qui demande plus de temps que s'ils mangeoient de la chair. D'ailleurs on sait que la plupart des animaux, sans en excepter l'homme, sont naturellement paresseux, et qu'ils se refusent à toutes sortes de soins qui ne sont pas d'une absolue nécessité. Enfin il paroît fort étrange que les pongos, dont on vante l'adresse et la force, les pongos qui savent enterrer leurs morts et se faire des toits de branchages, ne sachent pas pousser des tisons dans le feu. Je me souviens d'avoir vu un singe faire cette même manœuvre qu'on ne veut pas que les pongos puissent faire : il est vrai que, mes idées n'étant pas alors tournées de ce côté, je fis moi-même la faute que je reproche à nos voyageurs, et je négligeai d'examiner si l'intention du singe étoit en effet d'entretenir le feu, ou simplement, comme je crois, d'imiter l'action d'un homme. Quoi qu'il en soit, il est bien démontré que le singe n'est pas une variété de l'homme, non seulement parce qu'il est privé de la faculté de parler, mais surtout parce qu'on est sûr que son espèce n'a point celle de se perfectionner, qui est le caractère spécifique de l'espèce humaine : expériences qui ne paroissent pas avoir été faites sur le pongo et l'orang-outang avec assez de soin pour en pouvoir tirer la même conclusion. Il y auroit pourtant un moyen par lequel, si l'orang-outang ou d'autres étoient de l'espèce humaine, les observateurs les plus grossiers pourroient s'en assurer même avec démonstration : mais, outre qu'une seule génération ne suffiroit pas pour cette expérience, elle doit passer pour impraticable, parce qu'il faudroit que ce qui n'est qu'une supposition fût démontré vrai, avant que l'épreuve qui devroit constater le fait pût être tentée innocemment.

Les jugements précipités, qui ne sont point le fruit d'une raison éclairée, sont sujets à donner dans l'excès. Nos voyageurs font sans façon des bêtes sous les noms de *pongos*, de *mandrills*, d'*orangs-outangs*, de ces mêmes êtres dont, sous les noms de *satyres*, de *faunes*, de *sylvains*, les anciens faisoient des divinités. Peut-être, après des recherches plus exactes, trouvera-t-on que ce ne sont ni des bêtes ni des dieux, mais des hommes. En attendant, il me paroît qu'il y a bien autant de raison de s'en rapporter là-dessus à Merolla, religieux lettré, témoin oculaire, et qui, avec toute sa naïveté, ne laissoit pas d'être homme d'esprit, qu'au marchand Battel, à Dapper, à Purchass, et aux autres compilateurs.

Quel jugement pense-t-on qu'eussent porté de pareils observateurs sur l'enfant trouvé en 1694, dont j'ai déjà parlé ci-devant ¹, qui ne donnoit aucune marque de raison, marchoit sur ses pieds et sur ses mains, n'avoit aucun langage, et formoit des sons qui ne ressembloient en rien à ceux d'un homme? Il fut long-temps, continue le même philosophe qui me fournit ce fait, avant de pouvoir proférer quelques paroles, encore le fit-il d'une manière barbare. Aussitôt qu'il put parler, on l'interrogea sur son premier état; mais il ne s'en souvint non plus que nous nous souvenons de ce qui nous est arrivé au berceau. Si malheureusement pour lui cet enfant fût tombé dans les mains de nos voyageurs, on ne peut douter qu'après avoir remarqué son silence et sa stupidité, ils n'eussent pris le parti de le renvoyer dans les bois ou de l'enfermer dans une ménagerie; après quoi ils en auroient savamment parlé dans de belles relations, comme d'une bête fort curieuse qui ressembloit assez à l'homme..

Depuis trois ou quatre cents ans que les habitants de l'Europe inondent les autres parties du monde, et publient sans cesse de nouveaux recueils de voyages et de relations, je suis persuadé que nous ne connoissons d'hommes que les seuls Européens; encore paroît-il, aux préjugés ridicules qui ne sont pas éteints même parmi les gens de lettres, que chacun ne fait guère, sous le nom pompeux d'étude de l'homme, que celle des hommes de son pays. Les particuliers ont beau aller et venir, il semble que la philosophie ne voyage point : aussi celle de chaque peuple est-elle peu propre pour un autre. La cause de ceci est manifeste, au moins pour les contrées éloignées : il n'y a guère que quatre sortes d'hommes qui fassent des voyages de long cours, les marins, les mar-

¹ * Note c.

chands, les soldats et les missionnaires. Or on ne doit guère s'attendre que les trois premières classes fournissent de bons observateurs; et quant à ceux de la quatrième, occupés de la vocation sublime qui les appelle, quand ils ne seroient pas sujets à des préjugés d'état comme tous les autres, on doit croire qu'ils ne se livreroient pas volontiers à des recherches qui paroissent de pure curiosité, et qui les détourneroient des travaux plus importants auxquels ils se destinent. D'ailleurs, pour prêcher utilement l'Évangile, il ne faut que du zèle, et Dieu donne le reste; mais, pour étudier les hommes, il faut des talents que Dieu ne s'engage à donner à personne, et qui ne sont pas toujours le partage des saints. On n'ouvre pas un livre de voyages où l'on ne trouve des descriptions de caractères et de mœurs: mais on est tout étonné d'y voir que ces gens qui ont tant décrit de choses n'ont dit que ce que chacun savoit déjà, n'ont su apercevoir, à l'autre bout du monde, que ce qu'il n'eût tenu qu'à eux de remarquer sans sortir de leur rue, et que ces traits vrais qui distinguent les nations, et qui frappent les yeux faits pour voir, ont presque toujours échappé aux leurs. De là est venu ce bel adage de morale, si rebattu par la tourbe philosophesque, Que les hommes sont partout les mêmes; qu'ayant partout les mêmes passions et les mêmes vices, il est assez inutile de chercher à caractériser les différents peuples; ce qui est à peu près aussi bien raisonné que si l'on disoit qu'on ne sauroit distinguer Pierre d'avec Jacques, parce qu'ils ont tous deux un nez, une bouche et des yeux.

Ne verra-t-on jamais renaître ces temps heureux où les peuples ne se mêloient point de philosopher, mais où les Platon, les Thalès et les Pythagore, épris d'un ardent désir de savoir, entreprenoient les plus grands voyages uniquement pour s'instruire, et alloient au loin secouer le joug des préjugés nationaux, apprendre à connoître les hommes par leurs conformités et par leurs différences, et acquérir ces connoissances universelles qui ne sont point celles d'un siècle ou d'un pays exclusivement, mais qui, étant de tous les temps et de tous les lieux, sont pour ainsi dire la science commune des sages?

On admire la magnificence de quelques curieux qui ont fait ou fait faire à grands frais des voyages en Orient avec des savants et des peintres, pour y dessiner des masures et déchiffrer ou copier des inscriptions; mais j'ai peine à concevoir comment, dans un siècle où l'on se pique de belles connoissances, il ne se trouve pas deux hommes bien unis, riches, l'un en argent, l'autre en génie, tous deux aimant la gloire, et aspirant à l'immortalité, dont l'un sacrifie vingt mille écus de son bien, et l'autre dix ans de sa vie, à un célèbre voyage autour du monde, pour y étudier, non toujours des pierres et des plantes, mais une fois les hommes et les mœurs, et qui, après tant de siècles employés à mesurer et considérer la maison, s'avisent enfin d'en vouloir connoître les habitants.

Les académiciens qui ont parcouru les parties septentrionales de l'Europe, et méridionales de l'Amérique, avoient plus pour objet de les visiter en géomètres qu'en philosophes. Cependant, comme ils étoient à la fois l'un et l'autre, on ne peut pas regarder comme tout-à-fait inconnues les régions qui ont été vues et décrites par les La Condamine et les Maupertuis. Le joaillier Chardin, qui a voyagé comme Platon, n'a rien laissé à dire sur la Perse. La Chine paroît avoir été bien observée par les jésuites. Kempfer donne une idée passable du peu qu'il a vu dans le Japon. A ces relations près, nous ne connoissons point les peuples des Indes orientales, fréquentées uniquement par des Européens plus curieux de remplir leurs bourses que leurs têtes. L'Afrique entière, et ses nombreux habitants, aussi singuliers par leur caractère que par leur couleur, sont encore à examiner ; toute la terre est couverte de nations dont nous ne connoissons que les noms : et nous nous mêlons de juger le genre humain ! Supposons un Montesquieu, un Buffon, un Diderot, un Duclos, un d'Alembert, un Condillac, ou des hommes de cette trempe, voyageant pour instruire leurs compatriotes, observant et décrivant, comme ils savent faire, la Turquie, l'Égypte, la Barbarie, l'empire de Maroc, la Guinée, le pays des Cafres, l'intérieur de l'Afrique et ses côtes orientales, les Malabares, le Mogol, les rives du Gange, les royaumes de Siam, de Pégu et d'Ava, la Chine, la Tartarie, et surtout le Japon; puis, dans l'autre hémisphère, le Mexique, le Pérou, le Chili, les Terres Magellaniques, sans oublier les Patagons vrais ou faux, le Tucuman, le Paraguai, s'il étoit possible, le Brésil, enfin les Caraïbes, la Floride, et toutes les contrées sauvages ; voyage le plus important de tous, et celui qu'il faudroit faire avec le plus de soin : supposons que ces nouveaux Hercules, de retour de ces courses mémorables, fissent ensuite à loisir l'histoire naturelle, morale et politique, de ce qu'ils auroient vu, nous verrions nous-mêmes sortir un monde nouveau de dessous leur plume, et nous apprendrions ainsi à connoître le nôtre : je dis que quand de pareils observateurs affirmeront d'un tel animal que c'est un homme, et d'un autre que c'est une bête, il faudra les en croire ; mais ce seroit une grande simplicité de s'en rapporter là-dessus à des voyageurs grossiers, sur lesquels on seroit quelquefois tenté de faire la même question qu'ils se mêlent de résoudre sur d'autres animaux.

Page 259.

¹ Cela me paroit de la dernière évidence, et je ne sau-

rois concevoir d'où nos philosophes peuvent faire naître toutes les passions qu'ils prêtent à l'homme naturel. Excepté le seul nécessaire physique, que la nature même demande, tous nos autres besoins ne sont tels que par l'habitude, avant laquelle ils n'étoient point des besoins, ou par nos désirs, et l'on ne désire point ce qu'on n'est pas en état de connoître. D'où il suit que l'homme sauvage ne désirant que les choses qu'il connoît, et ne connoissant que celles dont la possession est en son pouvoir, ou facile à acquérir, rien ne doit être si tranquille que son ame et rien si borné que son esprit.

Page 265.

ᵐ Je trouve dans le Gouvernement civil de Locke une objection qui me paroît trop spécieuse pour qu'il me soit permis de la dissimuler. « La fin de la société entre le « mâle et la femelle, dit ce philosophe, n'étant pas sim- « plement de procréer, mais de continuer l'espèce, cette « société doit durer, même après la procréation, du « moins aussi long-temps qu'il est nécessaire pour la « nourriture et la conservation des procréés, c'est-à-dire « jusqu'à ce qu'ils soient capables de pourvoir eux-mêmes « à leurs besoins. Cette règle, que la sagesse infinie du « Créateur a établie sur les œuvres de ses mains, nous « voyons que les créatures inférieures à l'homme l'ob- « servent constamment et avec exactitude. Dans ces ani- « maux qui vivent d'herbe, la société entre le mâle et la « femelle ne dure pas plus long-temps que chaque acte « de copulation, parce que les mamelles de la mère étant « suffisantes pour nourrir les petits jusqu'à ce qu'ils soient « capables de paître l'herbe, le mâle se contente d'en- « gendrer, et il ne se mêle plus après cela de la femelle « ni des petits, à la subsistance desquels il ne peut rien « contribuer. Mais au regard des bêtes de proie, la so-

« ciété dure plus long-temps, à cause que la mère, ne
« pouvant pas bien pourvoir à sa subsistance propre et
« nourrir en même temps ses petits par sa seule proie,
« qui est une voie de se nourrir et plus laborieuse et plus
« dangereuse que n'est celle de se nourrir d'herbe, l'as-
« sistance du mâle est tout-à-fait nécessaire pour le main-
« tien de leur commune famille, si l'on peut user de ce
« terme ; laquelle, jusqu'à ce qu'elle puisse aller cher-
« cher quelque proie, ne sauroit subsister que par les
« soins du mâle et de la femelle. On remarque la même
« chose dans tous les oiseaux, si l'on excepte quelques
« oiseaux domestiques qui se trouvent dans des lieux où
« la continuelle abondance de nourriture exempte le mâle
« du soin de nourrir les petits ; on voit que, pendant que
« les petits dans leur nid ont besoin d'aliments, le mâle
« et la femelle y en portent jusqu'à ce que ces petits-là
« puissent voler et pourvoir à leur subsistance.

« Et en cela, à mon avis, consiste la principale si ce
« n'est la seule raison pourquoi le mâle et la femelle,
« dans le genre humain, sont obligés à une société plus
« longue que n'entretiennent les autres créatures. Cette
« raison est que la femme est capable de concevoir, et
« est pour l'ordinaire derechef grosse et fait un nouvel
« enfant, long-temps avant que le précédent soit hors
« d'état de se passer du secours de ses parents, et puisse
« lui-même pourvoir à ses besoins. Ainsi, un père étant
« obligé de prendre soin de ceux qu'il a engendrés, et de
« prendre ce soin-là pendant long-temps, il est aussi
« dans l'obligation de continuer à vivre dans la société
« conjugale avec la même femme de qui il les a eus, et
« de demeurer dans cette société beaucoup plus long-
« temps que les autres créatures, dont les petits pouvant
« subsister d'eux-mêmes avant que le temps d'une nou-
« velle procréation vienne, le lien du mâle et de la

« femelle se rompt de lui-même, et l'un et l'autre se
« trouvent dans une pleine liberté, jusqu'à ce que cette
« saison qui a coutume de solliciter les animaux à se
« joindre ensemble les oblige à se choisir de nouvelles
« compagnes. Et ici l'on ne sauroit admirer assez la sa-
« gesse du Créateur, qui, ayant donné à l'homme des
« qualités propres pour pourvoir à l'avenir aussi-bien
« qu'au présent, a voulu et a fait en sorte que la société
« de l'homme durât beaucoup plus long-temps que celle
« du mâle et de la femelle parmi les autres créatures;
« afin que par là l'industrie de l'homme et de la femme
« fût plus excitée, et que leurs intérêts fussent mieux
« unis, dans la vue de faire des provisions pour leurs en-
« fants et de leur laisser du bien, rien ne pouvant être
« plus préjudiciable à des enfants qu'une conjonction
« incertaine et vague, ou une dissolution facile et fré-
« quente de la société conjugale. »

Le même amour de la vérité qui m'a fait exposer sincèrement cette objection m'excite à l'accompagner de
quelques remarques, sinon pour la résoudre, au moins
pour l'éclaircir.

1. J'observerai d'abord que les preuves morales n'ont
pas une grande force en matière de physique, et qu'elles
servent plutôt à rendre raison des faits existants qu'à
constater l'existence réelle de ces faits. Or, tel est le
genre de preuve que M. Locke emploie dans le passage
que je viens de rapporter; car, quoiqu'il puisse être
avantageux à l'espèce humaine que l'union de l'homme
et de la femme soit permanente, il ne s'ensuit pas que
cela ait été ainsi établi par la nature; autrement il
faudroit dire qu'elle a aussi institué la société civile, les
arts, le commerce, et tout ce qu'on prétend être utile
aux hommes.

2. J'ignore où M. Locke a trouvé qu'entre les ani-

maux de proie la société du mâle et de la femelle dure plus long-temps que parmi ceux qui vivent d'herbe, et que l'un aide à l'autre à nourrir les petits; car on ne voit pas que le chien, le chat, l'ours, ni le loup, reconnoissent leur femelle mieux que le cheval, le bélier, le taureau, le cerf, ni tous les autres animaux quadrupèdes, ne reconnoissent la leur. Il semble au contraire que si le secours du mâle étoit nécessaire à la femelle pour conserver ses petits, ce seroit surtout dans les espèces qui ne vivent que d'herbe, parce qu'il faut fort long-temps à la mère pour paître, et que, durant tout cet intervalle, elle est forcée de négliger sa portée, au lieu que la proie d'une ourse ou d'une louve est dévorée en un instant, et qu'elle a, sans souffrir la faim, plus de temps pour allaiter ses petits. Ce raisonnement est confirmé par une observation sur le nombre relatif de mamelles et de petits qui distingue les espèces carnassières des frugivores, et dont j'ai parlé dans la note *h*. Si cette observation est juste et générale, la femme n'ayant que deux mamelles, et ne faisant guère qu'un enfant à la fois, voilà une forte raison de plus pour douter que l'espèce humaine soit naturellement carnassière; de sorte qu'il semble que, pour tirer la conclusion de Locke, il faudroit retourner tout-à-fait son raisonnement. Il n'y a pas plus de solidité dans la même distinction appliquée aux oiseaux. Car qui pourra se persuader que l'union du mâle et de la femelle soit plus durable parmi les vautours et les corbeaux que parmi les tourterelles? Nous avons deux espèces d'oiseaux domestiques, la cane et le pigeon, qui nous fournissent des exemples directement contraires au système de cet auteur. Le pigeon, qui ne vit que de grain, reste uni à sa femelle, et ils nourrissent leurs petits en commun. Le canard, dont la voracité est connue, ne reconnoît ni sa femelle ni ses petits, et n'aide en rien à leur subsistance; et parmi les poules, espèce qui n'est guère moins carnassière, on ne voit pas que le coq se mette aucunement en peine de la couvée. Que si dans d'autres espèces le mâle partage avec la femelle le soin de nourrir les petits, c'est que les oiseaux, qui d'abord ne peuvent voler, et que la mère ne peut allaiter, sont beaucoup moins en état de se passer de l'assistance du père que les quadrupèdes, à qui suffit la mamelle de la mère, au moins durant quelque temps.

3. Il y a bien de l'incertitude sur le fait principal qui sert de base à tout le raisonnement de M. Locke : car pour savoir si, comme il prétend, dans le pur état de nature la femme est pour l'ordinaire derechef grosse et fait un nouvel enfant long-temps avant que le précédent puisse pourvoir lui-même à ses besoins, il faudroit des expériences qu'assurément M. Locke n'avoit pas faites et que personne n'est à portée de faire. La cohabitation continuelle du mari et de la femme est une occasion si prochaine de s'exposer à une nouvelle grossesse, qu'il est bien difficile de croire que la rencontre fortuite, ou la seule impulsion du tempérament, produisît des effets aussi fréquents dans le pur état de nature que dans celui de la société conjugale; lenteur qui contribueroit peut-être à rendre les enfants plus robustes, et qui d'ailleurs pourroit être compensée par la faculté de concevoir, prolongée dans un plus grand âge chez les femmes qui en auroient moins abusé dans leur jeunesse. A l'égard des enfants, il y a bien des raisons de croire que leurs forces et leurs organes se developpent plus tard parmi nous qu'ils ne faisoient dans l'état primitif dont je parle. La foiblesse originelle qu'ils tirent de la constitution des parents, les soins qu'on prend d'envelopper et gêner tous leurs membres, la mollesse dans laquelle ils sont élevés, peut-être l'usage d'un autre lait que celui de leur mère, tout con-

trarie et retarde en eux les premiers progrès de la nature. L'application qu'on les oblige de donner à mille choses sur lesquelles on fixe continuellement leur attention, tandis qu'on ne donne aucun exercice à leurs forces corporelles, peut encore faire une diversion considérable à leur accroissement; de sorte que, si, au lieu de surcharger et fatiguer d'abord leurs esprits de mille manières, on laissoit exercer leurs corps aux mouvements continuels que la nature semble leur demander, il est à croire qu'ils seroient beaucoup plus tôt en état de marcher, d'agir et de pourvoir eux-mêmes à leurs besoins.

4. Enfin M. Locke prouve tout au plus qu'il pourroit bien y avoir dans l'homme un motif de demeurer attaché à la femme lorsqu'elle a un enfant; mais il ne prouve nullement qu'il a dû s'y attacher avant l'accouchement et pendant les neuf mois de la grossesse. Si telle femme est indifférente à l'homme pendant ces neuf mois, si même elle lui devient inconnue, pourquoi la secourra-t-il après l'accouchement? pourquoi lui aidera-t-il à élever un enfant qu'il ne sait pas seulement lui appartenir, et dont il n'a résolu ni prévu la naissance? M. Locke suppose évidemment ce qui est en question; car il ne s'agit pas de savoir pourquoi l'homme demeurera attaché à la femme après l'accouchement, mais pourquoi il s'attachera à elle après la conception. L'appétit satisfait, l'homme n'a plus besoin de telle femme, ni la femme de tel homme. Celui-ci n'a pas le moindre souci ni peut-être la moindre idée des suites de son action. L'un s'en va d'un côté, l'autre de l'autre, et il n'y a pas d'apparence qu'au bout de neuf mois ils aient la mémoire de s'être connus : car cette espèce de mémoire par laquelle un individu donne la préférence à un individu pour l'acte de la génération, exige, comme je le prouve dans le texte, plus de progrès ou de corruption

dans l'entendement humain, qu'on ne peut lui en supposer dans l'état d'animalité dont il s'agit ici. Une autre femme peut donc contenter les nouveaux désirs de l'homme aussi commodément que celle qu'il a déjà connue, et un autre homme contenter de même la femme, supposé qu'elle soit pressée du même appétit pendant l'état de grossesse, de quoi l'on peut raisonnablement douter. Que si dans l'état de nature la femme ne ressent plus la passion de l'amour après la conception de l'enfant, l'obstacle à sa société avec l'homme en devient encore beaucoup plus grand, puisque alors elle n'a plus besoin ni de l'homme qui l'a fécondée, ni d'aucun autre. Il n'y a donc dans l'homme aucune raison de rechercher la même femme, ni dans la femme aucune raison de rechercher le même homme. Le raisonnement de Locke tombe donc en ruine, et toute la dialectique de ce philosophe ne l'a pas garanti de la faute que Hobbes et d'autres ont commise. Ils avoient à expliquer un fait de l'état de nature, c'est-à-dire d'un état où les hommes vivoient isolés, et où tel homme n'avoit aucun motif de demeurer à côté de tel homme, ni peut-être les hommes de demeurer à côté les uns des autres, ce qui est bien pis, et ils n'ont pas songé à se transporter au-delà des siècles de société, c'est-à-dire de ces temps où les hommes ont toujours une raison de demeurer près les uns des autres, et où tel homme a souvent une raison de demeurer à côté de tel homme ou de telle femme.

Page 266.

" Je me garderai bien de m'embarquer dans les réflexions philosophiques qu'il y auroit à faire sur les avantages et les inconvénients de cette institution des langues : ce n'est pas à moi qu'on permet d'attaquer les erreurs vulgaires, et le peuple lettré respecte trop ses préjugés pour supporter patiemment mes prétendus paradoxes. Laissons donc parler des gens à qui l'on n'a point fait un crime d'oser prendre quelquefois le parti de la raison contre l'avis de la multitude. *Nec quidquam felicitati humani generis decederet, si, pulsa tot linguarum peste et confusione, unam artem callerent mortales, et signis, motibus, gestibusque, licitum foret quidvis explicare. Nunc vero ita comparatum est, ut animalium quæ vulgo bruta creduntur melior longe quam nostra hac in parte videatur conditio, utpote quæ promptius, et forsan felicius, sensus et cogitationes suas sine interprete significent, quam ulli queant mortales, præsertim si peregrino utantur sermone.* Is. Vossius, de poemat. cant. et viribus rhythmi, p. 66.

Page 272.

° Platon, montrant combien les idées de la quantité discrète et de ses rapports sont nécessaires dans les moindres arts, se moque avec raison des auteurs de son temps qui prétendoient que Palamède avoit inventé les nombres au siége de Troie, comme si, dit ce philosophe, Agamemnon eût pu ignorer jusque-là combien il avoit de jambes [1]. En effet, on sent l'impossibilité que la société et les arts fussent parvenus où ils étoient déjà du temps du siége de Troie, sans que les hommes eussent l'usage des nombres et du calcul : mais la nécessité de connoître les nombres avant que d'acquérir d'autres connoissances, n'en rend pas l'invention plus aisée à imaginer. Les noms des nombres une fois connus, il est aisé d'en expliquer le sens et d'exciter les idées que ces noms représentent;

---

[1] * De Rep., lib. VII (tom. VII, p. 143, édit. de Deux-Ponts.) — Platon ne dit pas que les auteurs *prétendoient;* il dit seulement que les auteurs tragiques faisoient allusion à cette origine supposée des nombres.

mais pour les inventer il fallut, avant de concevoir ces mêmes idées, s'être pour ainsi dire familiarisé avec les méditations philosophiques, s'être exercé à considérer les êtres par leur seule essence et indépendamment de toute autre perception; abstraction très-pénible, très-métaphysique, très-peu naturelle, et sans laquelle cependant ces idées n'eussent jamais pu se transporter d'une espèce ou d'un genre à un autre, ni les nombres devenir universels. Un sauvage pouvoit considérer séparément sa jambe droite et sa jambe gauche, ou les regarder ensemble sous l'idée indivisible d'une couple, sans jamais penser qu'il en avoit d'eux; car autre chose est l'idée représentative qui nous peint un objet, et autre chose l'idée numérique qui le détermine. Moins encore pouvoit-il calculer jusqu'à cinq; et quoique appliquant ses mains l'une sur l'autre il eût pu remarquer que les doigts se répondoient exactement, il étoit bien loin de songer à leur égalité numérique; il ne savoit pas plus le compte de ses doigts que de ses cheveux; et si, après lui avoir fait entendre ce que c'est que nombres, quelqu'un lui eût dit qu'il avoit autant de doigts aux pieds qu'aux mains, il eût peut-être été fort surpris, en les comparant, de trouver que cela étoit vrai.

Page 277.

*Il ne faut pas confondre l'amour-propre et l'amour de soi-même, deux passions très-différentes par leur nature et par leurs effets. L'amour de soi-même est un sentiment naturel qui porte tout animal à veiller à sa propre conservation, et qui, dirigé dans l'homme par la raison et modifié par la pitié, produit l'humanité et la vertu. L'amour-propre n'est qu'un sentiment relatif, factice, et né dans la société, qui porte chaque individu à faire plus de cas de soi que de tout autre, qui inspire aux hommes tous les maux qu'ils se font mutuellement, et qui est la véritable source de l'honneur.

Ceci bien entendu, je dis que, dans notre état primitif, dans le véritable état de nature, l'amour-propre n'existe pas; car chaque homme en particulier se regardant lui-même comme le seul spectateur qui l'observe, comme le seul être dans l'univers qui prenne intérêt à lui, comme le seul juge de son propre mérite, il n'est pas possible qu'un sentiment qui prend sa source dans des comparaisons qu'il n'est pas à portée de faire puisse germer dans son ame : par la même raison cet homme ne sauroit avoir ni haine ni désir de vengeance, passions qui ne peuvent naître que de l'opinion de quelque offense reçue; et comme c'est le mépris ou l'intention de nuire, et non le mal, qui constitue l'offense, des hommes qui ne savent ni s'apprécier ni se comparer peuvent se faire beaucoup de violences mutuelles quand il leur en revient quelque avantage, sans jamais s'offenser réciproquement. En un mot, chaque homme, ne voyant guère ses semblables que comme il verroit des animaux d'une autre espèce, peut ravir la proie au plus foible ou céder la sienne au plus fort, sans envisager ces rapines que comme des événements naturels, sans le moindre mouvement d'insolence ou de dépit, et sans autre passion que la douleur ou la joie d'un bon ou mauvais succès.

Page 304.

9 C'est une chose extrêmement remarquable que, depuis tant d'années que les Européens se tourmentent pour amener les sauvages de diverses contrées du monde à leur manière de vivre, ils n'aient pas pu encore en gagner un seul, non pas même à la faveur du christianisme; car nos missionnaires en font quelquefois des chrétiens, mais jamais des hommes civilisés. Rien ne peut surmonter l'invincible répugnance qu'ils ont à prendre nos mœurs et vivre à notre manière. Si ces pauvres sauvages sont

aussi malheureux qu'on le prétend, par quelle inconcevable dépravation de jugement refusent-ils constamment de se policer à notre imitation, ou d'apprendre à vivre heureux parmi nous, tandis qu'on lit en mille endroits que des François et d'autres Européens se sont réfugiés volontairement parmi ces nations, y ont passé leur vie entière, sans pouvoir plus quitter une si étrange manière de vivre, et qu'on voit même des missionnaires sensés regretter avec attendrissement les jours calmes et innocents qu'ils ont passés chez ces peuples si méprisés [1]? Si l'on répond qu'ils n'ont pas assez de lumières pour juger sainement de leur état et du nôtre, je répliquerai que l'estimation du bonheur est moins l'affaire de la raison que du sentiment. D'ailleurs cette réponse peut se rétorquer contre nous avec plus de force encore; car il y a plus loin de nos idées à la disposition d'esprit où il faudroit être pour concevoir le goût que trouvent les sauvages à leur manière de vivre, que des idées des sauvages à celles qui peuvent leur faire concevoir la nôtre. En effet, après quelques observations, il leur est aisé de voir que tous nos travaux se dirigent sur deux seuls objets; savoir, pour soi les commodités de la vie, et la considération parmi les autres. Mais le moyen pour nous d'imaginer la sorte de plaisir qu'un sauvage prend à passer sa vie seul au milieu des bois, ou à la pêche, ou à souffler dans une mauvaise flûte, sans jamais savoir en tirer un seul ton, et sans se soucier de l'apprendre?

[1] * L'auteur des *Lettres d'un Cultivateur américain* (Crevecœur de Saint-John) dit quelque part que ce que les colons des États-Unis établis sur les frontières ont le plus à craindre du voisinage des peuples sauvages, est l'effet que produit sur leurs enfants cette vie errante et libre dont ils ne voient que les plaisirs et les avantages, et dont l'attrait est tel que beaucoup d'entre eux abandonnent la maison paternelle pour se joindre à l'une de ces peuplades, et partager son genre de vie.

On a plusieurs fois amené des sauvages à Paris, à Londres, et dans d'autres villes; on s'est empressé de leur étaler notre luxe, nos richesses, et tous nos arts les plus utiles et les plus curieux; tout cela n'a jamais excité chez eux qu'une admiration stupide, sans le moindre mouvement de convoitise. Je me souviens entre autres de l'histoire d'un chef de quelques Américains septentrionaux qu'on mena à la cour d'Angleterre il y a une trentaine d'années : on lui fit passer mille choses devant les yeux pour chercher à lui faire quelque présent qui pût lui plaire, sans qu'on trouvât rien dont il parût se soucier. Nos armes lui sembloient lourdes et incommodes, nos souliers lui blessoient les pieds, nos habits le gênoient, il rebutoit tout; enfin on s'aperçut qu'ayant pris une couverture de laine, il sembloit prendre plaisir à s'en envelopper les épaules. Vous conviendrez au moins, lui dit-on aussitôt, de l'utilité de ce meuble? Oui, répondit-il, cela me paroît presque aussi bon qu'une peau de bête. Encore n'eût-il pas dit cela, s'il eût porté l'une et l'autre à la pluie.

Peut-être me dira-t-on que c'est l'habitude qui, attachant chacun à sa manière de vivre, empêche les sauvages de sentir ce qu'il y a de bon dans la nôtre : et, sur ce pied-là, il doit paroître au moins fort extraordinaire que l'habitude ait plus de force pour maintenir les sauvages dans le goût de leur misère que les Européens dans la jouissance de leur félicité. Mais pour faire à cette dernière objection une réponse à laquelle il n'y ait pas un mot à répliquer, sans alléguer tous les jeunes sauvages qu'on s'est vainement efforcé de civiliser, sans parler des Groënlandois et des habitants de l'Islande, qu'on a tenté d'élever et nourrir en Danemarck, et que la tristesse et le désespoir ont tous fait périr, soit de langueur, soit dans la mer, où ils avoient tenté de regagner leur pays à la nage, je me contenterai de citer un seul exemple bien attesté, et que je donne à examiner aux admirateurs de la police européenne.

« Tous les efforts des missionnaires hollandois du cap
« de Bonne-Espérance n'ont jamais été capables de con-
« vertir un seul Hottentot. Van der Stel, gouverneur
« du Cap, en ayant pris un dès l'enfance, le fit élever
« dans les principes de la religion chrétienne, et dans la
« pratique des usages de l'Europe. On le vêtit richement,
« on lui fit apprendre plusieurs langues, et ses progrès
« répondirent fort bien aux soins qu'on prit pour son édu-
« cation. Le gouverneur espérant beaucoup de son esprit
« l'envoya aux Indes avec un commissaire-général qui
« l'employa utilement aux affaires de la compagnie. Il re-
« vint au Cap après la mort du commissaire. Peu de jours
« après son retour, dans une visite qu'il rendit à quelques
« Hottentots de ses parents, il prit le parti de se dépouil-
« ler de sa parure européenne pour se revêtir d'une peau
« de brebis. Il retourna au fort dans ce nouvel ajustement,
« chargé d'un paquet qui contenoit ses anciens habits; et,
« les présentant au gouverneur, il lui tint ce discours :
« *Ayez la bonté, monsieur, de faire attention que je re-*
« *nonce pour toujours à cet appareil : je renonce aussi*
« *pour toute ma vie à la religion chrétienne ; ma réso-*
« *lution est de vivre et de mourir dans la religion, les*
« *manières et les usages de mes ancêtres. L'unique grâce*
« *que je vous demande est de me laisser le collier et le*
« *coutelas que je porte ; je les garderai pour l'amour de*
« *vous.* Aussitôt, sans attendre la réponse de Van der
« Stel, il se déroba par la fuite, et jamais on ne le revit
« au Cap. » *Histoire des Voyages,* tome V, page 175.

Page 312.

On pourroit m'objecter que, dans un pareil désordre,

les hommes, au lieu de s'entr'égorger opiniâtrément, se seroient dispersés, s'il n'y avoit point eu de bornes à leur dispersion : mais, premièrement, ces bornes eussent au moins été celles du monde ; et si l'on pense à l'excessive population qui résulte de l'état de nature, on jugera que la terre, dans cet état, n'eût pas tardé à être couverte d'hommes, ainsi forcés à se tenir rassemblés. D'ailleurs ils se seroient dispersés si le mal avoit été rapide, et que c'eût été un changement fait du jour au lendemain : mais ils naissoient sous le joug ; ils avoient l'habitude de le porter quand ils en sentoient la pesanteur, et ils se contentoient d'attendre l'occasion de le secouer. Enfin, déjà accoutumés à mille commodités qui les forçoient à se tenir rassemblés, la dispersion n'étoit plus si facile que dans les premiers temps, où, nul n'ayant besoin que de soi-même, chacun prenoit son parti sans attendre le consentement d'un autre.

Page 316.

Le maréchal de Villars contoit que, dans une de ses campagnes, les excessives friponneries d'un entrepreneur des vivres ayant fait souffrir et murmurer l'armée, il le tança vertement, et le menaça de le faire pendre. Cette menace ne me regarde pas, lui répond hardiment le fripon, et je suis bien aise de vous dire qu'on ne pend point un homme qui dispose de cent mille écus. Je ne sais comment cela se fit, ajoutoit naïvement le maréchal ; mais en effet il ne fut point pendu, quoiqu'il eût cent fois mérité de l'être.

Page 335.

La justice distributive s'opposeroit même à cette égalité rigoureuse de l'état de nature, quand elle seroit praticable dans la société civile ; et, comme tous les membres de l'état lui doivent des services proportionnés à leurs talents et à leurs forces, les citoyens à leur tour doivent être distingués et favorisés à proportion de leurs services. C'est en ce sens qu'il faut entendre un passage d'Isocrate[1], dans lequel il loue les premiers Athéniens d'avoir bien su distinguer quelle étoit la plus avantageuse des deux sortes d'égalité, dont l'une consiste à faire part des mêmes avantages à tous les citoyens indifféremment, et l'autre à les distribuer selon le mérite de chacun. Ces habiles politiques, ajoute l'orateur, bannissant cette injuste égalité qui ne met aucune différence entre les méchants et les gens de bien, s'attachèrent inviolablement à celle qui récompense et punit chacun selon son mérite. Mais, premièrement, il n'a jamais existé de société, à quelque dégré de corruption qu'elles aient pu parvenir, dans laquelle on ne fît aucune différence des méchants et des gens de bien; et dans les matières de mœurs, où la loi ne peut fixer de mesure assez exacte pour servir de règle au magistrat, c'est très-sagement que, pour ne pas laisser le sort ou le rang des citoyens à sa discrétion, elle lui interdit le jugement des personnes, pour ne lui laisser que celui des actions. Il n'y a que des mœurs aussi pures que celles des anciens Romains qui puissent supporter des censeurs; et de pareils tribunaux auroient bientôt tout bouleversé parmi nous. C'est à l'estime publique à mettre de la différence entre les méchants et les gens de bien. Le magistrat n'est juge que du droit rigoureux: mais le peuple est le véritable juge des mœurs, juge intègre et même éclairé sur ce point, qu'on abuse quelquefois, mais qu'on ne corrompt jamais. Les rangs des citoyens doivent donc être réglés, non sur leur mérite

---

[1] * Aréopagit., § VIII, édit. *Coray.*

personnel, ce qui seroit laisser aux magistrats le moyen de faire une application presque arbitraire de la loi, mais sur les services réels qu'ils rendent à l'état, et qui sont susceptibles d'une estimation plus exacte.

LETTRE

DE JEAN-JACQUES ROUSSEAU

A M. PHILOPOLIS[1].

Vous voulez, monsieur, que je vous réponde, puisque vous me faites des questions. Il s'agit d'ailleurs d'un ouvrage dédié à mes concitoyens : je dois, en le défendant, justifier l'honneur qu'ils m'ont fait de l'accepter. Je laisse à part dans votre lettre ce qui me regarde en bien et en mal, parce que l'un compense l'autre à peu près, que j'y prends peu d'intérêt, le public encore moins, et que tout cela ne fait rien à la recherche de la vérité. Je commence donc par le raisonnement que vous me proposez, comme essentiel à la question que j'ai tâché de résoudre.

L'état de société, me dites-vous, résulte immédiatement des facultés de l'homme, et par conséquent de sa nature. Vouloir que l'homme ne devînt point sociable, ce seroit donc vouloir qu'il ne fût point homme, et c'est attaquer l'ouvrage de Dieu

---

[1] * Charles Bonnet, de Genève, métaphysicien et naturaliste célèbre, s'étoit caché sous ce nom. Sa lettre fut publiée dans le Mercure d'octobre 1755.

que de s'élever contre la société humaine. Permettez-moi, monsieur, de vous proposer à mon tour une difficulté, avant de résoudre la vôtre. Je vous épargnerois ce détour si je connoissois un chemin plus sûr pour aller au but.

Supposons que quelques savants trouvassent un jour le secret d'accélérer la vieillesse, et l'art d'engager les hommes à faire usage de cette rare découverte : persuasion qui ne seroit peut-être pas si difficile à produire qu'elle paroît au premier aspect, car la raison, ce grand véhicule de toutes nos sottises, n'auroit garde de nous manquer à celle-ci. Les philosophes, et surtout les gens sensés, pour secouer le joug des passions et goûter le précieux repos de l'ame, gagneroient à grands pas l'âge de Nestor, et renonceroient volontiers aux désirs qu'on peut satisfaire, afin de se garantir de ceux qu'il faut étouffer : il n'y auroit que quelques étourdis, qui, rougissant même de leur foiblesse, voudroient follement rester jeunes et heureux, au lieu de vieillir pour être sages.

Supposons qu'un esprit singulier, bizarre, et, pour tout dire, un homme à paradoxes, s'avisât alors de reprocher aux autres l'absurdité de leurs maximes, de leur prouver qu'ils courent à la mort en cherchant la tranquillité, qu'ils ne font que radoter à force d'être raisonnables, et que, s'il faut qu'ils soient vieux un jour, ils devroient tâcher au moins de l'être le plus tard qu'il seroit possible.

Il ne faut pas demander si nos sophistes, craignant le décri de leur arcane, se hâteroient d'interrompre ce discoureur importun : « Sages vieil-
« lards, diroient-ils à leurs sectateurs, remerciez
« le ciel des grâces qu'il vous accorde, et félicitez-
« vous sans cesse d'avoir si bien suivi ses volontés.
« Vous êtes décrépits, il est vrai, languissants, ca-
« cochymes, tel est le sort inévitable de l'homme;
« mais votre entendement est sain : vous êtes per-
« clus de tous les membres, mais votre tête en est
« plus libre : vous ne sauriez agir; mais vous par-
« lez comme des oracles : et si vos douleurs aug-
« mentent de jour en jour, votre philosophie
« augmente avec elles. Plaignez cette jeunesse
« impétueuse que sa brutale santé prive des biens
« attachés à votre foiblesse. Heureuses infirmités
« qui rassemblent autour de vous tant d'habiles
« pharmaciens fournis de plus de drogues que
« vous n'avez de maux, tant de savants médecins
« qui connoissent à fond votre pouls, qui savent
« en grec les noms de tous vos rhumatismes, tant
« de zélés consolateurs et d'héritiers fidèles qui
« vous conduisent agréablement à votre dernière
« heure! Que de secours perdus pour vous si vous
« n'aviez su vous donner les maux qui les ont ren-
« dus nécessaires! »

Ne pouvons-nous pas imaginer qu'apostrophant ensuite notre imprudent avertisseur, ils lui parleroient à peu près ainsi :

« Cessez, déclamateur téméraire, de tenir ces « discours impies. Osez-vous blâmer ainsi la vo- « lonté de celui qui a fait le genre humain? L'état « de vieillesse ne découle-t-il pas de la constitu- « tion de l'homme? n'est-il pas naturel à l'homme « de vieillir? Que faites-vous donc dans vos dis- « cours séditieux que d'attaquer une loi de la na- « ture, et par conséquent la volonté de son créa- « teur? Puisque l'homme vieillit, Dieu veut qu'il « vieillisse. Les faits sont-ils autre chose que l'ex- « pression de sa volonté? Apprenez que l'homme « jeune n'est point celui que Dieu a voulu faire, « et que, pour s'empresser d'obéir à ses ordres, il « faut se hâter de vieillir. »

Tout cela supposé, je vous demande, monsieur, si l'homme aux paradoxes doit se taire ou répondre, et, dans ce dernier cas, de vouloir bien m'indiquer ce qu'il doit dire : je tâcherai de résoudre alors votre objection.

Puisque vous prétendez m'attaquer par mon propre système, n'oubliez pas, je vous prie, que, selon moi, la société est naturelle à l'espèce humaine comme la décrépitude à l'individu, et qu'il faut des arts, des lois, des gouvernements aux peuples comme il faut des béquilles aux vieillards. Toute la différence est que l'état de vieillesse découle de la seule nature de l'homme, et que celui de société découle de la nature du genre humain, non pas immédiatement comme vous le dites, mais seulement, comme je l'ai prouvé, à l'aide de certaines circonstances extérieures qui pouvoient être ou n'être pas, ou du moins arriver plus tôt ou plus tard, et par conséquent accélérer ou ralentir le progrès. Plusieurs même de ces circonstances dépendent de la volonté des hommes : j'ai été obligé, pour établir une parité parfaite, de supposer dans l'individu le pouvoir d'accélérer sa vieillesse comme l'espèce a celui de retarder la sienne. L'état de société ayant donc un terme extrême auquel les hommes sont les maîtres d'arriver plus tôt ou plus tard, il n'est pas inutile de leur montrer le danger d'aller si vite, et les misères d'une condition qu'ils prennent pour la perfection de l'espèce.

A l'énumération des maux dont les hommes sont accablés et que je soutiens être leur propre ouvrage, vous m'assurez, Leibnitz et vous, que tout est bien, et qu'ainsi la Providence est justifiée. J'étois éloigné de croire qu'elle eût besoin pour sa justification du secours de la philosophie leibnitzienne ni d'aucune autre. Pensez-vous sérieusement, vous-même, qu'un système de philosophie, quel qu'il soit, puisse être plus irrépréhensible que l'univers, et que, pour disculper la Providence, les arguments d'un philosophe soient plus convaincants que les ouvrages de Dieu ? Au reste, nier que le mal existe est un moyen fort commode d'excuser l'auteur du mal. Les stoïciens se sont autrefois rendus ridicules à meilleur marché.

Selon Leibnitz et Pope, tout ce qui est est bien. S'il y a des sociétés, c'est que le bien général veut qu'il y en ait; s'il n'y en a point, le bien général veut qu'il n'y en ait pas; et si quelqu'un persuadoit aux hommes de retourner vivre dans les forêts, il seroit bon qu'ils y retournassent vivre. On ne doit pas appliquer à la nature des choses une idée de bien ou de mal qu'on ne tire que de leurs rapports; car elles peuvent être bonnes relativement au tout, quoique mauvaises en elles-mêmes. Ce qui concourt au bien général peut être un mal particulier, dont il est permis de se délivrer quand il est possible. Car si ce mal, tandis qu'on le supporte, est utile au tout, le bien contraire, qu'on s'efforce de lui substituer, ne lui sera pas moins utile sitôt qu'il aura lieu. Par la même raison que tout est bien comme il est, si quelqu'un s'efforce de changer l'état des choses, il est bon qu'il s'efforce de le changer; et s'il est bien ou mal qu'il réussisse, c'est ce qu'on peut apprendre de l'événement seul et non de la raison. Rien n'empêche en cela que le mal particulier ne soit un mal réel pour celui qui le souffre. Il étoit bon pour le tout que nous fussions civilisés puisque nous le sommes; mais il eût certainement été mieux pour nous de ne pas l'être. Leibnitz n'eût jamais rien tiré de son système qui pût combattre cette proposition; et il est clair que l'optimisme bien entendu ne fait rien ni pour ni contre moi.

Aussi n'est-ce ni à Leibnitz ni à Pope que j'ai à

répondre, mais à vous seul, qui, sans distinguer le mal universel qu'ils nient, du mal particulier qu'ils ne nient pas, prétendez que c'est assez qu'une chose existe pour qu'il ne soit pas permis de désirer qu'elle existât autrement. Mais, monsieur, si tout est bien comme il est, tout étoit bien comme il étoit avant qu'il y eût des gouvernements et des lois : il fut donc au moins superflu de les établir; et Jean-Jacques alors, avec votre système, eût eu beau jeu contre Philopolis. Si tout est bien comme il est, de la manière que vous l'entendez, à quoi bon corriger nos vices, guérir nos maux, redresser nos erreurs? que servent nos chaires, nos tribunaux, nos académies? pourquoi faire appeler un médecin quand vous avez la fièvre? que savez-vous si le bien du plus grand tout que vous ne connoissez pas n'exige point que vous ayez le transport, et si la santé des habitants de Saturne ou de Sirius ne souffriroit point du rétablissement de la vôtre? Laissez aller tout comme il pourra, afin que tout aille toujours bien. Si tout est le mieux qu'il peut être, vous devez blâmer toute action quelconque; car toute action produit nécessairement quelque changement dans l'état où sont les choses au moment qu'elle se fait; on ne peut donc toucher à rien sans malfaire; et le quiétisme le plus parfait est la seule vertu qui reste à l'homme. Enfin, si tout est bien comme il est, il est bon qu'il y ait des Lapons, des Esquimaux, des Algonquins, des Chicacas, des

Caraïbes, qui se passent de notre police, des Hottentots qui s'en moquent, et un Génevois qui les approuve. Leibnitz lui-même conviendroit de ceci.

L'homme, dites-vous, est tel que l'exigeoit la place qu'il devoit occuper dans l'univers. Mais les hommes diffèrent tellement selon les temps et les lieux, qu'avec une pareille logique on seroit sujet à tirer du particulier à l'universel des conséquences fort contradictoires et fort peu concluantes. Il ne faut qu'une erreur de géographie pour bouleverser toute cette prétendue doctrine qui déduit ce qui doit être de ce qu'on voit. C'est à faire aux castors, dira l'Indien, de s'enfouir dans des tanières; l'homme doit dormir à l'air dans un hamac suspendu à des arbres. Non, non, dira le Tartare, l'homme est fait pour coucher dans un chariot. Pauvres gens! s'écrieront nos Philopolis d'un air de pitié, ne voyez-vous pas que l'homme est fait pour bâtir des villes? Quand il est question de raisonner sur la nature humaine, le vrai philosophe n'est ni Indien, ni Tartare, ni de Genève, ni de Paris; mais il est homme.

Que le singe soit une bête, je le crois, et j'en ai dit la raison : que l'orang-outang en soit une aussi, voilà ce que vous avez la bonté de m'apprendre; et j'avoue qu'après les faits que j'ai cités, la preuve de celui-là me sembloit difficile. Vous philosophez trop bien pour prononcer là-dessus aussi légèrement que nos voyageurs, qui s'exposent quelquefois, sans beaucoup de façons, à mettre leurs semblables au rang des bêtes. Vous obligerez donc sûrement le public, et vous instruirez même les naturalistes, en nous apprenant les moyens que vous avez employés pour décider cette question.

Dans mon épître dédicatoire, j'ai félicité ma patrie d'avoir un des meilleurs gouvernements qui pussent exister; j'ai prouvé dans le Discours qu'il devoit y avoir très-peu de bons gouvernements : je ne vois pas où est la contradiction que vous remarquez en cela. Mais comment savez-vous, monsieur, que j'irois vivre dans les bois si ma santé me le permettoit, plutôt que parmi mes concitoyens, pour lesquels vous connoissez ma tendresse ? Loin de rien dire de semblable dans mon ouvrage, vous y avez dû voir des raisons très-fortes de ne point choisir ce genre de vie. Je sens trop en mon particulier combien peu je puis me passer de vivre avec des hommes aussi corrompus que moi; et le sage même, s'il en est, n'ira pas aujourd'hui chercher le bonheur au fond d'un désert. Il faut fixer, quand on le peut, son séjour dans sa patrie pour l'aimer et la servir. Heureux celui qui, privé de cet avantage, peut au moins vivre au sein de l'amitié, dans la patrie commune du genre humain, dans cet asile immense ouvert à tous les hommes, où se plaisent également l'austère sagesse et la jeunesse folâtre; où règnent l'humanité, l'hospitalité, la douceur, et tous les charmes d'une société facile; où le pauvre trouve encore des amis, la vertu des exemples qui l'animent, et la raison des guides qui l'éclairent! C'est sur ce grand théâtre de la fortune, du vice, et quelquefois des vertus, qu'on peut observer avec fruit le spectacle de la vie : mais c'est dans son pays que chacun devroit en paix achever la sienne.

Il me semble, monsieur, que vous me censurez bien gravement sur une réflexion qui me paroît très-juste, et qui, juste ou non, n'a point dans mon écrit le sens qu'il vous plaît de lui donner par l'addition d'une seule lettre. *Si la nature nous a destinés à être saints*[1], me faites-vous dire, *j'ose presque assurer que l'état de réflexion est un état contre nature, et que l'homme qui médite est un animal dépravé.* Je vous avoue que si j'avois ainsi confondu la santé avec la sainteté, et que la proposition fût vraie, je me croirois très-propre à devenir un grand saint moi-même dans l'autre monde, ou du moins à me porter toujours bien dans celui-ci.

Je finis, monsieur, en répondant à vos trois dernières questions. Je n'abuserai pas du temps que vous me donnez pour y réfléchir ; c'est un soin que j'avois pris d'avance.

Un homme, ou tout autre être sensible, qui

---

[1] * Dans le volume du Mercure où la lettre de Charles Bonnet fut d'abord imprimée, et qui donna lieu à la réponse de Rousseau, on avoit effectivement mis *saints* au lieu de *sains;* mais c'étoit une faute d'impression, les éditeurs de Genève l'attestent, et il y a à s'étonner que Rousseau ne l'ait pas au moins soupçonné.

n'auroit jamais connu la douleur, auroit-il de la pitié, et seroit-il ému à la vue d'un enfant qu'on égorgeroit? Je réponds que non.

Pourquoi la populace, à qui M. Rousseau accorde une si grande dose de pitié, se repaît-elle avec tant d'avidité du spectacle d'un malheureux expirant sur la roue? Par la même raison que vous allez pleurer au théâtre, et voir Séide égorger son père, ou Thyeste boire le sang de son fils. La pitié est un sentiment si délicieux, qu'il n'est pas étonnant qu'on cherche à l'éprouver. D'ailleurs chacun a une curiosité secrète d'étudier les mouvements de la nature aux approches de ce moment redoutable que nul ne peut éviter. Ajoutez à cela le plaisir d'être pendant deux mois l'orateur du quartier, et de raconter pathétiquement aux voisins la belle mort du dernier roué.

L'affection que les femelles des animaux témoignent pour leurs petits a-t-elle ces petits pour objet, ou la mère? D'abord la mère pour son besoin, puis les petits par habitude. Je l'avois dit dans le Discours. *Si par hasard c'étoit celle-ci, le bien-être des petits n'en seroit que plus assuré.* Je le croirois ainsi. Cependant cette maxime demande moins à être étendue que resserrée; car, dès que les poussins sont éclos, on ne voit pas que la poule ait aucun besoin d'eux, et sa tendresse maternelle ne le cède pourtant à nulle autre.

Voilà, monsieur, mes réponses. Remarquez au

reste que, dans cette affaire comme dans celle du premier discours, je suis toujours le monstre qui soutiens que l'homme est naturellement bon, et que mes adversaires sont toujours les honnêtes gens qui, à l'édification publique, s'efforcent de prouver que la nature n'a fait que des scélérats.

Je suis, autant qu'on peut l'être de quelqu'un qu'on ne connoît point, monsieur, etc.

DE
L'ÉCONOMIE POLITIQUE.

ARTICLE

INSÉRÉ DANS L'ENCYCLOPÉDIE IN-FOLIO, T. V.

N. B. On a fort ridiculement, dans toutes les éditions, donné le titre de *Discours* à ce morceau, qui n'est autre chose qu'un long article d'un grand dictionnaire. En lui rendant son vrai titre, nous l'insérons cependant ici, tant parce qu'il sert comme d'introduction au volume suivant uniquement consacré à la politique, que parce qu'il fait suite, en quelque sorte, au *Discours sur l'Inégalité*, comme donnant, avec ce dernier ouvrage, une idée complète des principes politiques de notre auteur, développés par lui postérieurement dans le *Contrat social* et dans les *Considérations sur le Gouvernement de Pologne*.

DE L'ÉCONOMIE POLITIQUE.

Le mot d'ÉCONOMIE ou d'OECONOMIE vient de οικος, *maison*, et de νομος, *loi*, et ne signifie originairement que le sage et légitime gouvernement de la maison pour le bien commun de toute la famille. Le sens de ce terme a été dans la suite étendu au gouvernement de la grande famille, qui est l'état. Pour distinguer ces deux acceptions, on l'appelle, dans ce dernier cas, *économie générale* ou *politique*; et dans l'autre, *économie domestique* ou *particulière*. Ce n'est que de la première qu'il est question dans cet article.

Quand il y auroit entre l'état et la famille autant de rapport que plusieurs auteurs le prétendent, il ne s'ensuivroit pas pour cela que les règles de conduite propres à l'une de ces deux sociétés fussent convenables à l'autre : elles diffèrent trop en grandeur pour pouvoir être administrées de la même manière; et il y aura toujours une extrême différence entre le gouvernement domestique, où le père peut tout voir par lui-même, et le gouvernement civil, où le chef ne voit presque rien que par les yeux d'autrui. Pour que les choses devinssent égales à cet égard, il faudroit que les talents, la force, et toutes les facultés du père, augmentassent en raison de la grandeur de la famille, et que l'ame d'un puissant monarque fût à celle d'un homme ordinaire comme l'étendue de son empire est à l'héritage d'un particulier.

Mais comment le gouvernement de l'état pourroit-il être semblable à celui de la famille, dont le fondement est si différent? Le père étant physiquement plus fort que ses enfants, aussi long-temps que son secours leur est nécessaire, le pouvoir paternel passe avec raison pour être établi par la nature. Dans la grande famille, dont tous les membres sont naturellement égaux, l'autorité politique, purement arbitraire quant à son institution, ne peut être fondée que sur des conventions, ni le magistrat commander aux autres qu'en vertu des lois. Le pouvoir du père sur les enfants, fondé sur leur avantage particulier, ne peut, par sa nature, s'étendre jusqu'au droit de vie et de mort : mais le pouvoir souverain, qui n'a d'autre objet que le bien commun, n'a d'autres bornes que celles de l'utilité publique bien entendue; distinction que j'expliquerai dans son lieu. Les devoirs du père lui sont dictés par des sentiments naturels, et d'un ton qui lui permet rarement de désobéir. Les chefs n'ont point de semblable règle, et ne sont réellement tenus envers le peuple qu'à ce qu'ils lui ont promis de faire, et dont il est en droit d'exiger l'exécution. Une autre différence plus importante encore, c'est que, les enfants n'ayant rien que ce qu'ils reçoivent du père, il est évident que tous les droits de propriété lui appartiennent, ou émanent de lui. C'est tout le contraire dans la grande famille, où l'administration générale n'est établie que pour assurer la propriété particulière, qui lui est antérieure. Le principal objet des travaux de toute la maison est de conserver et d'accroître le patrimoine du père, afin qu'il puisse un jour le partager entre ses enfants sans les appauvrir : au lieu que la richesse du fisc n'est qu'un moyen, souvent fort mal entendu, pour maintenir les particuliers dans la paix et dans l'abondance. En un mot, la petite famille est destinée à s'éteindre, et à se résoudre un jour en plusieurs autres familles semblables : mais la grande étant faite pour durer toujours dans le même état, il faut que la première s'augmente pour se multiplier; et non seulement il suffit que l'autre se conserve, mais on peut prouver aisément que toute augmentation lui est plus préjudiciable qu'utile.

Par plusieurs raisons tirées de la nature de la chose, le père doit commander dans la famille. Premièrement, l'autorité ne doit pas être égale entre le père et la mère; mais il faut que le gouvernement soit un, et que, dans les partages d'avis, il y ait une voix prépondérante qui décide. 2° Quelque legères qu'on veuille supposer les incommodités particulières à la femme, comme elles sont toujours pour elle un intervalle d'inaction, c'est une raison suffisante pour l'exclure de cette primauté : car, quand la balance est parfaitement égale, une paille suffit pour la faire pencher. De plus, le mari doit avoir inspection sur la conduite de sa femme, parce qu'il lui importe de s'assurer que les enfants, qu'il est forcé de reconnoître et de nourrir, n'appartiennent pas à d'autres qu'à lui. La femme, qui n'a rien de semblable à craindre, n'a pas le même droit sur le mari. 3° Les enfants doivent obéir au père, d'abord par nécessité, ensuite par reconnoissance; après avoir reçu de lui leurs besoins durant la moitié de leur vie, ils doivent consacrer l'autre à pourvoir aux siens. 4° A l'égard des domestiques, ils lui doivent aussi leurs services en échange de l'entretien qu'il leur donne, sauf à rompre le marché dès qu'il cesse de leur convenir. Je ne parle point de l'esclavage, parce qu'il est contraire à la nature, et qu'aucun droit ne peut l'autoriser.

Il n'y a rien de tout cela dans la société politique. Loin que le chef ait un intérêt naturel au bonheur des particuliers, il ne lui est pas rare de chercher le sien dans leur misère. La magistrature est-elle héréditaire, c'est souvent un enfant qui commande à des hommes : est-elle élective, mille inconvénients se font sentir dans les élections; et l'on perd, dans l'un et l'autre cas, tous les avantages de la paternité. Si vous n'avez qu'un seul chef, vous êtes à la discrétion d'un maître qui n'a nulle raison de vous aimer; si vous en avez plusieurs, il faut supporter à la fois leur tyrannie et leurs divisions. En un mot, les abus sont inévitables, et leurs suites funestes dans toute société où l'intérêt public et les lois n'ont aucune force naturelle, et sont sans cesse attaqués par l'intérêt personnel et les passions du chef et des membres.

Quoique les fonctions du père de famille et du premier magistrat doivent tendre au même but, c'est par des voies si différentes, leur devoir et leurs droits sont tellement distingués, qu'on ne peut les confondre sans se former de fausses idées des lois fondamentales de la société, et sans tomber dans des erreurs fatales au genre humain. En effet, si la voix de la nature est le meilleur conseil que doive écouter un bon père pour bien remplir ses devoirs, elle n'est, pour le magistrat, qu'un faux guide qui travaille sans cesse à l'écarter des siens, et qui l'entraîne tôt ou tard à sa perte ou à celle de l'état, s'il n'est retenu par la plus sublime vertu. La seule précaution nécessaire au père de famille est de se garantir de la dépravation, et d'empêcher que les inclinations naturelles ne se corrompent en lui; mais ce sont elles qui corrompent le magistrat. Pour bien faire, le premier n'a qu'à consulter son cœur; l'autre devient un traître au moment qu'il écoute le sien : sa raison même lui doit être suspecte, et il ne doit suivre d'autre règle que la raison publique, qui est la loi. Aussi la nature a-t-elle fait une multitude de bons pères de famille; mais, depuis l'existence du monde, la sagesse humaine a fait bien peu de bons magistrats.

De tout ce que je viens d'exposer, il s'ensuit que c'est avec raison qu'on a distingué l'*économie publique* de l'*économie particulière*, et que la cité n'ayant rien de commun avec la famille que l'obligation qu'ont les chefs de rendre heureuses l'une et l'autre, leurs droits ne sauroient dériver de la même source, ni les mêmes règles de conduite convenir à toutes les deux. J'ai cru qu'il suffiroit de ce peu de lignes pour renverser l'odieux système que le chevalier Filmer a tâché d'établir dans un ouvrage intitulé *Patriarcha*, auquel deux hommes illustres ont fait trop d'honneur en écrivant des livres pour lui répondre [1] : au reste, cette erreur est fort ancienne, puisque Aristote même, qui l'adopte en certains lieux de ses Politiques, juge à propos de la combattre en d'autres [2].

---

[1] * C'est pour réfuter les opinions de Filmer, écrivain politique anglois, mort en 1688, et qui n'est guère connu que par l'ouvrage qui vient d'être cité, que le célèbre Sidney a écrit *ses Discours sur le Gouvernement*. Locke a consacré aussi à cette réfutation deux chapitres de son traité du *Gouvernement civil*.

[2] * *L'adopte...* Voyez liv. I, chap. 1 et XII; liv. III, chap. XV, (tom. I, p. 7, 65 et 267 de la traduction de Millon, 1803, 3 vol. in-8°.) — *La combat...* Cette opposition résulte moins de quelques passages qu'on puisse citer, que de l'esprit général de l'ouvrage

Je prie mes lecteurs de bien distinguer encore l'*économie publique* dont j'ai à parler, et que j'appelle *gouvernement*, de l'autorité suprême que j'appelle *souveraineté;* distinction qui consiste en ce que l'une a le droit législatif, et oblige, en certains cas, le corps même de la nation, tandis que l'autre n'a que la puissance exécutrice, et ne peut obliger que les particuliers. *Voyez* Politique et Souveraineté.

Qu'on me permette d'employer pour un moment une comparaison commune et peu exacte à bien des égards, mais propre à me faire mieux entendre.

Le corps politique, pris individuellement, peut être considéré comme un corps organisé, vivant, et semblable à celui de l'homme. Le pouvoir souverain représente la tête; les lois et les coutumes sont le cerveau, principe des nerfs et siége de l'entendement, de la volonté et des sens, dont les juges et magistrats sont les organes; le commerce, l'industrie et l'agriculture, sont la bouche et l'estomac qui préparent la subsistance commune, les finances publiques sont le sang, qu'une sage *économie*, en faisant les fonctions du cœur, renvoie

---

d'Aristote fondé sur ce principe établi livre I, chapitre VII, que *le gouvernement hérile et le gouvernement civil sont deux choses fort différentes*, et que *si toute maison se gouverne par une seule personne, le gouvernement civil au contraire appartient à tous ceux qui sont libres et égaux.* Même traduction, page 32.

distribuer par tout le corps la nourriture et la vie; les citoyens sont le corps et les membres qui font mouvoir, vivre et travailler la machine, et qu'on ne sauroit blesser en aucune partie qu'aussitôt l'impression douloureuse ne s'en porte au cerveau si l'animal est dans un état de santé.

La vie de l'un et de l'autre est le *moi* commun au tout, la sensibilité réciproque et la correspondance interne de toutes les parties. Cette communication vient-elle à cesser, l'unité formelle à s'évanouir, et les parties contiguës à n'appartenir plus l'une à l'autre que par juxta-position; l'homme est mort, ou l'état est dissous.

Le corps politique est donc aussi un être moral qui a une volonté; et cette volonté générale, qui tend toujours à la conservation et au bien-être du tout et de chaque partie, et qui est la source des lois, est, pour tous les membres de l'état, par rapport à eux et à lui, la règle du juste et de l'injuste; vérité qui, pour le dire en passant, montre avec combien de sens tant d'écrivains ont traité de vol la subtilité prescrite aux enfants de Lacédémone pour gagner leur frugal repas; comme si tout ce qu'ordonne la loi pouvoit ne pas être légitime. *Voyez au mot* Droit la source de ce grand et lumineux principe, dont cet article est le développement.

Il est important de remarquer que cette règle de justice, sûre par rapport à tous les citoyens, peut être fautive avec les étrangers : et la raison de ceci est évidente ; c'est qu'alors la volonté de l'état, quoique générale par rapport à ses membres, ne l'est plus par rapport aux autres états et à leurs membres, mais devient pour eux une volonté particulière et individuelle, qui a sa règle de justice dans la loi de nature ; ce qui rentre également dans le principe établi, car alors la grande ville du monde devient le corps politique dont la loi de nature est toujours la volonté générale, et dont les états et peuples divers ne sont que des membres individuels.

De ces mêmes distinctions appliquées à chaque société politique et à ses membres, découlent les règles les plus universelles et les plus sûres sur lesquelles on puisse juger d'un bon ou d'un mauvais gouvernement, et en général de la moralité de toutes les actions humaines.

Toute société politique est composée d'autres sociétés plus petites de différentes espèces, dont chacune a ses intérêts et ses maximes : mais ces sociétés, que chacun aperçoit parce qu'elles ont une forme extérieure et autorisée, ne sont pas les seules qui existent réellement dans l'état ; tous les particuliers qu'un intérêt commun réunit en composent autant d'autres, permanentes ou passagères, dont la force n'est pas moins réelle pour être moins apparente, et dont les divers rapports bien observés font la véritable connaissance des mœurs.

Ce sont toutes ces associations tacites ou formelles qui modifient de tant de manières les apparences de la volonté publique par l'influence de la leur. La volonté de ces sociétés particulières a toujours deux relations ; pour les membres de l'association, c'est une volonté générale ; pour la grande société, c'est une volonté particulière, qui très-souvent se trouve droite au premier égard, et vicieuse au second. Tel peut être prêtre dévot, ou brave soldat, ou patricien zélé, et mauvais citoyen. Telle délibération peut être avantageuse à la petite communauté et très-pernicieuse à la grande. Il est vrai que, les sociétés particulières étant toujours subordonnées à celles qui les contiennent, on doit obéir à celles-ci préférablement aux autres ; que les devoirs du citoyen vont avant ceux du sénateur, et ceux de l'homme avant ceux du citoyen : mais malheureusement l'intérêt personnel se trouve toujours en raison inverse du devoir, et augmente à mesure que l'association devient plus étroite et l'engagement moins sacré ; preuve invincible que la volonté la plus générale est aussi toujours la plus juste, et que la voix du peuple est en effet la voix de Dieu.

Il ne s'ensuit pas pour cela que les délibérations publiques soient toujours équitables ; elles peuvent ne l'être pas lorsqu'il s'agit d'affaires étrangères, j'en ai dit la raison. Ainsi il n'est pas impossible qu'une république bien gouvernée fasse une guerre injuste; il ne l'est pas non plus que le conseil d'une démocratie passe de mauvais décrets et condamne les innocents : mais cela n'arrivera jamais, que le peuple ne soit séduit par des intérêts particuliers qu'avec du crédit et de l'éloquence quelques hommes adroits sauront substituer aux siens. Alors autre chose sera la délibération publique, et autre chose la volonté générale. Qu'on ne m'oppose donc point la démocratie d'Athènes, parce qu'Athènes n'étoit point en effet une démocratie, mais une aristocratie très-tyrannique, gouvernée par des savants et des orateurs. Examinez avec soin ce qui se passe dans une délibération quelconque, et vous verrez que la volonté générale est toujours pour le bien commun; mais très-souvent il se fait une scission secrète, une confédération tacite, qui, pour des vues particulières, sait éluder la disposition naturelle de l'assemblée. Alors le corps social se divise réellement en d'autres dont les membres prennent une volonté générale, bonne et juste à l'égard de ces nouveaux corps, injuste et mauvaise à l'égard du tout dont chacun d'eux se démembre.

On voit avec quelle facilité l'on explique, à l'aide de ces principes, les contradictions apparentes qu'on remarque dans la conduite de tant d'hommes remplis de scrupule et d'honneur à certains égards, trompeurs et fripons à d'autres; foulant aux pieds les plus sacrés devoirs, et fidèles jusqu'à la mort à des engagements souvent illégitimes. C'est ainsi que les hommes les plus corrompus rendent toujours quelque sorte d'hommage à la foi publique ; c'est ainsi que les brigands mêmes, qui sont les ennemis de la vertu dans la grande société, en adorent le simulacre dans leurs cavernes.

En établissant la volonté générale pour premier principe de l'*économie* publique et règle fondamentale du gouvernement, je n'ai pas cru nécessaire d'examiner sérieusement si les magistrats appartiennent au peuple ou le peuple aux magistrats; et si, dans les affaires publiques, on doit consulter le bien de l'état ou celui des chefs. Depuis long-temps cette question a été décidée d'une manière par la pratique, et d'une autre par la raison; et en général ce seroit une grande folie d'espérer que ceux qui dans le fait sont les maîtres préféreront un autre intérêt au leur. Il seroit donc à propos de diviser encore l'*économie* publique en populaire et tyrannique. La première est celle de tout état où règne entre le peuple et les chefs unité d'intérêt et de volonté ; l'autre existera nécessairement partout où le gouvernement et le peuple auront des intérêts différents, et par conséquent des volontés opposées. Les maximes de celle-ci sont inscrites au long dans les archives de l'histoire et dans les satires de Machiavel. Les autres ne se trouvent que dans les écrits des philosophes qui osent réclamer les droits de l'humanité.

I. La première et plus importante maxime du

gouvernement légitime ou populaire, c'est-à-dire de celui qui a pour objet le bien du peuple, est donc, comme je l'ai dit, de suivre en tout la volonté générale : mais pour la suivre il faut la connoître, et surtout la bien distinguer de la volonté particulière en commençant par soi-même; distinction toujours fort difficile à faire, et pour laquelle il n'appartient qu'à la plus sublime vertu de donner de suffisantes lumières. Comme pour vouloir il faut être libre, une autre difficulté, qui n'est guère moindre, est d'assurer à la fois la liberté publique et l'autorité du gouvernement. Cherchez les motifs qui ont porté les hommes, unis par leurs besoins mutuels dans la grande société, à s'unir plus étroitement par des sociétés civiles ; vous n'en trouverez point d'autre que celui d'assurer les biens, la vie et la liberté de chaque membre par la protection de tous : or, comment forcer des hommes à défendre la liberté de l'un d'entre eux sans porter atteinte à celle des autres? et comment pourvoir aux besoins publics sans altérer la propriété particulière de ceux qu'on force d'y contribuer? De quelques sophismes qu'on puisse colorer tout cela, il est certain que, si l'on peut contraindre ma volonté, je ne suis plus libre; et que je ne suis plus maître de mon bien, si quelque autre peut y toucher. Cette difficulté, qui devoit sembler insurmontable, a été levée avec la première par la plus sublime de toutes les institutions humaines, ou plutôt par une inspiration céleste, qui apprit à l'homme à imiter ici-bas les décrets immuables de la Divinité. Par quel art inconcevable a-t-on pu trouver le moyen d'assujettir les hommes pour les rendre libres; d'employer au service de l'état les biens, les bras et la vie même de tous ses membres, sans les contraindre et sans les consulter; d'enchaîner leur volonté de leur propre aveu; de faire valoir leur consentement contre leur refus, et de les forcer à se punir eux-mêmes quand ils font ce qu'ils n'ont pas voulu? Comment se peut-il faire qu'ils obéissent et que personne ne commande, qu'ils servent et n'aient point de maître; d'autant plus libres en effet, que, sous une apparente sujétion, nul ne perd de sa liberté que ce qui peut nuire à celle d'un autre? Ces prodiges sont l'ouvrage de la loi. C'est à la loi seule que les hommes doivent la justice et la liberté; c'est cet organe salutaire de la volonté de tous qui rétablit dans le droit l'égalité naturelle entre les hommes; c'est cette voix céleste qui dicte à chaque citoyen les préceptes de la raison publique, et lui apprend à agir selon les maximes de son propre jugement, et à n'être pas en contradiction avec lui-même. C'est elle seule aussi que les chefs doivent faire parler quand ils commandent; car sitôt qu'indépendamment des lois un homme en prétend soumettre un autre à sa volonté privée, il sort à l'instant de l'état civil, et se met vis-à-vis de lui dans le pur état de nature, où l'obéissance n'est jamais prescrite que par la nécessité.

Le plus pressant intérêt du chef, de même que son devoir le plus indispensable, est donc de veiller à l'observation des lois dont il est le ministre, et sur lesquelles est fondée toute son autorité. S'il doit les faire observer aux autres, à plus forte raison doit-il les observer lui-même, qui jouit de toute leur faveur : car son exemple est de telle force, que, quand même le peuple voudroit bien souffrir qu'il s'affranchît du joug de la loi, il devroit se garder de profiter d'une si dangereuse prérogative, que d'autres s'efforceroient bientôt d'usurper à leur tour, et souvent à son préjudice. Au fond, comme tous les engagements de la société sont réciproques par leur nature, il n'est pas possible de se mettre au-dessus de la loi sans renoncer à ses avantages; et personne ne doit rien à quiconque prétend ne rien devoir à personne. Par la même raison nulle exemption de la loi ne sera jamais accordée, à quelque titre que ce puisse être, dans un gouvernement bien policé. Les citoyens mêmes qui ont bien mérité de la patrie doivent être récompensés par des honneurs, et jamais par des priviléges; car la république est à la veille de sa ruine sitôt que quelqu'un peut penser qu'il est beau de ne pas obéir aux lois. Mais si jamais la noblesse, ou le militaire, ou quelque autre ordre de l'état, adoptoit une pareille maxime, tout seroit perdu sans ressource.

La puissance des lois dépend encore plus de leur propre sagesse que de la sévérité de leurs ministres, et la volonté publique tire son plus grand poids de la raison qui l'a dictée : c'est pour cela que Platon regarde comme une précaution très-importante de mettre toujours à la tête des édits un préambule raisonné qui en montre la justice et l'utilité [1]. En effet, la première des lois est de respecter les lois : la rigueur des châtiments n'est qu'une vaine ressource imaginée par de petits esprits pour substituer la terreur à ce respect qu'ils ne peuvent obtenir. On a toujours remarqué que les pays où les supplices sont le plus terribles sont aussi ceux où ils sont le plus fréquents; de sorte que la cruauté des peines ne marque guère que la multitude des infracteurs, et qu'en punissant tout avec la même sévérité l'on force les coupables de commettre des crimes pour échapper à la punition de leurs fautes.

Mais quoique le gouvernement ne soit pas le maître de la loi, c'est beaucoup d'en être le garant et d'avoir mille moyens de la faire aimer. Ce n'est qu'en cela que consiste le talent de régner. Quand on a la force en main, il n'y a point d'art à faire trembler tout le monde, et il n'y en a pas même beaucoup à gagner les cœurs; car l'expérience a depuis long-temps appris au peuple à tenir grand compte à ses chefs de tout le mal qu'ils ne lui font

---

[1] * De Leg., lib. IV. (Tom. VIII, p. 199, édit. de Deux-Ponts.)

pas, et à les adorer quand il n'en est pas haï. Un imbécile obéi peut, comme un autre, punir les forfaits : le véritable homme d'état sait les prévenir ; c'est sur les volontés encore plus que sur les actions qu'il étend son respectable empire. S'il pouvoit obtenir que tout le monde fît bien, il n'auroit lui-même plus rien à faire, et le chef-d'œuvre de ses travaux seroit de pouvoir rester oisif. Il est certain, du moins, que le plus grand talent des chefs est de déguiser leur pouvoir pour le rendre moins odieux, et de conduire l'état si paisiblement qu'il semble n'avoir pas besoin de conducteurs.

Je conclus donc que, comme le premier devoir du législateur est de conformer les lois à la volonté générale, la première règle de l'*économie* publique est que l'administration soit conforme aux lois. C'en sera même assez pour que l'état ne soit pas mal gouverné, si le législateur a pourvu, comme il le devoit, à tout ce qu'exigeoient les lieux, le climat, le sol, les mœurs, le voisinage, et tous les rapports particuliers du peuple qu'il avoit à instituer. Ce n'est pas qu'il ne reste encore une infinité de détails de police et d'*économie*, abandonnés à la sagesse du gouvernement : mais il a toujours deux règles infaillibles pour se bien conduire dans ces occasions : l'une est l'esprit de la loi, qui doit servir à la décision des cas qu'elle n'a pu prévoir ; l'autre est la volonté générale, source et supplément de toutes les lois, et qui doit toujours être consultée à leur défaut. Comment, me dira-t-on, connoître la volonté générale dans les cas où elle ne s'est point expliquée? faudra-t-il assembler toute la nation à chaque événement imprévu? Il faudra d'autant moins l'assembler, qu'il n'est pas sûr que sa décision fût l'expression de la volonté générale; que ce moyen est impraticable dans un grand peuple, et qu'il est rarement nécessaire quand le gouvernement est bien intentionné : car les chefs savent assez que la volonté générale est toujours pour le parti le plus favorable à l'intérêt public, c'est-à-dire le plus équitable; de sorte qu'il ne faut qu'être juste pour s'assurer de suivre la volonté générale. Souvent, quand on la choque trop ouvertement, elle se laisse apercevoir malgré le frein terrible de l'autorité publique. Je cherche le plus près qu'il m'est possible les exemples à suivre en pareil cas. A la Chine, le prince a pour maxime constante de donner le tort à ses officiers dans toutes les altercations qui s'élèvent entre eux et le peuple. Le pain est-il cher dans une province, l'intendant est mis en prison. Se fait-il dans une autre une émeute, le gouverneur est cassé, et chaque mandarin répond sur sa tête de tout le mal qui arrive dans son département. Ce n'est pas qu'on n'examine ensuite l'affaire dans un procès régulier; mais une longue expérience en a fait prévenir ainsi le jugement. L'on a rarement en cela quelque injustice à réparer; et l'empereur, persuadé que la clameur publique ne s'élève jamais sans sujet, démêle toujours, au travers des cris séditieux qu'il punit, de justes griefs qu'il redresse.

C'est beaucoup que d'avoir fait régner l'ordre et la paix dans toutes les parties de la république; c'est beaucoup que l'état soit tranquille et la loi respectée : mais, si l'on ne fait rien de plus, il y aura dans tout cela plus d'apparence que de réalité, et le gouvernement se fera difficilement obéir s'il se borne à l'obéissance. S'il est bon de savoir employer les hommes tels qu'ils sont, il vaut beaucoup mieux encore les rendre tels qu'on a besoin qu'ils soient : l'autorité la plus absolue est celle qui pénètre jusqu'à l'intérieur de l'homme, et ne s'exerce pas moins sur la volonté que sur les actions. Il est certain que les peuples sont à la longue ce que le gouvernement les fait être; guerriers, citoyens, hommes, quand il le veut; populace et canaille quand il lui plaît : et tout prince qui méprise ses sujets se déhonore lui-même en montrant qu'il n'a pas su les rendre estimables. Formez donc des hommes, si vous voulez commander à des hommes; si vous voulez qu'on obéisse aux lois, faites qu'on les aime, et que, pour faire ce qu'on doit, il suffise de songer qu'on le doit faire. C'étoit là le grand art des gouvernements anciens, dans ces temps reculés où les philosophes donnoient des lois aux peuples, et n'employoient leur autorité qu'à les rendre sages et heureux. De là tant de lois somptuaires, tant de réglements sur les mœurs, tant de maximes publiques admises ou rejetées avec le plus grand soin. Les tyrans mêmes n'oublioient pas cette importante partie de l'administration, et on les voyoit attentifs à corrompre les mœurs de leurs esclaves avec autant de soin qu'en avoient les magistrats à corriger celles de leurs concitoyens. Mais nos gouvernements modernes, qui croient avoir tout fait quand ils ont tiré de l'argent, n'imaginent pas même qu'il soit nécessaire ou possible d'aller jusque-là.

II. Seconde règle essentielle de l'*économie publique*, non moins importante que la première. Voulez-vous que la volonté générale soit accomplie, faites que toutes les volontés particulières s'y rapportent; et comme la vertu n'est que cette conformité de la volonté particulière à la générale, pour dire la même chose en un mot, faites régner la vertu.

Si les politiques étoient moins aveuglés par leur ambition, ils verroient combien il est impossible qu'aucun établissement, quel qu'il soit, puisse marcher selon l'esprit de son institution, s'il n'est dirigé selon la loi du devoir; ils sentiroient que le plus grand ressort de l'autorité publique est dans le cœur des citoyens, et que rien ne peut suppléer aux mœurs pour le maintien du gouvernement. Non seulement il n'y a que des gens de bien qui sachent administrer les lois, mais il n'y a dans le fond que d'honnêtes gens qui sachent leur obéir.

Celui qui vient à bout de braver les remords ne tardera pas à braver les supplices; châtiment moins rigoureux, moins continuel, et auquel on a du moins l'espoir d'échapper; et, quelques précautions qu'on prenne, ceux qui n'attendent que l'impunité pour malfaire ne manquent guère de moyens d'éluder la loi ou d'échapper à la peine. Alors, comme tous les intérêts particuliers se réunissent contre l'intérêt général, qui n'est plus celui de personne, les vices publics ont plus de force pour énerver les lois que les lois n'en ont pour réprimer les vices; et la corruption du peuple et des chefs s'étend enfin jusqu'au gouvernement, quelque sage qu'il puisse être. Le pire de tous les abus est de n'obéir en apparence aux lois que pour les enfreindre en effet avec sûreté. Bientôt les meilleures lois deviennent les plus funestes : il vaudroit mieux cent fois qu'elles n'existassent pas; ce seroit une ressource qu'on auroit encore quand il n'en reste plus. Dans une pareille situation l'on ajoute vainement édits sur édits, réglements sur réglements; tout cela ne sert qu'à introduire d'autres abus sans corriger les premiers. Plus vous multipliez les lois, plus vous les rendez méprisables; et tous les surveillants que vous instituez ne sont que de nouveaux infracteurs destinés à partager avec les anciens, ou à faire leur pillage à part. Bientôt le prix de la vertu devient celui du brigandage : les hommes les plus vils sont les plus accrédités; plus ils sont grands, plus ils sont méprisables; leur infamie éclate dans leurs dignités, et ils sont déshonorés par leurs honneurs. S'ils achètent les suffrages des chefs ou la protection des femmes, c'est pour vendre à leur tour la justice, le devoir et l'état; et le peuple, qui ne voit pas que ses vices sont la première cause de ses malheurs, murmure, et s'écrie en gémissant : « Tous mes maux ne viennent que de ceux que je « paie pour m'en garantir. »

C'est alors qu'à la voix du devoir, qui ne parle plus dans les cœurs, les chefs sont forcés de substituer le cri de la terreur ou le leurre d'un intérêt apparent dont ils trompent leurs créatures. C'est alors qu'il faut recourir à toutes les petites et méprisables ruses qu'ils appellent *maximes d'état* et *mystères du cabinet*. Tout ce qui reste de vigueur au gouvernement est employé par ses membres à se perdre et supplanter l'un l'autre, tandis que les affaires demeurent abandonnées, ou ne se font qu'à mesure que l'intérêt personnel le demande et selon qu'il les dirige. Enfin toute l'habileté de ces grands politiques est de fasciner tellement les yeux de ceux dont ils ont besoin, que chacun croie travailler pour son intérêt en travaillant pour le leur; je dis le leur, si tant est qu'en effet le véritable intérêt des chefs soit d'anéantir les peuples pour les soumettre, et de ruiner leur propre bien pour s'en assurer la possession.

Mais quand les citoyens aiment leur devoir, et

que les dépositaires de l'autorité publique s'appliquent sincèrement à nourrir cet amour par leur exemple et par leurs soins, toutes les difficultés s'évanouissent ; l'administration prend une facilité qui la dispense de cet art ténébreux dont la noirceur fait tout le mystère. Ces esprits vastes, si dangereux et si admirés, tous ces grands ministres dont la gloire se confond avec les malheurs du peuple, ne sont plus regrettés : les mœurs publiques suppléent au génie des chefs ; et plus la vertu règne, moins les talents sont nécessaires. L'ambition même est mieux servie par le devoir que par l'usurpation : le peuple, convaincu que ses chefs ne travaillent qu'à faire son bonheur, les dispense par sa déférence de travailler à affermir leur pouvoir ; et l'histoire nous montre en mille endroits que l'autorité qu'il accorde à ceux qu'il aime et dont il est aimé est cent fois plus absolue que toute la tyrannie des usurpateurs. Ceci ne signifie pas que le gouvernement doive craindre d'user de son pouvoir, mais qu'il n'en doit user que d'une manière légitime. On trouvera dans l'histoire mille exemples de chefs ambitieux ou pusillanimes que la mollesse ou l'orgueil ont perdus ; aucun qui se soit mal trouvé de n'être qu'équitable. Mais on ne doit pas confondre la négligence avec la modération, ni la douceur avec la foiblesse. Il faut être sévère pour être juste. Souffrir la méchanceté qu'on a le droit et le pouvoir de réprimer, c'est être méchant soi-même.

Sicuti enim est aliquando misericordia puniens, ita est crudelitas parcens. August., epist. LIV.

Ce n'est pas assez de dire aux citoyens, Soyez bons; il faut leur apprendre à l'être; et l'exemple même, qui est à cet égard la première leçon, n'est pas le seul moyen qu'il faille employer : l'amour de la patrie est le plus efficace ; car, comme je l'ai déjà dit, tout homme est vertueux quand sa volonté particulière est conforme en tout à la volonté générale, et nous voulons volontiers ce que veulent les gens que nous aimons.

Il semble que le sentiment de l'humanité s'évapore et s'affoiblisse en s'étendant sur toute la terre, et que nous ne saurions être touchés des calamités de la Tartarie ou du Japon, comme de celles d'un peuple européen. Il faut en quelque manière borner et comprimer l'intérêt et la commisération pour lui donner de l'activité. Or, comme ce penchant en nous ne peut être utile qu'à ceux avec qui nous avons à vivre, il est bon que l'humanité, concentrée entre les concitoyens, prenne en eux une nouvelle force par l'habitude de se voir et par l'intérêt commun qui les réunit. Il est certain que les plus grands prodiges de vertu ont été produits par l'amour de la patrie : ce sentiment doux et vif, qui joint la force de l'amour-propre à toute la beauté de la vertu, lui donne une énergie qui, sans la défigurer, en fait la plus héroïque de toutes les passions. C'est lui qui produisit tant d'actions immortelles dont l'éclat éblouit nos foibles yeux, et tant de grands hommes dont les antiques vertus passent pour des fables depuis que l'amour de la patrie est tourné en dérision. Ne nous en étonnons pas; les transports des cœurs tendres paroissent autant de chimères à quiconque ne les a point sentis; et l'amour de la patrie, plus vif et plus délicieux cent fois que celui d'une maîtresse, ne se conçoit de même qu'en l'éprouvant: mais il est aisé de remarquer dans tous les cœurs qu'il échauffe, dans toutes les actions qu'il inspire, cette ardeur bouillante et sublime dont ne brille pas la plus pure vertu quand elle en est séparée. Osons opposer Socrate même à Caton: l'un étoit plus philosophe, et l'autre plus citoyen. Athènes étoit déjà perdue, et Socrate n'avoit plus de patrie que le monde entier: Caton porta toujours la sienne au fond de son cœur; il ne vivoit que pour elle et ne put lui survivre. La vertu de Socrate est celle du plus sage des hommes; mais entre César et Pompée, Caton semble un dieu parmi les mortels. L'un instruit quelques particuliers, combat les sophistes, et meurt pour la vérité: l'autre défend l'état, la liberté, les lois, contre les conquérants du monde, et quitte enfin la terre quand il n'y voit plus de patrie à servir. Un digne élève de Socrate seroit le plus vertueux de ses contemporains; un digne émule de Caton en seroit le plus grand. La vertu du premier feroit son bonheur; le second chercheroit son bonheur dans celui de tous. Nous serions instruits par l'un et conduits par l'autre : et cela seul décideroit de la préférence ; car on n'a jamais fait un peuple de sages, mais il n'est pas impossible de rendre un peuple heureux.

Voulons-nous que les peuples soient vertueux, commençons donc par leur faire aimer la patrie. Mais comment l'aimeront-ils, si la patrie n'est rien de plus pour eux que pour des étrangers, et qu'elle ne leur accorde que ce qu'elle ne peut refuser à personne ? Ce seroit bien pis s'ils n'y jouissoient pas même de la sûreté civile, et que leurs biens, leur vie ou leur liberté, fussent à la discrétion des hommes puissants, sans qu'il leur fût possible ou permis d'oser réclamer les lois. Alors, soumis aux devoirs de l'état civil, sans jouir même des droits de l'état de nature et sans pouvoir employer leurs forces pour se défendre, ils seroient par conséquent dans la pire condition où se puissent trouver des hommes libres, et le mot de patrie ne pourroit avoir pour eux qu'un sens odieux ou ridicule. Il ne faut pas croire que l'on puisse offenser ou couper un bras, que la douleur ne s'en porte à la tête ; et il n'est pas plus croyable que la volonté générale consente qu'un membre de l'état, quel qu'il soit, en blesse ou détruise un autre, qu'il ne l'est que les doigts d'un homme usant de sa raison aillent lui crever les yeux. La sûreté particulière est tellement liée avec la confédération publique, que, sans les égards que l'on doit à la foiblesse humaine, cette convention seroit dissoute par le droit, s'il périssoit dans l'état un seul citoyen qu'on eût pu secourir, si l'on en retenoit à tort un seul en prison, et s'il se perdoit un seul procès avec une injustice évidente ; car, les conventions fondamentales étant enfreintes, on ne voit plus quel droit ni quel intérêt pourroit maintenir le peuple dans l'union sociale, à moins qu'il n'y fût retenu par la seule force qui fait la dissolution de l'état civil.

En effet, l'engagement du corps de la nation n'est-il pas de pourvoir à la conservation du dernier de ses membres avec autant de soin qu'à celle de tous les autres? et le salut d'un citoyen est-il moins la cause commune que celui de tout l'état? Qu'on nous dise qu'il est bon qu'un seul périsse pour tous ; j'admirerai cette sentence dans la bouche d'un digne et vertueux patriote qui se consacre volontairement et par devoir à la mort pour le salut de son pays : mais si l'on entend qu'il soit permis au gouvernement de sacrifier un innocent au salut de la multitude, je tiens cette maxime pour une des plus exécrables que jamais la tyrannie ait inventées, la plus fausse qu'on puisse avancer, la plus dangereuse qu'on puisse admettre, et la plus directement opposée aux lois fondamentales de la société. Loin qu'un seul doive périr pour tous, tous ont engagé leurs biens et leurs vies à la défense de chacun d'eux, afin que la foiblesse particulière fût toujours protégée par la force publique, et chaque membre par tout l'état. Après avoir par supposition retranché du peuple un individu après l'autre, pressez les partisans de cette maxime à mieux expliquer ce qu'ils entendent par *le corps de l'état;* et vous verrez qu'ils le réduiront, à la fin, à un petit nombre d'hommes qui ne sont pas le peuple, mais les officiers du peuple, et qui, s'étant obligés par un serment particulier à périr eux-mêmes pour son salut, prétendent prouver par là que c'est à lui de périr pour le leur.

Veut-on trouver des exemples de la protection que l'état doit à ses membres et du respect qu'il doit à leurs personnes, ce n'est que chez les plus illustres et les plus courageuses nations de la terre qu'il faut les chercher, et il n'y a guère que les peuples libres où l'on sache ce que vaut un homme. A Sparte on sait en quelle perplexité se trouvoit toute la république lorsqu'il étoit question de punir un citoyen coupable. En Macédoine, la vie d'un homme étoit une affaire si importante, que, dans toute la grandeur d'Alexandre, ce puissant monarque n'eût osé de sang froid faire mourir un Macédonien criminel, que l'accusé n'eût comparu pour se défendre devant ses concitoyens, et n'eût été condamné par eux. Mais les Romains se distinguèrent au-dessus de tous les peuples de la terre par les égards du gouvernement pour les particuliers, et par son attention scrupuleuse à respecter les droits inviolables de tous les membres de l'état. Il n'y avoit rien de si sacré que la vie des simples citoyens; il ne falloit pas moins que l'assemblée de tout le peuple pour en condamner un : le sénat même ni les consuls, dans toute leur majesté, n'en avoient pas le droit; et, chez le plus puissant peuple du monde, le crime et la peine d'un citoyen étoient une désolation publique; aussi parut-il si dur d'en verser le sang pour quelque crime que ce pût être, que, par la loi *Porcia*, la peine de mort fut commuée en celle de l'exil, pour tous ceux qui voudroient survivre à la perte d'une si douce patrie. Tout respiroit à Rome et dans les armées cet amour des concitoyens les uns pour les autres, et ce respect pour le nom romain qui élevoit le courage et animoit la vertu de quiconque avoit l'honneur de le porter. Le chapeau d'un citoyen délivré d'esclavage, la couronne civique de celui qui avoit sauvé la vie à un autre, étoient ce qu'on regardoit avec le plus de plaisir dans la pompe des triomphes; et il est à remarquer que des couronnes dont on honoroit à la guerre les belles actions, il n'y avoit que la civique et celle des triomphateurs qui fussent d'herbe et de feuilles, toutes les autres n'étoient que d'or. C'est ainsi que Rome fut vertueuse et devint la maîtresse du monde. Chefs ambitieux, un pâtre gouverne ses chiens et ses troupeaux, et n'est que le dernier des hommes! S'il est beau de commander, c'est quand ceux qui nous obéissent peuvent nous honorer : respectez donc vos concitoyens, et vous vous rendrez respectables; respectez la liberté, et votre puissance augmentera tous les jours; ne passez jamais vos droits, et bientôt ils seront sans bornes.

Que la patrie se montre donc la mère commune des citoyens; que les avantages dont ils jouissent dans leur pays le leur rendent cher; que le gouvernement leur laisse assez de part à l'administration publique pour sentir qu'ils sont chez eux, et que les lois ne soient à leurs yeux que les garants de la commune liberté. Ces droits, tout beaux qu'ils sont, appartiennent à tous les hommes; mais, sans paroître les attaquer directement, la mauvaise volonté des chefs en réduit aisément l'effet à rien. La loi dont on abuse sert à la fois au puissant d'arme offensive et de bouclier contre le foible; et le prétexte du bien public est toujours le plus dangereux fléau du peuple. Ce qu'il y a de plus nécessaire et peut-être de plus difficile dans le gouvernement, c'est une intégrité sévère à rendre justice à tous, et surtout à protéger le pauvre contre la tyrannie du riche. Le plus grand mal est déjà fait, quand on a des pauvres à défendre et des riches à contenir. C'est sur la médiocrité seule que s'exerce toute la force des lois; elles sont également impuissantes contre les trésors du riche et contre la misère du pauvre; le premier les élude, le second leur échappe; l'un brise la toile, et l'autre passe au travers.

C'est donc une des plus importantes affaires du gouvernement de prévenir l'extrême inégalité des fortunes; non en enlevant les trésors à leurs possesseurs, mais en ôtant à tous les moyens d'en accumuler, ni en bâtissant des hôpitaux pour les pauvres, mais en garantissant les citoyens de le devenir. Les hommes inégalement distribués sur le territoire, et entassés dans un lieu tandis que les autres se dépeuplent; les arts d'agréments et de pure industrie favorisés aux dépens des métiers utiles et pénibles; l'agriculture sacrifiée au commerce; le publicain rendu nécessaire par la mauvaise administration des deniers de l'état; enfin la vénalité poussée à tel excès, que la considération se compte avec les pistoles, et que les vertus mêmes se vendent à prix d'argent : telles sont les causes les plus sensibles de l'opulence et de la misère, de l'intérêt particulier substitué à l'intérêt public, de la haine mutuelle des citoyens, de leur indifférence pour la cause commune, de la corruption du peuple, et de l'affoiblissement de tous les ressorts du gouvernement. Tels sont par conséquent les maux qu'on guérit difficilement quand ils se font sentir, mais qu'une sage administration doit prévenir, pour maintenir avec les bonnes mœurs le respect pour les lois, l'amour de la patrie, et la vigueur de la volonté générale.

Mais toutes ces précautions seront insuffisantes, si l'on ne s'y prend de plus loin encore. Je finis cette partie de l'*économie* publique par où j'aurois dû la commencer. La patrie ne peut subsister sans la liberté, ni la liberté sans la vertu, ni la vertu sans les citoyens : vous aurez tout si vous formez des citoyens ; sans cela vous n'aurez que de méchants esclaves, à commencer par les chefs de l'état. Or, former des citoyens n'est pas l'affaire d'un jour; et, pour les avoir hommes, il faut les instruire enfants. Qu'on me dise que quiconque a des hommes à gouverner ne doit pas chercher hors de leur nature une perfection dont ils ne sont pas susceptibles ; qu'il ne doit pas vouloir détruire en eux les passions, et que l'exécution d'un pareil projet ne seroit pas plus désirable que possible. Je conviendrai d'autant mieux de tout cela, qu'un homme qui n'auroit point de passions seroit certainement un fort mauvais citoyen : mais il faut convenir aussi que si l'on n'apprend point aux hommes à n'aimer rien, il n'est pas impossible de leur apprendre à aimer un objet plutôt qu'un autre, et ce qui est véritablement beau, plutôt que ce qui est difforme. Si, par exemple, on les exerce assez tôt à ne jamais regarder leur individu que par ses relations avec le corps de l'état, et à n'apercevoir, pour ainsi dire, leur propre existence que comme une partie de la sienne, ils pourront parvenir enfin à s'identifier en quelque sorte avec ce plus grand tout, à se sentir membres de la patrie, à l'aimer de ce sentiment exquis que tout homme isolé n'a que pour soi-même, à élever perpétuellement leur ame à ce grand objet, et à transformer ainsi en une vertu sublime cette disposition dangereuse d'où naissent tous nos vices. Non seulement la philosophie démontre la possibilité de ces nouvelles directions, mais l'histoire en fournit mille exemples éclatants : s'ils sont si rares parmi nous, c'est que personne ne se soucie qu'il y ait des citoyens, et qu'on s'avise encore moins de s'y prendre assez tôt pour les former. Il n'est plus temps de changer nos inclinations naturelles quand elles ont pris leur cours et que l'habitude s'est jointe à l'amour-propre ; il n'est plus temps de nous tirer hors de nous-mêmes quand, une fois le *moi humain* concentré dans nos cœurs y a acquis cette méprisable activité qui absorbe toute vertu et fait la vie des petites ames. Comment l'amour de la patrie pourroit-il germer au milieu de tant d'autres passions qui l'étouffent ? et que reste-t-il pour les concitoyens d'un cœur déjà partagé entre l'avarice, une maîtresse, et la vanité ?

C'est du premier moment de la vie qu'il faut apprendre à mériter de vivre ; et, comme on participe en naissant aux droits des citoyens, l'instant de notre naissance doit être le commencement de l'exercice de nos devoirs. S'il y a des lois pour l'âge mûr, il doit y en avoir pour l'enfance, qui enseignent à obéir aux autres ; et, comme on ne laisse pas la raison de chaque homme unique arbitre de ses devoirs, on doit d'autant moins abandonner aux lumières et aux préjugés des pères l'éducation de leurs enfants, qu'elle importe à l'état encore plus qu'aux pères; car, selon le cours de la nature, la mort du père lui dérobe souvent les derniers fruits de cette éducation, mais la patrie en sent tôt ou tard les effets; l'état demeure, et la famille se dissout. Que si l'autorité publique, en prenant la place des pères, et se chargeant de cette importante fonction, acquiert leurs droits en remplissant leurs devoirs, ils ont d'autant moins sujet de s'en plaindre, qu'à cet égard ils ne font proprement que changer de nom, et qu'ils auront en commun, sous le nom de citoyens, la même autorité sur leurs enfants qu'ils exerçoient séparément sous le nom de pères, et n'en seront pas moins obéis en parlant au nom de la loi, qu'ils l'étoient en parlant au nom de la nature. L'éducation publique, sous des règles prescrites par le gouvernement, et sous des magistrats établis par le souverain, est donc une des maximes fondamentales du gouvernement populaire ou légitime. Si les enfants sont élevés en commun dans le sein de l'égalité, s'ils sont imbus des lois de l'état et des maximes de la volonté générale, s'ils sont instruits à les respecter par-dessus toutes choses, s'ils sont environnés d'exemples et d'objets qui leur parlent sans cesse de la tendre mère qui les nourrit, de l'amour qu'elle a pour eux, des biens inestimables qu'ils reçoivent d'elle, et du retour qu'ils lui doivent, ne doutons pas qu'ils n'apprennent ainsi à se chérir mutuellement comme des frères, à ne vouloir jamais que ce que veut la société, à substituer des actions d'hommes et de citoyens au stérile et vain babil des sophistes, et à devenir un jour les défenseurs et les pères de la patrie dont ils auront été si long-temps les enfants.

Je ne parlerai point des magistrats destinés à présider à cette éducation, qui certainement est la plus importante affaire de l'état. On sent que si de telles marques de la confiance publique étoient légèrement accordées, si cette fonction sublime n'étoit pour ceux qui auroient dignement rempli toutes les autres, le prix de leurs travaux, l'honorable et doux repos de leur vieillesse et le comble de tous les honneurs, toute l'entreprise seroit inutile et l'éducation sans succès; car, partout où la leçon n'est pas soutenue par l'autorité, et le précepte par l'exemple, l'instruction demeure sans fruit; et la vertu même perd son crédit dans la bouche de celui qui ne la pratique pas. Mais que des guerriers illustres, courbés sous le faix de leurs lauriers, prêchent le courage; que des magistrats intègres, blanchis dans la pourpre et sur les tribunaux, enseignent la justice; les uns et les autres se formeront ainsi de vertueux successeurs, et transmettront d'âge en âge aux générations suivantes l'expérience et les talents des chefs, le courage et la vertu des citoyens, et l'émulation commune à tous de vivre et mourir pour la patrie.

Je ne sache que trois peuples qui aient autrefois pratiqué l'éducation publique; savoir, les Crétois, les Lacédémoniens, et les anciens Perses : chez tous les trois elle eut le plus grand succès, et fit des prodiges chez les deux derniers. Quand le monde s'est trouvé divisé en nations trop grandes pour pouvoir être bien gouvernées, ce moyen n'a plus été praticable ; et d'autres raisons, que le lecteur peut voir aisément, ont encore empêché qu'il n'ait été tenté chez aucun peuple moderne. C'est une chose très-remarquable que les Romains aient pu s'en passer; mais Rome fut, durant cinq cents ans, un miracle continuel que le monde ne doit plus espérer de revoir. La vertu des Romains, engendrée par l'horreur de la tyrannie et des crimes des tyrans, et par l'amour inné de la patrie, fit de toutes leurs maisons autant d'écoles de citoyens; et le pouvoir sans bornes des pères sur leurs enfants mit tant de sévérité dans la police particulière, que le père, plus craint que les magistrats, étoit dans son tribunal domestique le censeur des mœurs et le vengeur des lois. *Voyez* ÉDUCATION.

C'est ainsi qu'un gouvernement attentif et bien intentionné, veillant sans cesse à maintenir ou rappeler chez le peuple l'amour de la patrie et les bonnes mœurs, prévient de loin les maux qui résultent tôt ou tard de l'indifférence des citoyens pour le sort de la république, et contient dans d'étroites bornes cet intérêt personnel qui isole tellement les particuliers, que l'état s'affoiblit par leur puissance, et n'a rien à espérer de leur bonne volonté. Partout où le peuple aime son pays, respecte les lois et vit simplement, il reste peu de chose à faire pour le rendre heureux ; et dans l'administration publique, où la fortune a moins de part qu'au sort des particuliers, la sagesse est si près du bonheur que ces deux objets se confondent.

III. Ce n'est pas assez d'avoir des citoyens et de les protéger, il faut encore songer à leur subsistance ; et pourvoir aux besoins publics est une suite évidente de la volonté générale, et le troisième devoir essentiel du gouvernement. Ce devoir n'est pas, comme on doit le sentir, de remplir les greniers des particuliers et les dispenser du travail, mais de maintenir l'abondance tellement à leur portée, que, pour l'acquérir, le travail soit toujours nécessaire et ne soit jamais inutile. Il s'étend aussi à toutes les opérations qui regardent l'entretien du fisc et les dépenses de l'administration publique. Ainsi, après avoir parlé de l'*économie* générale par rapport au gouvernement des personnes, il nous reste à la considérer par rapport à l'administration des biens.

Cette partie n'offre pas moins de difficultés à résoudre ni de contradictions à lever que la précédente. Il est certain que le droit de propriété est le plus sacré de tous les droits des citoyens, et plus important, à certains égards, que la liberté même ; soit parce qu'il tient de plus près à la conservation de la vie ; soit parce que les biens étant plus faciles à usurper et plus pénibles à défendre que la personne, on doit plus respecter ce qui peut se ravir plus aisément ; soit enfin parce que la propriété est le vrai fondement de la société civile, et le vrai garant des engagements des citoyens ; car, si les biens ne répondoient pas des personnes, rien ne seroit si facile que d'éluder ses devoirs et de se moquer des lois. D'un autre côté, il n'est pas moins sûr que le maintien de l'état et du gouvernement exige des frais et de la dépense ; et, comme quiconque accorde la fin ne peut refuser les moyens, il s'ensuit que les membres de la société doivent contribuer de leurs biens à son entretien. De plus, il est difficile d'assurer d'un côté la propriété des particuliers sans l'attaquer d'un autre, et il n'est pas possible que tous les réglements qui regardent l'ordre des successions, les testaments, les contrats, ne gênent les citoyens, à certains égards, sur la disposition de leur propre bien, et par conséquent sur leur droit de propriété.

Mais, outre ce que j'ai dit ci-devant de l'accord qui règne entre l'autorité de la loi et la liberté du citoyen, il y a, par rapport à la disposition des biens, une remarque importante à faire, qui lève bien des difficultés : c'est, comme l'a montré Puffendorf, que, par la nature du droit de propriété, il ne s'étend point au-delà de la vie du propriétaire, et qu'à l'instant qu'un homme est mort, son bien ne lui appartient plus. Ainsi, lui prescrire les conditions sous lesquelles il en peut disposer, c'est au fond moins altérer son droit en apparence que l'étendre en effet.

En général, quoique l'institution des lois qui règlent le pouvoir des particuliers dans la disposition de leur propre bien n'appartienne qu'au souverain, l'esprit de ces lois, que le gouvernement doit suivre dans leur application, est que, de père en fils et de proche en proche, les biens de la famille en sortent et s'aliènent le moins qu'il est possible. Il y a une raison sensible de ceci en faveur des enfants, à qui le droit de propriété seroit fort inutile si le père ne leur laissoit rien, et qui de plus, ayant souvent contribué par leur travail à l'acquisition des biens du père, sont de leur chef associés à son droit. Mais une autre raison plus éloignée, et non moins importante, est que rien n'est plus funeste aux mœurs et à la république que les changements continuels d'état et de fortune entre les citoyens ; changements qui sont la preuve et la source de mille désordres, qui bouleversent et confondent tout, et par lesquels ceux qui sont élevés pour une chose, se trouvant destinés pour une autre, ni ceux qui montent ni ceux qui descendent ne peuvent prendre les maximes ni les lumières convenables à leur nouvel état, et beaucoup moins en remplir les devoirs. Je passe à l'objet des finances publiques.

Si le peuple se gouvernoit lui-même, et qu'il n'y eût rien d'intermédiaire entre l'administration de l'état et les citoyens, ils n'auroient qu'à se cotiser dans l'occasion, à proportion des besoins publics et des facultés des particuliers; et, comme chacun ne perdroit jamais de vue le recouvrement ni l'emploi des deniers, il ne pourroit se glisser ni fraude ni abus dans leur maniement; l'état ne seroit jamais obéré de dettes ni le peuple accablé d'impôts, ou du moins la sûreté de l'emploi le consoleroit de la dureté de la taxe. Mais les choses ne sauroient aller ainsi; et, quelque borné que soit un état, la société civile y est toujours trop nombreuse pour pouvoir être gouvernée par tous ses membres. Il faut nécessairement que les deniers publics passent par les mains des chefs, lesquels, outre l'intérêt de l'état, ont tous le leur particulier, qui n'est pas le dernier écouté. Le peuple de son côté, qui s'aperçoit plutôt de l'avidité des chefs et de leurs folles dépenses que des besoins publics, murmure de se voir dépouiller du nécessaire pour fournir au superflu d'autrui; et, quand une fois ces manœuvres l'ont aigri jusqu'à certain point, la plus intègre administration ne viendroit pas à bout de rétablir la confiance. Alors si les contributions sont volontaires, elles ne produisent rien; si elles sont forcées, elles sont illégitimes; et c'est dans cette cruelle alternative de laisser périr l'état ou d'attaquer le droit sacré de la propriété, qui en est le soutien, que consiste la difficulté d'une juste et sage *économie*.

La première chose que doit faire, après l'établissement des lois, l'instituteur d'une république, c'est de trouver un fonds suffisant pour l'entretien des magistrats et autres officiers, et pour toutes les dépenses publiques. Ce fonds s'appelle *ærarium* ou *fisc*, s'il est en argent; *domaine public*, s'il est en terres; et ce dernier est de beaucoup préférable à l'autre, par des raisons faciles à voir. Quiconque aura suffisamment réfléchi sur cette matière ne pourra guère être à cet égard d'un autre avis que Bodin [1], qui regarde le domaine public comme le plus honnête et le plus sûr de tous les moyens de pourvoir aux besoins de l'état; et il est à remarquer

---

[1] *J. Bodin, qui a vécu sous les règnes de Henri III et de Henri IV, est auteur d'un ouvrage intitulé *les six Livres de la République*, dont la première édition est de 1577, *in-folio*. Cet ouvrage, qui a été traduit dans plusieurs langues, et qui a eu huit ou dix éditions en France, a dû son succès aux opinions saines et raisonnables qu'il contient, et surtout à ce qu'il n'existoit pas alors d'ouvrage qui parût aussi complet sur la matière qui y est traitée. Quoique La Harpe ait bien voulu y voir *le germe de l'Esprit des lois*, il n'offre rien de très-remarquable, et est aujourd'hui tout-à-fait oublié.

que le premier soin de Romulus, dans la division des terres, fut d'en destiner le tiers à cet usage. J'avoue qu'il n'est pas impossible que le produit du domaine mal administré se réduise à rien; mais il n'est pas de l'essence du domaine d'être mal administré.

Préalablement à tout emploi, ce fonds doit être assigné ou accepté par l'assemblée du peuple ou des états du pays, qui doit ensuite en déterminer l'usage. Après cette solennité, qui rend ces fonds inaliénables, ils changent pour ainsi dire de nature, et leurs revenus deviennent tellement sacrés, que c'est non seulement le plus infâme de tous les vols, mais un crime de lèse-majesté, que d'en détourner la moindre chose au préjudice de leur destination. C'est un grand déshonneur pour Rome que l'intégrité du questeur Caton y ait été un sujet de remarque, et qu'un empereur, récompensant de quelques écus le talent d'un chanteur, ait eu besoin d'ajouter que cet argent venoit du bien de sa famille et non de celui de l'état [1]. Mais s'il se trouve peu de Galbas, où chercherons-nous des Catons? Et quand une fois le vice ne déshonorera plus,

---

[1] * Trait de l'empereur Galba rapporté par Plutarque (Vie de Galba), et rappelé par Montaigne, liv. III, chap. vi. — On lit dans l'édition de 1801, et dans d'autres antérieures, *ait eu soin d'ajouter*, et cette leçon est en effet conforme au texte de l'Encyclopédie *in-folio;* mais c'est évidemment une faute corrigée sans doute postérieurement par l'auteur même, puisqu'on lit dans l'édition de Genève, *ait eu besoin*.

quels seront les chefs assez scrupuleux pour s'abstenir de toucher aux revenus publics abandonnés à leur discrétion, et pour ne pas s'en imposer bientôt à eux-mêmes, en affectant de confondre leurs vaines et scandaleuses dissipations avec la gloire de l'état, et les moyens d'étendre leur autorité avec ceux d'augmenter sa puissance? C'est surtout en cette délicate partie de l'administration que la vertu est le seul instrument efficace, et que l'intégrité du magistrat est le seul frein capable de contenir son avarice. Les livres et tous les comptes des régisseurs servent moins à déceler leurs infidélités qu'à les couvrir; et la prudence n'est jamais aussi prompte à imaginer de nouvelles précautions, que la friponnerie à les éluder. Laissez donc les registres et papiers, et remettez les finances en des mains fidèles; c'est le seul moyen qu'elles soient fidèlement régies.

Quand une fois les fonds publics sont établis, les chefs de l'état en sont de droit les administrateurs; car cette administration fait une partie du gouvernement, toujours essentielle, quoique non toujours également: son influence augmente à mesure que celle des autres ressorts diminue; et l'on peut dire qu'un gouvernement est parvenu à son dernier degré de corruption quand il n'a plus d'autre nerf que l'argent: or, comme tout gouvernement tend sans cesse au relâchement, cette seule raison montre pourquoi nul état ne peut subsister si ses revenus n'augmentent sans cesse.

Le premier sentiment de la nécessité de cette augmentation est aussi le premier signe du désordre intérieur de l'état : et le sage administrateur, en songeant à trouver de l'argent pour pourvoir au besoin présent, ne néglige pas de rechercher la cause éloignée de ce nouveau besoin; comme un marin, voyant l'eau gagner son vaisseau, n'oublie pas, en faisant jouer les pompes, de faire aussi chercher et boucher la voie.

De cette règle découle la plus importante maxime de l'administration des finances, qui est de travailler avec beaucoup plus de soin à prévenir les besoins qu'à augmenter les revenus. De quelque diligence qu'on puisse user, le secours qui ne vient qu'après le mal, et plus lentement, laisse toujours l'état en souffrance : tandis qu'on songe à remédier à un mal, un autre se fait déjà sentir, et les ressources mêmes produisent de nouveaux inconvénients; de sorte qu'à la fin la nation s'obère, le peuple est foulé, le gouvernement perd toute sa vigueur, et ne fait plus que peu de chose avec beaucoup d'argent. Je crois que de cette grande maxime bien établie découloient les prodiges des gouvernements anciens, qui faisoient plus avec leur parcimonie que les nôtres avec tous leurs trésors; et c'est peut-être de là qu'est dérivée l'acception vulgaire du mot d'*économie*, qui s'entend plutôt du sage ménagement de ce qu'on a que des moyens d'acquérir ce que l'on n'a pas.

Indépendamment du domaine public, qui rend à l'état à proportion de la probité de ceux qui le régissent, si l'on connoissoit assez toute la force de l'administration générale, surtout quand elle se borne aux moyens légitimes, on seroit étonné des ressources qu'ont les chefs pour prévenir tous les besoins publics sans toucher aux biens des particuliers. Comme ils sont les maîtres de tout le commerce de l'état, rien ne leur est si facile que de le diriger d'une manière qui pourvoie à tout, souvent sans qu'ils paroissent s'en mêler. La distribution des denrées, de l'argent et des marchandises, par de justes proportions selon les temps et les lieux, est le vrai secret des finances et la source de leurs richesses, pourvu que ceux qui les administrent sachent porter leurs vues assez loin, et faire dans l'occasion une perte apparente et prochaine, pour avoir réellement des profits immenses dans un temps éloigné. Quand on voit un gouvernement payer des droits, loin d'en recevoir, pour la sortie des blés dans les années d'abondance, et pour leur introduction dans les années de disette, on a besoin d'avoir de tels faits sous les yeux pour les croire véritables, et on les mettroit au rang des romans, s'ils se fussent passés anciennement. Supposons que, pour prévenir la disette dans les mauvaises années, on proposât d'établir des magasins publics ; dans combien de pays l'entretien d'un établissement si utile ne serviroit-il pas de prétexte à de nouveaux impôts! A Genève, ces greniers, établis et entretenus par une sage administration, font la ressource publique dans les mauvaises années, et le principal revenu de l'état dans tous les temps : *Alit et ditat*, c'est la belle et juste inscription qu'on lit sur la façade de l'édifice. Pour exposer ici le système économique d'un bon gouvernement, j'ai souvent tourné les yeux sur celui de cette république ; heureux de trouver ainsi dans ma patrie l'exemple de la sagesse et du bonheur que je voudrois voir régner dans tous les pays!

Si l'on examine comment croissent les besoins d'un état, on trouvera que souvent cela arrive à peu près comme chez les particuliers, moins par une véritable nécessité que par un accroissement de désirs inutiles, et que souvent on n'augmente la dépense que pour avoir un prétexte d'augmenter la recette, de sorte que l'état gagneroit quelquefois à se passer d'être riche, et que cette richesse apparente lui est au fond plus onéreuse que ne seroit la pauvreté même. On peut espérer, il est vrai, de tenir les peuples dans une dépendance plus étroite, en leur donnant d'une main ce qu'on leur a pris de l'autre, et ce fut la politique dont usa Joseph avec les Égyptiens; mais ce vain sophisme est d'autant plus funeste à l'état, que l'argent ne rentre plus dans les mêmes mains dont il est sorti, et qu'avec de pareilles maximes on n'enrichit que des fainéants de la dépouille des hommes utiles.

Le goût des conquêtes est une des causes les plus sensibles et les plus dangereuses de cette augmentation. Ce gout, engendré souvent par une autre espèce d'ambition que celle qu'il semble annoncer, n'est pas toujours ce qu'il paroît être, et n'a pas tant pour véritable motif le désir apparent d'agrandir la nation que le désir caché d'augmenter au-dedans l'autorité des chefs, à l'aide de l'augmentation des troupes et à la faveur de la diversion que font les objets de la guerre dans l'esprit des citoyens.

Ce qu'il y a du moins de très-certain c'est que rien n'est si foulé ni si misérable que les peuples conquérants, et que leurs succès mêmes ne font qu'augmenter leurs misères : quand l'histoire ne nous l'apprendroit pas, la raison suffiroit pour nous démontrer que plus un état est grand, et plus les dépenses y deviennent proportionnellement fortes et onéreuses; car il faut que toutes les provinces fournissent leur contingent aux frais de l'administration générale, et que chacune outre cela fasse pour la sienne particulière la même dépense que si elle étoit indépendante. Ajoutez que toutes les fortunes se font dans un lieu et se consomment dans un autre; ce qui rompt bientôt l'équilibre du produit et de la consommation, et appauvrit beaucoup de pays pour enrichir une seule ville.

Autre source de l'augmentation des besoins publics, qui tient à la précédente. Il peut venir un temps où les citoyens, ne se regardant plus comme intéressés à la cause commune, cesseroient d'être les défenseurs de la patrie, et où les magistrats aimeroient mieux commander à des mercenaires qu'à des hommes libres, ne fût-ce qu'afin d'employer en temps et lieu les premiers pour mieux assujettir les autres. Tel fut l'état de Rome sur la fin de la république et sous les empereurs; car toutes les victoires des premiers Romains, de même que celles d'Alexandre, avoient été remportées par de braves citoyens, qui savoient donner au besoin leur sang pour la patrie, mais qui ne le vendoient jamais. Ce ne fut qu'au siége de Véies qu'on commença de payer l'infanterie romaine; et Marius fut le premier qui, dans la guerre de Jugurtha, déshonora les légions, en y introduisant des affranchis, vagabonds, et autres mercenaires. Devenus les ennemis des peuples qu'ils s'étoient chargés de rendre heureux, les tyrans établirent des troupes réglées, en apparence pour contenir l'étranger, et en effet pour opprimer l'habitant. Pour former ces troupes, il fallut enlever à la terre des cultivateurs dont le défaut diminua la quantité des denrées, et dont l'entretien introduisit des impôts qui en augmentèrent le prix. Ce premier désordre fit murmurer les peuples : il fallut, pour les réprimer, multiplier les troupes, et par conséquent la misère; et plus le désespoir augmentoit, plus on se voyoit contraint de l'augmenter encore pour en prévenir les effets.

D'un autre côté ces mercenaires, qu'on pouvoit estimer sur le prix auquel ils se vendoient eux-mêmes, fiers de leur avilissement, méprisant les lois dont ils étoient protégés, et leurs frères dont ils mangeoient le pain, se crurent plus honorés d'être les satellites de César que les défenseurs de Rome; et, dévoués à une obéissance aveugle, tenoient par état le poignard levé sur leurs concitoyens, prêts à tout égorger au premier signal. Il ne seroit pas difficile de montrer que ce fut là une des principales causes de la ruine de l'empire romain.

L'invention de l'artillerie et des fortifications a forcé de nos jours les souverains de l'Europe à rétablir l'usage des troupes réglées pour garder leurs places; mais, avec des motifs plus légitimes, il est à craindre que l'effet n'en soit également funeste. Il n'en faudra pas moins dépeupler les campagnes pour former les armées et les garnisons; pour les entretenir il n'en faudra pas moins fouler les peuples; et ces dangereux établissements s'accroissent depuis quelque temps avec une telle rapidité dans tous nos climats, qu'on n'en peut prévoir que la dépopulation prochaine de l'Europe, et tôt ou tard la ruine des peuples qui l'habitent.

Quoi qu'il en soit, on doit voir que de telles institutions renversent nécessairement le vrai système économique qui tire le principal revenu de l'état du domaine public, et ne laissent que la ressource fâcheuse des subsides et impôts, dont il me reste à parler.

Il faut se ressouvenir ici que le fondement du pacte social est la propriété ; et sa première condition, que chacun soit maintenu dans la paisible jouissance de ce qui lui appartient. Il est vrai que, par le même traité, chacun s'oblige, au moins tacitement, à se cotiser dans les besoins publics : mais cet engagement ne pouvant nuire à la loi fondamentale, et supposant l'évidence du besoin reconnue par les contribuables, on voit que, pour être légitime, cette cotisation doit être volontaire, non d'une volonté particulière, comme s'il étoit nécessaire d'avoir le consentement de chaque citoyen, et qu'il ne dût fournir que ce qu'il lui plaît, ce qui seroit directement contre l'esprit de la confédération, mais d'une volonté générale, à la pluralité des voix, et sur un tarif proportionnel qui ne laisse rien d'arbitraire à l'imposition.

Cette vérité, que les impôts ne peuvent être établis légitimement que du consentement du peuple ou de ses représentants, a été reconnue généralement de tous les philosophes et jurisconsultes qui se sont acquis quelque réputation dans les matières de droit politique, sans excepter Bodin même. Si quelques-uns ont établi des maximes contraires en apparence, outre qu'il est aisé de voir les motifs particuliers qui les y ont portés, ils y mettent tant de conditions et de restrictions, qu'au fond la chose revient exactement au même : car que le peuple puisse refuser, ou que le souverain ne doive pas exiger, cela est indifférent quant au droit ; et s'il n'est question que de la force, c'est la chose la plus inutile que d'examiner ce qui est légitime ou non.

Les contributions qui se lèvent sur le peuple sont de deux sortes : les unes réelles, qui se perçoivent sur les choses ; les autres personnelles, qui se paient par tête. On donne aux unes et aux autres les noms d'*impôts*, ou de *subsides* : quand le peuple fixe la somme qu'il accorde, elle s'appelle *subside* ; quand il accorde tout le produit d'une taxe, alors c'est un *impôt*. On trouve dans le livre de l'*Esprit des lois* que l'imposition par tête est plus propre à la servitude, et la taxe réelle plus convenable à la liberté[1]. Cela seroit incontestable si les contingents par tête étoient égaux ; car il n'y auroit rien de plus disproportionné qu'une pareille taxe ; et c'est surtout dans les proportions exactement observées que consiste l'esprit de la liberté. Mais si la taxe par tête est exactement proportionnée aux moyens des particuliers, comme pourroit être celle qui porte en France le nom de *capitation*, et qui de cette manière est à la fois réelle et personnelle, elle est la plus équitable, et par conséquent la plus convenable à des hommes libres. Ces

---

[1] * Liv. XIII, chap. xiv.

proportions paroissent d'abord très-faciles à observer, parce que, étant relatives à l'état que chacun tient dans le monde, les indications sont toujours publiques; mais outre que l'avarice, le crédit et la fraude savent éluder jusqu'à l'évidence, il est rare qu'on tienne compte dans ces calculs de tous les éléments qui doivent y entrer. Premièrement, on doit considérer le rapport des quantités selon lequel, toutes choses égales, celui qui a dix fois plus de bien qu'un autre doit payer dix fois plus que lui; secondement, le rapport des usages, c'est-à-dire la distinction du nécessaire et du superflu. Celui qui n'a que le simple nécessaire ne doit rien payer du tout; la taxe de celui qui a du superflu peut aller au besoin jusqu'à la concurrence de tout ce qui excède son nécessaire. A cela il dira qu'eu égard à son rang ce qui seroit superflu pour un homme inférieur est nécessaire pour lui; mais c'est un mensonge : car un grand a deux jambes ainsi qu'un bouvier, et n'a qu'un ventre non plus que lui. De plus, ce prétendu nécessaire est si peu nécessaire à son rang, que, s'il savoit y renoncer pour un sujet louable, il n'en seroit que plus respecté. Le peuple se prosterneroit devant un ministre qui iroit au conseil à pied, pour avoir vendu ses carrosses dans un pressant besoin de l'état. Enfin la loi ne prescrit la magnificence à personne, et la bienséance n'est jamais une raison contre le droit.

Un troisième rapport qu'on ne compte jamais, et qu'on devroit toujours compter le premier, est celui des utilités que chacun retire de la confédération sociale, qui protége fortement les immenses possessions du riche, et laisse à peine un misérable jouir de la chaumière qu'il a construite de ses mains. Tous les avantages de la société ne sont-ils pas pour les puissants et les riches? tous les emplois lucratifs ne sont-ils pas remplis par eux seuls? toutes les grâces, toutes les exemptions, ne leur sont-elles pas réservées? et l'autorité publique n'est-elle pas en leur faveur? Qu'un homme de considération vole ses créanciers ou fasse d'autres friponneries, n'est-il pas toujours sûr de l'impunité? Les coups de bâton qu'il distribue, les violences qu'il commet, les meurtres mêmes et les assassinats dont il se rend coupable, ne sont-ce pas des affaires qu'on assoupit, et dont au bout de six mois il n'est plus question? Que ce même homme soit volé, toute la police est aussitôt en mouvement; et malheur aux innocents qu'il soupçonne! Passe-t-il dans un lieu dangereux, voilà les escortes en campagne; l'essieu de sa chaise vient-il à rompre, tout vole à son secours; fait-on du bruit à sa porte, il dit un mot, et tout se tait; la foule l'incommode-t-elle, il fait un signe, et tout se range; un charretier se trouve-t-il sur son passage, ses gens sont prêts à l'assommer; et cinquante honnêtes piétons allant à leurs affaires seroient plutôt écrasés qu'un faquin oisif retardé dans son équipage. Tous ces égards ne lui coûtent pas un sou; ils sont le droit de l'homme riche, et non le prix de la richesse. Que le tableau du pauvre est différent! plus l'humanité lui doit, plus la société lui refuse : toutes les portes lui sont fermées, même quand il a le droit de les faire ouvrir; et si quelquefois il obtient justice, c'est avec plus de peine qu'un autre n'obtiendroit grâce : s'il y a des corvées à faire, une milice à tirer, c'est à lui qu'on donne la préférence; il porte toujours, outre sa charge, celle dont son voisin plus riche a le crédit de se faire exempter : au moindre accident qui lui arrive chacun s'éloigne de lui : si sa pauvre charrette verse, loin d'être aidé par personne, je le tiens heureux s'il évite en passant les avanies des gens lestes d'un jeune duc : en un mot, toute assistance gratuite le fuit au besoin, précisément parce qu'il n'a pas de quoi la payer; mais je le tiens pour un homme perdu s'il a le malheur d'avoir l'ame honnête, une fille aimable, et un puissant voisin.

Une autre attention non moins importante à faire, c'est que les pertes des pauvres sont beaucoup moins réparables que celles du riche, et que la difficulté d'acquérir croît toujours en raison du besoin. On ne fait rien avec rien; cela est vrai dans les affaires comme en physique : l'argent est la semence de l'argent, et la première pistole est quelquefois plus difficile à gagner que le second million. Il y a plus encore; c'est que tout ce que le pauvre paie est à jamais perdu pour lui, et reste ou revient dans les mains du riche; et comme c'est aux seuls hommes qui ont part au gouvernement, ou à ceux qui en approchent, que passe tôt ou tard le produit des impôts, ils ont, même en payant leur contingent, un intérêt sensible à les augmenter.

Résumons en quatre mots le pacte social des deux états. *Vous avez besoin de moi, car je suis riche et vous êtes pauvre; faisons donc un accord entre nous : je permettrai que vous ayez l'honneur de me servir, à condition que vous me donnerez le peu qui vous reste pour la peine que je prendrai de vous commander.*

Si l'on combine avec soin toutes ces choses, on trouvera que, pour répartir les taxes d'une manière équitable et vraiment proportionnelle, l'imposition n'en doit pas être faite seulement en raison des biens des contribuables, mais en raison composée de la différence de leurs conditions et du superflu de leurs biens : opération très-importante et très-difficile que font tous les jours des multitudes de commis honnêtes gens et qui savent l'arithmétique, mais dont les Platon et les Montesquieu n'eussent osé se charger qu'en tremblant, et en demandant au ciel des lumières et l'intégrité.

Un autre inconvénient de la taxe personnelle c'est de se faire trop sentir et d'être levée avec trop de dureté; ce qui n'empêche pas qu'elle ne soit sujette à beaucoup de non-valeurs, parce qu'il est plus aisé de dérober au rôle et aux poursuites sa tête que ses possessions.

De toutes les autres impositions, le cens sur les terres ou la taille réelle a toujours passé pour la plus avantageuse dans les pays où l'on a plus d'égard à la quantité du produit et à la sûreté du recouvrement qu'à la moindre incommodité du peuple. On a même osé dire qu'il falloit charger le paysan pour éveiller sa paresse, et qu'il ne feroit rien s'il n'avoit rien à payer. Mais l'expérience dément chez tous les peuples du monde cette maxime ridicule : c'est en Hollande, en Angleterre, où le cultivateur paie très-peu de chose, et surtout à la Chine, où il ne paie rien, que la terre est le mieux cultivée. Au contraire, partout où le laboureur se voit chargé à proportion du produit de son champ, il le laisse en friche, ou n'en retire exactement que ce qu'il lui faut pour vivre. Car pour qui perd le fruit de sa peine, c'est gagner que ne rien faire; et mettre le travail à l'amende est un moyen fort singulier de bannir la paresse.

De la taxe sur les terres ou sur le blé, surtout quand elle est excessive, résultent deux inconvénients si terribles, qu'ils doivent dépeupler et ruiner à la longue tous les pays où elle est établie.

Le premier vient du défaut de circulation des espèces, car le commerce et l'industrie attirent dans les capitales tout l'argent de la campagne; et l'impôt détruisant la proportion qui pouvoit se trouver encore entre les besoins du laboureur et le prix de son blé, l'argent vient sans cesse et ne retourne jamais; plus la ville est riche, plus le pays est misérable. Le produit des tailles passe des mains du prince ou du financier dans celles des artistes et des marchands; et le cultivateur, qui n'en reçoit jamais que la moindre partie, s'épuise enfin en payant toujours également et recevant toujours moins. Comment voudroit-on que pût vivre un homme qui n'auroit que des veines et point d'artères, ou dont les artères ne porteroient le sang qu'à quatre doigts du cœur? Chardin dit qu'en Perse les droits du roi sur les denrées se paient aussi en denrées : cet usage, qu'Hérodote témoigne avoir autrefois été pratiqué dans le même pays jusqu'à Darius, peut prévenir le mal dont je viens de parler. Mais, à moins qu'en Perse les intendants, directeurs, commis et garde-magasins ne soient une autre espèce de gens que partout ailleurs, j'ai peine à croire qu'il arrive jusqu'au roi la moindre chose de tous ces produits, que les blés ne se gâtent pas dans tous les greniers, et que le feu ne consume pas la plupart des magasins.

Le second inconvénient vient d'un avantage apparent, qui laisse aggraver les maux avant qu'on les aperçoive : c'est que le blé est une denrée que les impôts ne renchérissent point dans le pays qui la produit, et dont, malgré son absolue nécessité, la quantité diminue sans que le prix en augmente; ce qui fait que beaucoup de gens meurent de faim, quoique le blé continue d'être à bon marché, et que le laboureur reste seul chargé de l'impôt, qu'il n'a pu défalquer sur le prix de la vente. Il faut bien faire attention qu'on ne doit pas raisonner de la taille réelle comme des droits sur toutes les marchandises, qui en font hausser le prix, et sont ainsi payés moins par les marchands que par les acheteurs. Car ces droits, quelque forts qu'ils puissent être, sont pourtant volontaires, et ne sont payés par le marchand qu'à proportion des marchandises qu'il achète; et, comme il n'achète qu'à proportion de son débit, il fait la loi au particulier. Mais le laboureur, qui, soit qu'il vende ou non, est contraint de payer à des termes fixes pour le terrain qu'il cultive, n'est pas le maître d'attendre qu'on mette à sa denrée le prix qu'il lui plaît; et quand il ne la vendroit pas pour s'entretenir, il seroit forcé de la vendre pour payer la taille; de sorte que c'est quelquefois l'énormité de l'imposition qui maintient la denrée à vil prix.

Remarquez encore que les ressources du commerce et de l'industrie, loin de rendre la taille plus supportable par l'abondance de l'argent, ne la rendent que plus onéreuse. Je n'insisterai point sur une chose très-évidente; savoir, que si la plus grande ou moindre quantité d'argent dans un état peut lui donner plus ou moins de crédit au-dehors, elle ne change en aucune manière la fortune réelle des citoyens, et ne les met ni plus ni moins à leur aise. Mais je ferai ces deux remarques importantes : l'une, qu'à moins que l'état n'ait des denrées superflues et que l'abondance de l'argent ne vienne de leur débit chez l'étranger, les villes où se fait le commerce se sentent seules de cette abondance, et que le paysan ne fait qu'en devenir relativement plus pauvre; l'autre, que le prix de toutes choses haussant avec la multiplication de l'argent, il faut aussi que les impôts haussent à proportion ; de sorte que le laboureur se trouve plus chargé sans avoir plus de ressources.

On doit voir que la taille sur les terres est un véritable impôt sur leur produit. Cependant chacun convient que rien n'est si dangereux qu'un impôt sur le blé, payé par l'acheteur : comment ne voit-on pas que le mal est cent fois pire quand cet impôt est payé par le cultivateur même? N'est-ce pas attaquer la substance de l'état jusque dans sa source? n'est-ce pas travailler aussi directement qu'il est possible à dépeupler le pays, et par conséquent à le ruiner à la longue? car il n'y a point pour une nation de pire disette que celle des hommes.

Il n'appartient qu'au véritable homme d'état d'élever ses vues dans l'assiette des impôts plus haut que l'objet des finances, de transformer des charges onéreuses en d'utiles réglements de police, et de faire douter au peuple si de tels établissements n'ont pas eu pour fin le bien de la nation plutôt que le produit des taxes.

Les droits sur l'importation des marchandises étrangères dont les habitants sont avides sans que le pays en ait besoin, sur l'exportation de celles du crû du pays, dont il n'a pas de trop et dont les étrangers ne peuvent se passer, sur les productions des arts inutiles et trop lucratifs, sur les entrées dans les villes des choses de pur agrément, et en général sur tous les objets de luxe, rempliront tout ce double objet. C'est par de tels impôts, qui soulagent la pauvreté et chargent la richesse, qu'il faut prévenir l'augmentation continuelle de l'inégalité des fortunes, l'asservissement aux riches d'une multitude d'ouvriers et de serviteurs inutiles, la multiplication des gens oisifs dans les villes, et la désertion des campagnes.

Il est important de mettre entre le prix des choses et les droits dont on les charge une telle proportion, que l'avidité des particuliers ne soit point trop portée à la fraude par la grandeur des profits. Il faut encore prévenir la facilité de la contrebande, en préférant les marchandises les moins faciles à cacher. Enfin il convient que l'impôt soit payé par celui qui emploie la chose taxée plutôt que par celui qui la vend, auquel la quantité des droits dont il se trouveroit chargé donneroit plus de tentations et de moyens de les frauder. C'est l'usage constant de la Chine, le pays du monde où les impôts sont les plus forts et les mieux payés : le marchand ne paie rien ; l'acheteur seul acquitte le droit, sans qu'il en résulte ni murmures ni séditions, parce que les denrées nécessaires à la vie, telles que le riz et le blé, étant absolument franches, le peuple n'est point foulé, et l'impôt ne tombe que sur les gens aisés. Au reste, toutes ces précautions ne doivent pas tant être dictées par la crainte de la contrebande que par l'attention que doit avoir le gouvernement à garantir les particuliers de la séduction des profits illégitimes, qui, après en avoir fait de mauvais citoyens, ne tarderoit pas d'en faire de malhonnêtes gens.

Qu'on établisse de fortes taxe sur la livrée, sur les équipages, sur les glaces, lustres et ameublements, sur les étoffes et la dorure, sur les cours et jardins des hôtels, sur les spectacles de toute espèce, sur les professions oiseuses, comme baladins, chanteurs, histrions, en un mot sur cette foule d'objets de luxe, d'amusement et d'oisiveté, qui frappent tous les yeux, et qui peuvent d'autant moins se cacher que leur seul usage est de se montrer, et qu'ils seroient inutiles s'ils n'étoient vus. Qu'on ne craigne pas que de tels produits fussent arbitraires, pour n'être fondés que sur des choses qui ne sont pas d'une absolue nécessité : c'est bien mal connoître les hommes que de croire qu'après s'être une fois laissé séduire par le luxe, ils y puissent jamais renoncer ; ils renonceroient cent fois plutôt au nécessaire, et aimeroient encore mieux mourir de faim que de honte. L'augmentation de la dépense ne sera qu'une nouvelle raison pour la soutenir, quand la vanité de se montrer opulent fera son profit du prix de la chose et des frais de la taxe. Tant qu'il y aura des riches, ils voudront se distinguer des pauvres; et l'état ne sauroit se former un revenu moins onéreux ni plus assuré que sur cette distinction.

Par la même raison, l'industrie n'auroit rien à souffrir d'un ordre économique qui enrichiroit les finances, ranimeroit l'agriculture en soulageant le laboureur, et rapprocheroit insensiblement toutes les fortunes de cette médiocrité qui fait la véritable force d'un état. Il se pourroit, je l'avoue, que les impôts contribuassent à faire passer plus rapidement quelques modes : mais ce ne seroit jamais que pour en substituer d'autres sur lesquelles l'ouvrier gagneroit sans que le fisc eût rien à perdre. En un mot, supposons que l'esprit du gouvernement soit constamment d'asseoir toutes les taxes sur le superflu des richesses, il arrivera de deux choses l'une : ou les riches renonceront à leurs dépenses superflues pour n'en faire que d'utiles, qui retourneront au profit de l'état ; alors l'assiette des impôts aura produit l'effet des meilleures lois somptuaires, les dépenses de l'état auront nécessairement diminué avec celles des particuliers, et le fisc ne sauroit moins recevoir de cette manière qu'il n'ait beaucoup moins encore à débourser : ou si les riches ne diminuent rien de leurs profusions, le fisc aura dans le produit des impôts les ressources qu'il cherchoit pour pourvoir aux besoins réels de l'état. Dans le premier cas, le fisc s'enrichit de toute la dépense qu'il a de moins à faire ; dans le second, il s'enrichit encore de la dépense inutile des particuliers.

Ajoutons à tout ceci une importante distinction en matière de droit politique, et à laquelle les gouvernements, jaloux de faire tout par eux-mêmes, devroient donner une grande attention. J'ai dit que les taxes personnelles et les impôts sur les choses d'absolue nécessité, attaquant directement le droit de propriété, et par conséquent le vrai fondement de la société politique, sont toujours sujets à des conséquences dangereuses, s'ils ne sont établis avec l'exprès consentement du peuple ou de ses représentants. Il n'en est pas de même des droits sur les choses dont on peut s'interdire l'usage ; car alors le particulier n'étant point absolument contraint à payer, sa contribution peut passer pour volontaire ; de sorte que le consentement particulier de chacun des contribuants supplée au consentement général, et le suppose même en quelque manière : car pourquoi le peuple s'opposeroit-il à toute imposition qui ne tombe que sur quiconque veut bien la payer? Il me paroît certain que tout ce qui n'est ni proscrit par les lois, ni contraire aux mœurs, et que le gouvernement peut défendre, il peut le permettre moyennant un droit. Si, par exemple, le gouvernement peut interdire l'usage des carrosses, il peut, à plus forte raison, imposer une taxe sur les carrosses; moyen sage et utile d'en blâmer l'usage sans le faire cesser. Alors on peut regarder la taxe comme une espèce d'amende dont le produit dédommage de l'abus qu'elle punit.

Quelqu'un m'objectera peut-être que ceux que Bodin appelle *imposteurs,* c'est-à-dire ceux qui imposent ou imaginent les taxes, étant dans la classe des riches, n'auront garde d'épargner les autres à leurs propres dépens, et de se charger eux-mêmes pour soulager les pauvres. Mais il faut rejeter de pareilles idées. Si, dans chaque nation, ceux à qui le souverain commet le gouvernement des peuples en étoient les ennemis par état, ce ne seroit pas la peine de rechercher ce qu'ils doivent faire pour les rendre heureux.

FIN.

TABLE DES MATIÈRES

CONTENUES DANS CE VOLUME.

Discours sur cette question : Si le rétablissement des sciences et des arts a contribué à épurer les mœurs. Page 1
Avertissement. 2
Préface. 3
Lettre à M. l'abbé Raynal. 46
Lettre à M. Grimm. 51
Réponse au roi de Pologne. 69
Dernière Réponse à M. Bordes. 107
Lettre sur une nouvelle Réfutation. 150
Discours sur cette question : Quelle est la vertu la plus nécessaire aux héros, et quels sont les héros auxquels cette vertu a manqué ? 160
Avertissement. 161
Oraison funèbre du duc d'Orléans. 185
Discours sur l'origine et les fondements de l'inégalité parmi les hommes. 211
Dédicace. 213
Préface. 229
Avertissement sur les Notes. 237
Notes. 345
Lettre à M. Philopolis. 393
De l'Économie politique (article extrait de l'Encyclopédie). 405

FIN DE LA TABLE.

www.ingramcontent.com/pod-product-compliance
Lightning Source LLC
Chambersburg PA
CBHW072113220426
43664CB00013B/2098